文化吉林

臨江卷

弘揚長白山文化
打響吉林特色地域文化品牌

王儒林

　　吉林有文化，而且吉林文化有底蘊、有潛力、有特色、有希望。從前郭縣王府屯距今約一百萬年的石製工具到距今十六萬年的樺甸仙人洞和距今三萬年的榆樹人，從燕趙文化東進到漢武帝設四郡，從扶餘、高句麗、渤海文明的興衰更替到遼金、清朝問鼎中原，從抗日烽火、解放硝煙到新中國老工業基地的紅色記憶，從二人轉、吉劇、長影到吉林期刊、吉林歌舞和吉林電視劇現象，勤勞智慧、淳樸善良、勇於開拓的吉林人民在白山松水間創造出絢麗多彩的地域文化，成為中國文化版圖上一道獨特風景。

　　文化與山素來結緣，正如泰山之於魯，嵩山之於豫，黃山之於皖，長白山是吉林的象徵、吉林的品牌。吉林文化始終與長白山難捨難分、血脈相連，集中體現於長白山文化之中。長白山文化發源和根植於吉林沃土，是包容吉林各民族文化、蘊含吉林發展歷史、反映吉林人性格特質、凸顯吉林氣派的「大文化」，是中華民族「多元一體」文化的重要組成部分，源遠流長、博大精深，構成了吉林文化的骨骼和脊梁。在地域文化越來越受到人們關注、文化軟實力越來越成為衡量一個地區核心競爭力的重要指標的當今時代，大力弘揚作為吉林文化標誌性符號的長白山文化，把這份寶貴的文化資源保護好、挖掘好、利用好、開發好，對於打響吉林特色地域文化品牌，鑄造極具時代內涵的吉林精神，提升吉林文化軟實力，凝聚吉林改革發展正能量，無疑具有十分重要的現實意義。

近年來，我省大力推進以優秀吉林地域文化為主要內容的長白山文化建設，出台了《長白山文化建設規劃綱要》，啟動實施了長白山文化建設工程，在長白山文化資源保護研究、挖掘整理、開發利用等方面做了大量工作，取得了顯著成績。我們要進一步加強長白山文化理論研究，豐富長白山文化內核和外延，進一步加強長白山文化遺產的發掘、保護和展示推介力度，擴大長白山文化的影響力，進一步加強對長白山文化內涵的拓展和提升，把長白山文化資源更好地轉化為文化產品、文化事業和文化產業，推動長白山文化建設躍上新台階，推動吉林文化大發展大繁榮，為實現富民強省目標、中華民族偉大復興、中國夢做出貢獻。深入挖掘、研究、整理長白山歷史文化，既是一項宏大浩繁的系統工程，又是一項功在當代、利在千秋的基礎工程。希望有更多有識、有志之士投身長白山文化建設事業，讓這份寶貴的文化資源更好地服務於當代，惠澤於未來。

由省委宣傳部組織編撰的《長白山文化書庫》系列叢書，是長白山文化建設工程的重要標誌性成果。叢書從基礎研究、地方特色、主要藝術門類三部分，對長白山文化的歷史資源進行了全面細緻的挖掘和整理，堪稱長白山文化研究與普及的鴻篇巨製，不僅對研究和宣傳長白山文化大有裨益，而且對培育吉林文化品牌、樹立吉林文化形象也將產生積極的促進作用。在叢書即將付梓之際，謹表祝賀並向全體工作人員致以問候。

主編寄語

莊嚴

　　長白奇迤蘊靈秀，松江悠長毓文傑。千百年來，雄渾壯美的白山松水賦予
了肥沃豐饒的吉林大地以生機和活力，滋養了吉林人民勤勞睿智、堅韌進取、
寬容開放的精神品格，積澱了多元融合、底蘊深厚、色彩斑斕的地域文化。這
獨具魅力的吉林特色地域文化猶如一株馥鬱芳香的花朵，在中華民族文化百花
園中爭妍綻放。

　　文化是經濟發展之根，是社會發展之源。省委、省政府高度重視文化建
設，制定出臺了《長白山文化建設規劃綱要》，把吉林省歷史文化資源工程列
入宣傳思想文化工作「六大工程」之一。省委宣傳部深入貫徹落實省委、省政
府的要求，開展《長白山文化書庫》建設，啟動實施了《文化吉林》叢書編撰
工作，將其作為全省宣傳思想文化工作的重要舉措，周密部署，精心組織，強
力推進，取得了預期成果，為全省人民奉獻了一份珍貴的精神食糧。

　　《文化吉林》叢書是《長白山文化書庫》中全景展現特色地域文化的重要
組成部分。年初以來，我省廣大宣傳文化工作者以對家鄉、對歷史、對文化事
業的高度責任感和使命感，不畏繁難，勤勉執著，嚴謹認真，精益求精，在資
料收集、遺產挖掘、書稿撰寫等方面付出了大量艱辛的努力，進行了許多開創
性的探索和實踐，圓滿完成了這次編撰任務。叢書編撰秉承傳播和弘揚吉林文
化的理念，梳理總結吉林文化資源，提煉昇華吉林文化精髓，激發增強吉林人
的文化自覺、文化自信，使優秀文化更好地服務於吉林的發展振興。

《文化吉林》內涵豐富，圖文並茂，辭美情摯，引人入勝，是人們認識吉林、瞭解吉林、研究吉林的概覽長卷，是吉林文化走向全國，面向國際的真誠心聲。叢書真實勾勒了吉林文化歲月滄桑的歷史縱深，生動展現了吉林文化多姿多彩的時代律動，帶我們走進吉林地域文化演進的舞臺，親身感受風雲激盪的文化事件，出類拔萃的文化人物，領略淵深源遠的文化景觀，妙趣橫生的文化傳說，體驗琳瑯紛呈的文化產品，淳樸濃郁的文化民俗。叢書將吉林文化的發展脈絡、現狀和未來，客觀詳盡地展現給廣大讀者，是一部能夠讀得進去、傳播開來、傳承下去的佳作精品。

　　鑒往以勵志，展卷當奮發。《文化吉林》這套融史料性、知識性、可讀性於一體的叢書，為我們進一步保護、研究、開發吉林地域特色文化提供了重要史料資源。作為後繼者，當代吉林人有責任、有義務肩負起將吉林文化充分融入社會主義核心價值觀，推動吉林文化發展進步的歷史使命，讓優秀傳統文化在繼承中創新，在創新中前行，在全國文化發展大格局中唱響吉林「聲音」，打造吉林文化品牌，樹立文化吉林形象。

弘揚長白山文化　打響吉林特色地域文化品牌

主編寄語

目
錄

第三章　文化名人

第四章　文化景址

第五章　文化產品

第一章

文化發展概述

臨江歷史悠久，文化底蘊厚重。夏商周時就有人類活動，到漢唐時，曾是唐渤海國所轄之地。臨江是滿族人入主中原、龍興發祥之地。臨江各族先民在漫長的歲月中，相互融合滲透，留下了燦爛的古代文明，創造了底蘊厚重的鴨綠江文化，成為激勵臨江人民創建鴨綠江歷史文化名城的強大動力。

▌臨江歷史沿革

　　臨江市位於吉林省東南部，長白山腹地，鴨綠江右岸，東經126°11´06˝-127°35´05˝，北緯41°27´25˝-42°04´10˝，東與長白朝鮮族自治縣毗鄰，北與江源區、撫松縣交界，西與渾江區接壤，南與朝鮮民主主義人民共和國兩道（兩江道、慈江道）三郡（中江郡、金亨稷郡、慈城郡）隔鴨綠江相望，東西相距106.4公里，南北相距60.5公里，幅員3008.5平方公里，其中，市區面積12平方公里，邊境線長146公里。

　　自1902年8月設縣治後，建制屢經變更，區域多次調整。1959年撤銷臨江縣成立渾江市（今白山市），1985年成立臨江區恢復縣治，1992年撤區設臨江縣，1993年撤縣設臨江市。全市轄7個鄉鎮、6個街道，有行政村70個，自然屯

▼ 臨江全景

375個，居民委8個，居民社區22個，總人口21.6萬。

　　上古文明　　長白山區的早期人類，在長期的相互接觸和影響過程中，大體上形成了農耕、漁獵、游牧三種文化類型。逐漸形成了肅慎、穢貊、東胡三個大的部族系統。自漢魏以後，活躍在中國大地上的挹婁、勿吉、靺鞨、女真、滿族等民族就是從肅慎族演化來的。

　　臨江地區一直是肅慎、穢貊等民族的聚集地。臨江遺址、夾皮溝遺址採集到石斧、石刀、石磨棒和陶片，經過分析認定該遺址是原始社會時期的一處文化遺存，大約年代當屬新石器時代晚期。考古發掘資料表明，大約距今10000年至4000年，肅慎、穢貊人就生活在臨江地區。

　　黃帝時，臨江屬青州。按《帝王世紀》記載，黃帝將神州分為：冀、兗、青、徐、楊、荊、豫、梁、雍九個州。山東、奉天、遼東等為青州地域。臨江地區位於奉天遼東疆域。

▲ 長白山冬日景色

▲ 遠遠眺長白山

舜時，臨江屬營州。《方輿紀要》記載，除冀、楊、荊、徐、兗、豫、梁、雍外，又辟青州東北之地為營州。臨江劃歸營州。肅慎族生活在吉林省的長白山地區，曾遣使中原。

　　周時，臨江屬幽州。《漢書·地理志》記載，冀州劃歸青州的地域為幽州，臨江地處幽州地界。周武王十五年，肅慎使臣向周王朝貢矢石，表明周王朝轄區已達東北邊疆。

　　戰國至秦漢時，臨江地區兼屬遼東郡和索離國的範圍。西元前二二一年，嬴政在統一中原後，臨江歸屬遼東郡。與此同時，中國東北古代三大民族之一濊貊族，在今哈爾濱所轄的松花江中游左岸與淩河交匯處建立了「索離國」的王城。西元前二世紀，嫩江中下游索離國的一支濊貊人在今吉林市建立扶餘國，臨江一帶屬於扶餘國的轄地。扶餘國自漢武帝時即臣服於漢朝，西元前一〇八年，漢朝在衛氏朝鮮境內設真番、臨屯、樂浪、玄菟等四郡。其中玄菟郡包括今吉林省的集安、通化、梅河口、靖宇、渾江一帶。西漢滅亡衛氏朝鮮

▲ 鴨綠江局部

後，由玄菟郡管理遼東高句麗和扶餘國等國。西元前三十七年，扶餘人在渾江流域建立卒本扶餘國，後改國名為高句麗，受玄菟郡領屬，臨江屬高句麗國丸都山及費流谷（今集安市的通溝）的轄地。

魏晉南北朝

　　三國魏時，臨江地區屬於平州遼東國及玄菟郡。曹魏初年，在襄平（今遼陽）設置東夷校尉又稱護東夷校尉（遼東地區的最高軍事長官），為遼東國平州。高句麗發兵襲擊遼東西部，臨江屬高句麗。二四四年曹魏反擊，摧毀了丸都城。臨江地區又復屬玄菟郡。

　　西晉時，臨江地區屬鮮卑，受護東夷校尉統轄。

　　南北朝時期，臨江地區屬北魏，又屬高句麗。西元四九一年，遼東和吉林歸高句人統治的少數民族地方政權管轄。臨江地區成為高句麗國的腹地。

隋唐五代

　　隋時，屬高句麗，後屬營州總管府。西元五八三年，隋文帝滅北齊後，將

▲ 長白山冬日景色

臨江地區劃歸營州總管府所轄。唐朝，臨江地區屬於安東都護府，後屬渤海國。唐朝建立後，在朝鮮平壤城設置安東都護府，負責對高麗、靺鞨等部落的管理。渤海國時期，為其西京所轄的桓州。遼代仍為桓州。新羅統一大同江以南地區，大同江以北直到遼東則歸唐朝管轄。臨江地區劃歸安東都護府所轄。西元七一三年，唐玄宗冊封大祚榮為渤海郡王，從此靺鞨政權以渤海為號，成為唐朝版圖內的一個享有自治權的羈縻州。西元七六二年，唐廷詔令渤海為國，並在今臨江所在地置神鹿縣，為神州治所。西元八七三年置鴨綠府於神鹿，領神州（今臨江市）、桓州（今集安市）、豐州（今撫松縣）、正州（今通化市）。西元九二六年渤海國為遼國所滅。富有鬥爭精神的渤海人民不斷舉起義旗反抗，遭到契丹的血腥鎮壓。西元九三八年，渤海國王烈萬華從南海府逃至鴨綠府（今臨江市），建立以渤海遺民為主體的抗遼政權定安國，號「自保」，國都在臨江。其統治中心是原渤海西京鴨綠府（今臨江市），屬地包括今通化、集安等地。九九一年，定安國被遼國滅，僅存五十三年。

宋遼金元

　　宋朝，臨江地區先屬遼朝，後屬金國。遼朝時，臨江屬於東京道，治所在東京遼陽府（今遼寧省遼陽市），轄原東丹國地區。九九一年，定安國被遼國滅亡後，臨江一帶歸屬遼國東京道（遼陽府）。在今臨江置涤州駐鴨綠軍節度使。領弘聞、神鄉二縣（今白山市）及豐州（松花江上游）、桓州（今集安市）、正州（今通化市）、慕州（今柳河縣）。一一二五年，歷時二一八年的遼國被金國所滅。臨江屬金國東京路統轄。臨江地區為東京婆娑府轄地。元朝，臨江地區屬遼陽行中書省瀋陽路轄地。元在東北地區置遼陽行中書省，領七路一直隸府，轄十二州十縣。管理黑龍江、烏蘇里江、鴨綠江流域廣大地區。

明清

　　明朝劃鴨綠江以南為朝鮮疆界，先後在東北設置了遼東、大寧、奴兒干三個都司，下轄四百餘衛。臨江地區均屬奴爾干都司轄區建州衛鴨綠江部。奴爾干都司相當於省一級的地方行政機構，都司下設衛所，衛相當於縣一級地方政

▲ 臨江門（早期建築）

權機關。一五七五年，劃臨江地區為建州衛沿江新安四堡長甸長嶺以東之地。一五九一年，長白山、鴨綠江一帶的奴爾干都司建州衛，被努爾哈赤所並。

一六四四年，歷時二七六年的明王朝滅亡。清朝，初屬盛京將軍興京副都統轄區。一六七七年，清廷把鴨綠江、長白山和圖們江以北約五百公里的長白山區域，定為清朝的發祥地加以封禁，將滿族各部隨軍轉移，其他居民清理出山，嚴防流民入封禁地。封禁二百年後，長白山區域成為林海莽莽、野獸成群、人煙稀少的深山老林。臨江禁區幅員廣闊，除了軍隊在鴨綠江沿線設防外，禁區內沒有行政區劃和建制，只是在臨江地區設置邊務，清廷歷年派大員駐此，負責與朝鮮禮儀接洽，察檢清朝軍隊，管理邊民伐木、淘金等。一八七五年，清朝解除對鴨綠江、長白山的封禁令，隨即，朝鮮難民紛紛扶老攜幼，陸續越境過江，移入臨江境內。一八七七年，通化設縣，臨江劃歸通化所屬。清廷開始在臨江設置邊防巡檢，建立衙署，修建營壘，派兵駐紮。清廷封疆大吏奏請開發臨江邊陲，招撫齊魯的平民百姓，來此拓荒墾地，人口逐漸稠密起來，在沿江一帶形成一個個較大的村落。

一九〇二年，清政府改貓耳山巡檢為臨江縣。東三省總督徐世昌和奉天巡撫唐紹儀聯名奏請清政府在長白設府治，指出「上負長白山，下界輯安，北連吉林，廣袤八九百里，幅員遼闊，治理難周」。實際管轄範圍是東至安圖縣的紅旗河，西至渾江區的紅土崖河，南至鴨綠江，北至二道松花江，隸屬於興京廳。

一九〇七年，裁去將軍、副都統等官職，改設奉天、吉林、黑龍江巡撫，分置各道，成立省諮議局和府州縣議事會，實行省制。臨江縣隸屬奉天省興京府。

▲ 臨江縣公署（早期建築）

一九〇八年三月，清政府設臨長海兵備道，轄長白、海龍二府及臨江、輯安、通化三縣，治所駐臨江；六月，撤銷臨長海兵備道；九月，在臨江縣十九道溝的塔甸設置長白府治，析臨江縣長生、慶生二堡及長白山北麓龍崗之後的區域，

▲ 臨江縣公署門前正陽街（早期建築）

歸長白府所治。當時，臨江縣的邊界為以臨江東南的八道溝為界，溝東地域劃歸長白府，以西至五道江，與通化分界，南界仍至鴨綠江，北界縮至臨江與撫松、靖宇交界的湯河。是年，始設濛江州（靖宇縣），設州治，隸屬吉林副都統管轄。

民國

一九一一年，辛亥革命爆發，統治中國二六七年的清王朝被推翻。

▲ 臨江老城區

▲ 臨江老城區

一九一三年，中華民國臨時大總統發布命令，全國實行省道縣三級政權體制，將府廳州縣一律改稱縣。臨江縣隸屬奉天省東邊道，取消東邊道制後直屬奉天省。

解放戰爭時期

一九四五年十二月八日，臨江縣劃歸安東省管轄。一九四六年五月，遼東省委、省政府及遼寧省委、省政府，遼東軍區，遼寧專員公署，通化專員公署等黨政機關陸續遷到臨江縣。七月，通化行署與遼寧、遼東兩省撤至臨江的部分機構和人員合併，組成新的遼寧省政府，省府駐臨江，歸遼寧省第一專區所轄。一九四七年一月，為遼寧省直屬縣。一九四八年九月，劃歸安東省通化專署。一九四九年四月二十一日，劃歸遼寧省管轄。

新中國成立後

初屬遼東省，一九五四年八月二十日，劃歸吉林省，隸屬通化專區。一九五九年三月二十三日，撤銷臨江縣，臨江為渾江市管轄的人民公社。一九六二年三月臨江人民公社改為臨江鎮。一九八五年四月，撤臨江鎮設臨江區。一九

九二年九月一日，撤銷臨江區設臨江縣。一九九三年十一月二十八日，撤銷臨江縣設臨江市。

　　臨江是中國歷史上的邊關要塞和水陸交通樞紐，還是唐代渤海國神鹿縣、鴨綠府，宋代定安國國都，遼國駐鴨綠軍節度的治所駐地，又是滿清政權的發祥地及偽滿洲國皇帝退位的遺跡地成為歷史文化名城，也是東北抗聯的大本營和南滿根據地的中心成為革命老區。

臨江——滿族文化的發祥地之一

　　臨江地處長白山山脈，是滿族先世的發祥重地，在滿族文化的發展中占有重要地位。臨江更以其獨特的戰略位置和資源條件在滿族的歷史崛起中扮演了重要角色。滿族文化在歷史的發展中既帶有本民族的特點，又融合了漢族和其他民族的元素，推動鴨綠江文化的發展。

▲ 長白山——滿族文化發祥地

唐朝時期，臨江為渤海國西京鴨綠江府所在地，滿族祖先靺鞨人對鴨綠府進行了大規模的建設，使當時的鴨綠府空前繁榮。渤海國與唐朝普遍的貿易交往使靺鞨人很早就掌握了冶煉技術。大量的鐵製武器和工具的出土，反映了粟末靺鞨人工匠在金屬加工方面的高超技術。

女真三部滿族的前身是女真族。女真族在明初分為建州女真、海西女真、野人女真三大部。明中葉以後，三大部女真不斷遷徙，到努爾哈赤起兵以前，按地域分作建州、長白、東海與扈倫四大部分。建州所屬有五部，即哲陳部、渾河部、蘇克素護河部、董額部、完顏部（王甲部）。而生活在長白山地區的滿族人有朱舍里部、訥殷部和鴨綠江三部，史稱長白山三部，臨江之地為鴨綠江部。

原臨江縣境內的渾江，清代稱佟佳江──實際是滿族肇興的發祥之河，而佟佳是滿族八大姓之首。滿族及其先輩對長白山的開發並作為崇拜聖地已有悠久的歷史。明代，長白山地區的建州女真衛都在臨江縣一帶居住過，而建州女真正是後來滿族的核心部分。建州是長白山文化和鴨綠江文化的傑作。如果說長白山是龍興之山，鴨綠江是源興活水，那麼原臨江縣境內的渾江，清代稱佟佳江兩岸則是建州女真的發跡之地。建州女真從這裡走向新賓、瀋陽，在這裡崛起和大清入關，從而鞏固了多元一體的中華大文化。

▌中原文化與鴨綠江文化的交融

　　鴨綠江文化的傳播、交流、融合是雙向的。首先是中原文化的東進。箕子
適朝鮮，是中原文化第一次大規模東進。遠在夏、商之時，鴨綠江流域即已人
煙早布。「禹平北土，置九州」，此地屬齊州。舜分齊為營，此地轉營州屬。
周武王滅商，「釋箕子之囚」，箕子帶五千人回歸商人舊地，「武王聞之，因以
朝鮮封之」。

▲ 鴨綠江局部

　　燕趙文化注入長白山下、鴨綠江邊，是中原文化第二次大規模東進。西元
前三百年左右，鴨綠江一帶屬燕之遼東郡。秦統一過程中，燕趙文化大規模東
移。一九七七年，集安陽岔高檯子出土趙國陽安君青銅短劍，一九八八年，長
白縣八道溝鎮葫蘆套村出土趙國藺相如青銅戈。長白縣干溝子有戰國古墓群，

長白縣二十一道溝有趙國積壇墓群，出土青銅蓋弓帽、青銅短劍等，說明鴨綠江流域與燕趙的禮儀、文化的交融由來已久。

漢武帝元封三年（前108年）增設樂浪、真番、臨屯、玄菟四郡，是中原文化第三次大規模東進，這對於鴨綠江流域的管轄非常重要。此後，魏毌丘儉的東征和隋唐的東征，不僅在政治上、軍事上具有重要意義，在文化上也具有重要意義。渤海國是唐朝時期東北地區的一支少數民族，於西元六九八年建立的一個地方民族政權，立國二二九年。渤海國第二任國王大武藝，積極主動與中原王朝發展關係，按唐朝制度建立政治、經濟、文化制度。

▲ 鴨綠江木排

長白山文化、鴨綠江文化藉助朝貢道對中原文化的貢獻和影響也是不可漠視的。臨江是渤海國朝貢道的重要節點。當年臨江境內銅產品運輸沒有陸路交通，只能利用水上運輸將冶煉的銅產品通過七道溝、東馬城、夾皮溝城三個水運碼頭短途運輸到樺皮甸子，集中到一起運往神州（今臨江市），再用更大的

船運到丹東，裝海船跨海運到登州（山東蓬萊），再從陸路運往唐都長安。

冶銅遺址自青銅時代開始至高句麗時期就已經完善了這些工程設施，渤海、遼金、明清時期仍在繼續沿用。渤海中期正是營州道被契丹阻斷時期，為了不影響與唐王朝的往來，只好重新選擇安全可靠的道路與唐朝交往。這些「熟銅」（包括臨江銅礦改採），經冶煉、提純後，沿六道溝河谷入鴨綠江順流達丹東，跨海到登州（山東蓬萊）。

遼金入主中原後是長白山下崛起的東北少數民族政權以其獨有的文化形態向中原進發和中原文化內聚力雙向融合的重要時期。這種融合，改寫了中國歷史，為中華文化注入強大活力。長白山、鴨綠江是建州女真的發跡之地。建州女真從這裡崛起，入關進京，這應是長白山文化和鴨綠江文化的傑作，在更加廣泛而深刻的程度上鞏固了多元一體的中華大文化。在這種文化的雙向交流、碰撞中，長白山下、鴨綠江邊的各民族不斷髮展壯大，從而有力地推動了歷史的發展和民族文化的進步。

鴨綠江文化是一個完整文化體系。在一定歷史時期，高句麗文化和渤海文化也對鴨綠江流域文化產生一定的影響，都是鴨綠江文化的一部分。從歷史上看，鴨綠江流域各民族，一直與中原保持密切的連繫，中原文化一直影響著鴨綠江流域文化的發展，鴨綠江文化不斷吸收中原文化的精髓。到了近現代，實現滿漢文化融合，鴨綠江文化已形成以漢文化為主的各民族文化共同繁榮發展的局面。

繁盛千年的長白山文化通衢——鴨綠江水運

　　臨江地處長白山區，境內山峰林立，溝壑縱橫。一九〇二年建縣前，臨江的交通主要以鴨綠江水路運輸為主，通往外地及鄉與鄉之間，僅有供馱子和行人行走的羊腸小道。

　　鴨綠江是中華人民共和國和朝鮮民主主義人民共和國的界河，屬兩國共有。發源於長白山南麓，全長七九五公里，流經吉林、遼寧兩省的九個縣市注入黃海。歷史上從上游的吉林省長白縣十三道溝至遼寧省丹東市鴨綠江入海口均可通航，通航江段六五〇公里，臨江境內的江段一四六公里。臨江位於鴨綠江右岸，特殊的地理位置使之成為鴨綠江航道上的樞紐。歷史上人們稱臨江以上江段為上江，以下江段為下江。上江江面較窄，落差較大，可流放木排和航行小體船；下江江面漸寬，水勢減緩，水流量大，可航行較大體船。每年三月

▲ 鴨綠江木船

下旬至十一月中旬，通航期可達八個月之久。

　　鴨綠江水運自古有之。早在距今一千多年的唐代，鴨綠江航線就已成為渤海國「朝貢道」的重要組成部分，當年的臨江，是著名的水陸碼頭，曾有日過千帆的繁榮。由於這條水路比較暢通，來往商旅過客不斷，臨江恰處在這條水陸交替的重要位置上，因此成為交通要沖，是「朝貢道」上的重要航運碼頭，繁榮興旺達幾百年之久。渤海國與中原交往，主要通過鴨綠江水運。臨江流域內盛產優質農作物、野生動物、野生植物，這些都是對外貿易和朝貢的重要物資。

▲　鴨綠江木排

　　臨江為渤海國繁華之地，市井繁榮、碼頭興旺，具有相當的規模。經濟和社會發展逐漸演進，中原各地生活習慣、文化習俗溯流而上。各種文化在這裡交融、碰撞，形成了獨特的地域文化景觀。

　　隨著人口的不斷增加，鴨綠江航運達到鼎盛時期，臨江段呈現「千帆百排

江中過」的繁榮景象。以一九三六年為例，臨江至安東運輸糧食及雜品貨運量達二萬噸，安東至臨江運輸雜貨、麵粉及煤油貨運量達五千噸。臨江縣有客尖船二十一艘，年航行六十餘次，旅客運輸量九千多人次，加上往來汽船的運輸量，臨江縣上下客流量達一點五萬餘人次。

人文與生態深度融合的旅遊產業

　　臨江市環境優美，生態優越。長白山支脈老嶺山脈橫貫市區東北，境內最高海拔1941米，最低海拔310米，最大相對高差1631米。因鴨綠江與黃海貫通，有明顯的溫帶季風氣候。境內森林密布，溝壑縱橫，森林覆蓋率84.3%；雨量充沛，5公里以上河流158條，水資源利用率達到70%，接近發達國家水平。臨江四季分明，雨熱同步，江南風味與北國風光融為一體，冬少至寒，夏鮮酷暑，水無大害，旱難重災，素有「塞外小江南」之美譽，是大自然的特殊恩賜。

▲ 臨江市夜景

　　臨江市不僅有著原始、自然、神奇的自然景觀，更有著寓意深遠的人類歷史與文化風情。眾多獨特的文化景觀，成為臨江市獨有的旅遊文化品牌。

　　從先秦時的肅慎，到金代的女真，再到大清的滿族，這一民族的龍興稱雄、入主中原，到其三次登基、兩次企圖復辟的沒落子孫末代皇帝溥儀，在長白山麓鴨綠江畔的臨江市大栗子宣布退位，標誌著偽滿洲國在臨江徹底終結。興於此，亡於此，這歷史的巧合，這其中的奧秘，產生了巨大的吸引力，吸引

了無數遊客和專家學者來臨江探究揭秘。

▲ 溪谷秋天景色

▲ 金銀峽景區一角

▲ 金銀峽景區一角

▲ 老嶺景區一角

漫步臨江這座歷史古城，更多的是對古城臨江的由衷敬意：一批保存完好的國家和省、市級重點文物彰顯著這裡的古老與文明，讓你感受到一種沉甸甸的底蘊厚重的歷史文化，彷彿聽到或看到臨江人民反清抗俄氣壯山河的英雄壯舉，拒日設領的請願吶喊響徹山城，「四保臨江」的熊熊烽火燃遍田野，抗美援朝的歌聲激盪著鴨綠江兩岸，紅色的足跡遍及臨江的山山水水。走進臨江這座山水之城，白山綠水孕育了這塊神奇瑰麗的土地，賜予她邊關風月之情懷，浪拍雲天之氣概。鴨江春景、貓山聳翠、葦塭垂綸、臥虎新雪、廟前古樹、正陽集帆、夕陽晚渡、理寺晨鐘，被歷代文人墨客舉為臨江八大名景；北山鐘靈、高山平湖、溪谷毓秀、湖嘴鷹峰、貓耳神韻、臥虎溢彩、長川古渡、綠島春曉、珍珠疊翠、漁場煙波，被當今世人崇為「十大景觀」，詩作繪畫廣為流傳。大自然的餽贈，使這裡挾長白山之博大魂魄，抒鴨綠江之悠長情思。浩瀚

▲ 老嶺景區一角

的林海，壯觀的山峰，奇特的山水，異國的風情，厚重的文化，諸多文化景點保持著原生態，讓你感受到大自然的鬼斧神工。臨江有一批保存完好的國家和省、市級重點文物；有鴨綠江文化、紅色文化、木把文化、滿族文化、朝鮮族文化；有長白山及鴨綠江流傳千古的神祕傳說、人參故事、民俗風情；有大自然賦予臨江的靈山秀水等。善於發掘、勇於創新的臨江人民，堅持保護優先和科學發展、突出重點和有序開發、改革創新和保持傳承、政府推動和市場調節等原則，在保護中開發，在開發中保護，並將人文景觀與自然景觀巧妙結合，開發出了一批臨江獨特的旅遊文化景區和景點：被譽為「中朝界河第一漂」的鴨綠江漂流、中朝一日遊項目，成為國內外客人極為青睞的旅遊項目。葦沙河景區、老三隊溫泉旅遊度假區、七道溝景區、溪谷景區、老禿頂子景區、中國雪村‧臨江松嶺等十餘個精品景區景點，吸引大批遊客前來觀光旅遊。陳雲舊

▲ 臨江大街夜景

居暨「四保臨江」戰役指揮部舊址、「四保臨江」戰役紀念館、偽滿洲國皇帝溥儀退位遺址是全國三十條紅色旅遊精品線路和全國一百家紅色景點景區之一，眾多的紅色紀念場館、歷史遺址遺跡及國家、省、市級非物質文化遺產，極大地豐富了文化景址的內涵。

　　走進臨江，山花爛漫、林海莽莽；走進臨江，峰巒疊嶂、山高情長。近年來，臨江人獨具匠心，精心打造出春天的活力世界，夏天的清涼世界，秋天的多彩世界，冬天的冰雪世界，一個紅春碧夏、金秋銀冬、四時盛景、五彩斑斕的臨江城，正敞開胸懷迎接八方來客。淳樸、熱情、好客的臨江人誠邀四海賓朋，共赴山水之約，文化之旅。璀璨明珠，多彩臨江，一定會讓您意猶未盡、印象深刻。臨江這座長白山下的歷史文化名城，鴨綠江畔的革命聖地，山水環繞的宜居城市，正以嶄新的姿態矗立在祖國的東北邊陲。

臨江市榮登「2014中國最美麗縣城」

　　二〇一四年八月五日，中國城市競爭力研究所在香港發布了「2014中國城市分類優勢排行榜榜單」，臨江市以「立體寶庫美」的美譽上榜「2014中國最美縣城」，以七八點四九分位列全國第二十二名，是吉林省唯一上榜的縣份。這是臨江市繼成功推進原麝自然保護區升格國家級自然保護區、成立五道溝國家濕地公園、上榜「2014中國深呼吸小城100佳」後，在生態文明建設領域獲得的又一項殊榮。

　　美麗縣城（含縣級市）

▲ 老嶺景區珍珠門瀑布

▲ 長白山明珠——臨江市

▲ 七道溝瀑布

▲ 鴨綠江晚霞

的主要特徵是規劃設計合理，歷史遺跡保存完善，特色建築個性鮮明，文化底蘊深厚，自然環境優美。其具體評價標準《GN中國美麗縣城評價指標體系》由包括規劃設計美、歷史遺風美、特色建築美、鄉村文明美、自然環境美和公眾口碑美等在內的六項一級指標、十七項二級指標和六十二項三級指標組成。

臨江素稱「長白山立體資源寶庫」，自然資源極為豐富，是長白山腹地的重要節點城市和生態主體功能區。水能資源理論蘊藏量51萬千瓦，並有礦泉、溫泉多處。礦業資源種類多、品位高、儲量大，可供工業開採的硅藻土、白雲石、煤、金、銻礦石等礦藏資源種類達46種，其中，硅藻土和白雲石儲量及品位居全國第一。森林資源和野生動物資源得天獨厚，全市有林地23.8萬公頃，森林覆蓋率達84.3%。野生動物有鹿、貂、黑熊等250餘種；野生植物有山參、天麻、細辛、貝母、黨參、高山紅景天等100餘種，被譽為「中國高山紅景天之鄉」和「國家北藥基地」。

臨江歷史文化悠久，夏、商、周時期就有人在這裡耕種狩獵。秦朝曾在這裡設玄菟郡，漢代為神鹿縣，唐代是渤海國西京鴨綠府所在地。白雲過江，日送千帆，正是那時的繁榮景象。現在這裡仍保存著古棧道、古墓群、烽火台、古遺址、冶銅遺址和大栗子偽滿洲國皇帝溥儀退位遺址等名勝古蹟，人文景觀遍布境內。寶山——六道溝渤海國時期冶銅遺址和陳雲舊居暨「四保臨江」戰役指揮部舊址被列為全國重點文物保護單位。

臨江市境內浩瀚無際的長白山林海，美麗迷人的鴨綠江風光，峰巒疊嶂的花山國家森林公園，水天一色的葦沙河景區，兩岸秀麗風光盡收眼底的鴨綠江中朝界江漂流等景點景區，讓人心馳神往，流連忘返。1995年，臨江森林公園被確定為國家級森林公園；2011年，七道溝瀑布群被確定為國家級森林公園，正在申報七道溝國家級地質公園；2013年，五道溝被確定為白山市唯一的國家級濕地公園；2013年12月，被確定為國家級原麝自然保護區。

近年來，臨江市在創建「鴨綠江歷史文化名城」過程中，不斷加大投入，完善基礎設施建設，改善人居環境，致力打造景觀優美、人居舒適、生態文明

的宜居邊陲城市。臨江市把安居工程建設作為工作重點之一，對舊城區進行拆舊建新，通過高標準高檔次的改造，提升市民的居住品質。高起點規劃建設新城區，進一步拉開城市框架，拓展城市空間，使其成為功能完善、特色鮮明、生態良好、環境優美的現代化魅力新城。加大農村危房改造和環境整治，通過科學編制村莊整治規劃，採取相對集中改造方式，統一規劃布局，統一施工圖設計，統一建築裝飾風格。同時發動群眾進行環境治理，統籌協調道路、供水、沼氣、環保、改廁等設施建設，整體改善村莊人居環境，提高農民居住水平。二〇一〇年被列入「國家級生態功能區」，同年葦沙河鎮獲得「國家級生態鄉鎮稱號」。

　　堅持綠化同城市發展、城鄉規劃同步實施。自二〇一一年起，對景區景點、水源地、沿江沿路採取了限採禁伐、封山育林等措施，財政每年出資六八

▲ 七道溝瀑布

○萬元,對限採禁伐區的林場職工給予工資補貼,扶持其發展林下經濟,現已累計減採林木3.1萬立方米,保護森林4.2萬公頃。2012年被列為鴨綠江臨江段馬口魚國家級水產種質資源保護區;2013年被評為「全省坡耕地水土流失綜合治理工程試點縣」;2014年被列入省級礦泉水自然保護區範圍。

▲ 溪谷秋天景色

臨江上榜「中國深呼吸小城100佳」

　　2014年5月,「2014中國深呼吸小城100佳」榜單在第四屆全國生態旅遊文化產業發展高峰論壇上正式發布,臨江市以「金銀之峽、珍寶之岸」的美譽,位列榜單第二十六位。「深呼吸小城」是指空氣新鮮,適於「避霾旅遊」的縣域。評價指標包括「五高一低」,即森林與植被覆蓋率高,歷史年度空氣質量優良天數比率高,人類旅居活動區域空氣負氧離子含量高,主要景觀區綠色度、舒適度、美感度高,生態文明建設與低碳發展推動力度高,全境範圍灰霾災害天氣影響低。臨江市碧水藍天,空氣清新,負氧離子充沛,城區空氣質量

▲ 芒河瀑布

▲ 芒河瀑布

一級天數達到285天。風光秀美，氣候溫和濕潤，夏無酷暑，冬少嚴寒，四季分明，有「天然氧吧，養生福地」之美譽。臨江歷史悠久，文化底蘊豐厚。多年來，臨江市堅持「生態立市」不動搖，大力開展生態文明建設，在生態建設與保護上碩果纍纍，成績驕人：2009年，臨江被中國城市建設峰會授予「2009中國最具開發價值的十大旅遊城市」稱號；2011年，七道溝瀑布群景區被確定為國家級森林公園；2012年，被評為全國休閒農業鄉村旅遊示範縣；2013年，五道溝濕地公園被國家林業局批准為國家級濕地公園；2014年，由中國國土經濟學會主辦的第五次全國實驗區現場考察經驗交流會暨2014中國深呼吸小城論壇在臨江召開。近年來，國內不少大中城市陸續出現霧霾天氣，使得不少城市居民四處尋找躲避霧霾的地方。臨江市優美的環境和清新的空氣，成為遊客「避霾旅遊」的首選地，慕名而來的遊客絡繹不絕。許多遊客之所以選擇來臨江旅遊，除了遊覽中朝兩岸秀美旖旎的風光外，還有一個重要原因就是到臨江「天然氧吧」裡呼吸一下清新的空氣，到臨江來「深呼吸」成了遊客一種新的旅遊需求與體驗。

▲ 溪谷景區草原

文藝發展變遷

唐渤海國時期，伴隨著渤海國「朝貢道」的開啟，採銅業的發達，大量吃苦耐勞、身強力壯的山東、河北等地移民的湧入，臨江文藝活動已十分豐富，戲園子、落子院（評劇）、說書館等遍布城區大街小巷。臨江作為清朝發祥地被封禁後，各種文藝活動隨之銷聲匿跡。隨著清朝末期流民的大量流入，一些戲曲又陸續進入臨江。

▲ 肘鼓戲劇本

肘鼓戲

又叫「周姑子」「拉魂腔」。清光緒三十年（1904年）傳入臨江。肘鼓戲是流行於山東一帶的地方戲種，隨著大量山東人來臨江謀生而流入本地。當時只是流動演出，上演的多是流傳於山東一帶的一些傳統小戲，由於肘鼓戲屬登不上大雅之堂、進不了戲園子的小劇種，演出地點只能在木把房（林業工人工棚）、山東人較多的鄉村場院、大車店、船營等處演唱，未能進城，一九二〇年後逐漸絕跡。

河北梆子

河北梆子是流行於河北一帶的劇種，民國元年（1912年）傳入臨江。一九一二年臨江第一個戲園——同樂園建成後，河北梆子張義芬戲班經常在同樂園演出，主要演員有碧班花、丁玉海

▲ 河北梆子劇照

等，後隨著京劇、評劇等劇種的廣泛流入，河北梆子曾一度衰落。一九四一年臨江縣雲光舞台（戲園）建成後，園主倪老闆從新京、唐山、瀋陽等地邀請河北梆子演員來臨演出，其中河北梆子小有名氣的韓福桐戲班，就時常在雲光舞台演出，並經常與京劇、評劇演員搭班子唱戲。一九四五年，這批河北梆子藝人先後離去，從此臨江再無河北梆子戲。

京劇

　　京劇於民國初年傳入臨江，是當時在臨江縣演出時間較長的劇種之一。評劇傳入後，京、評劇長時間地占據臨江舞台「兩下鍋」演出。一九四七年由京劇改編排練的《鎬京民變》《大名府》兩部新戲在人民劇場演出，很受觀眾歡迎，上座率較高。中華人

▲ 河北梆子劇照

民共和國成立後，京劇在臨江更加活躍。二十世紀五〇年代後，臨江的幾家戲園經常邀請外地京劇團來臨演出。一九五三年，全國著名京劇演員「四大名旦」之一的荀慧生，在帶領本劇團赴朝慰問志願軍演出回國後來到臨江，在臨江戲園連續演出三天，場場爆滿。一九六二年後，京劇在臨江開始逐漸衰落，「文革」期間，偶有當地「宣傳隊」或外來劇團演出「革命樣板戲」。一九八五年臨江建區以來，臨江的京劇愛好者們自發成立京劇業餘活動組織，經常聚到一起開展京劇清唱活動，參加大小文藝演出。京劇清唱吸引了許多愛好者，已成為臨江文藝活動中不可缺少的節目。

評劇

　　二十世紀二〇年代中葉，由北京、天津、唐山等地傳入臨江。當時，評劇劇種剛剛誕生，其唱腔優美，婉轉動人，通俗易懂，深受廣大群眾喜愛。開始時，流動評劇藝人與京劇藝人搭班子「兩下鍋」演出，很快評劇取代京劇位

置，成為本地主要劇種，獨立演
出。由於評劇深受臨江觀眾喜
愛，一些京劇、河北梆子藝人紛
紛改唱評劇，使其在臨江近半個
世紀中久演不衰。解放前演出的
劇目都是傳統戲。一九四七年，

▲ 評劇演出現場

評劇演員們開始演出新編評劇《歧路》和《血淚仇》。中華人民共和國成立
後，評劇堅持推陳出新，演出一大批傳統戲和反映時代的現代戲。一九七八年
底，渾江市評劇團曾多次來臨江在影劇院演出，多以傳統劇目為主。一九八五
年臨江建區後，一批評劇愛好者經常自發聚在一起，切磋演技，自拉自唱，深
受群眾好評。

鼓書評詞

　　民國初年，臨江就有說評書，唱大鼓的。所說的段子多是宣揚忠君愛國、
俠肝儀膽的內容，如《岳飛傳》《楊家將》《隋唐演義》《大小八義》等。

　　一九四五年，評書、大鼓書復興，書場茶社增多，有的說書藝人力求適合

▲ 臨江老戲園子

局勢需要，說唱《趙福祥》《西安事變》等新段子。

　　中華人民共和國成立後，臨江城內楊家戲班子的大鼓書以《楊家將》著稱，陳家評書以《三俠劍》聞名。二十世紀六〇年代後，增加《紅岩》《烈火金剛》《新兒女英雄傳》《戰鬥在敵人心臟》等新段子。「文革」開始後，把說書藝人視為「封、資、修、毒」的傳播者全部取締，說書藝人被安排到工廠企業當工人，鼓書評詞衰落。

　　一九八〇年，臨江新民旅店興辦了曲藝廳，邀請各地說書名角來臨說書、唱大鼓。著名的曲藝界名角單田方、田連元等都曾在這個曲藝廳說評書、唱大鼓書，使其興旺一時。一九三三年，新民旅店拆遷，曲藝廳停辦。從此臨江再無曲藝、鼓書評詞場所。

文化場館發展歷程

　　解放前，臨江的文化場館建設時起時伏，多生變故，伴隨著戲劇的火爆而繁榮、承接著雜戲的興旺而增設、依附著曲藝的興衰而變革，都因水運而興，都因火災而焚，久經坎坷，歷久不竭。

▲ 臨江老城區茶樓

▲ 臨江老城區一角

　　1875年，隨著清政府對長白山的解禁，1902年臨江建縣，鴨綠江水運興旺，大量山東、河北等地流民湧入，內地文化相伴而來，文化場館應運而生。據史料記載，臨江最早的文化場館建於1912年，建成後命名為同樂園，是臨江第一個戲園子。

　　同樂園建成後，隨著京劇、評劇的廣泛流入，河北梆子一度衰落。民國初年，臨江引進說評書、唱大鼓的藝人，多在小型說書館、茶社等文化場所表演。

　　1923年4月23日，臨江遭遇大火，大半個臨江城被焚燬，同樂園未能倖免。1924年，臨江商紳集資，在同樂園舊墟處重建戲園，取名臨江新舞台。1927年，臨江民眾召開的拒日設領各種會議大多借用此園。1932年6月，日軍侵占臨江時，毀於戰火。1935年，修復重新開業，1941年，又毀於大火。當年臨江城澡堂業主倪雨村、倪成立父子將一所旅館十一間木質結構筒子房改建而成戲園子，取名雲光

舞台，當地群眾稱之為「倪家戲園子」，1946年因戰火連綿，生意日漸蕭條而廢棄。

　　1912至1945年，由於鴨綠江水運興旺，臨江流動人口已近萬人。為適應不同人群文化生活需要，各種文化場館相繼建成。評劇由北京、天津、唐山等地傳入臨江。大多在曲藝廳又稱茶社演出，當地群眾稱「大鼓書棚」，先後增設有四五個之多，而多數都設在西市場（通江路，臨江商場處）和美食一條街西端。

　　民國十八年（1929年）七月，永順茶社開辦，主要說評書，此後，臨江又先後建起三處落子園。1945年光復後，臨江文化復甦，多家茶社、書棚又重操舊業。1950年後，演出時斷時續，1955年停業。

　　雲光舞台（戲園）建成後，瀋陽、安東（丹東）、唐山等地一些京劇名角組成戲班，不時來臨江演唱。臨江的群眾文化活動十分活躍，促進了文化場館建設。群眾各取所需，選擇自己中意的文化場館。

▲ 臨江老城區一角

　　1947年，臨江人民劇院建立，位於西市場（現通江路，臨江商場處），取名中華新舞台。開業不久，臨江縣人民政府將其改稱為臨江人民劇院。中華人民共和國成立後，這裡一直為臨江評劇團、臨江京劇團排練演出場所。1989年改建為臨江商場。

▲ 臨江老城區一角

　　1949年建立臨江縣文化館，時稱大眾俱樂部，1959年更名為渾江市文化

館，遷至八道江，而臨江文化館保留，為渾江市文化館臨江分館。1993年改為臨江市文化館。

臨江林業局俱樂部建成於1954年，為臨江使用率最高的劇場，許多有名的劇團、文工團和歌唱、表演藝術家在此演出，同時也是局文工團經常演出的場所。二十世紀九〇年代，改為他用。1950年起為適應林業工人文化生活需要，臨江林業局下屬十多家林場先後興建俱樂部。共有座席6394個，使用面積8100平方米。各林場俱樂部先後於二十世紀九〇年代停用或改作他用。大栗子鐵礦俱樂部、臨江銅礦俱樂部、臨江鐵路俱樂部、大湖煤礦俱樂部、樺樹林場俱樂部等一度都作為劇場使用，至二十世紀九〇年代後，這些俱樂部相繼改作他用。1948年，臨江縣人民政府將原滿映直營館（偽滿日本人開設的電影院）改建為臨江縣電影院，又稱「河西影院」。是年11月，為紀念在「四保臨江」戰役中犧牲的東北民主聯軍遼東軍區四縱隊十師師長杜光華將軍，將該電影院命名為「光華影院」。1995年8月，因建臨江新賓館而動遷停止營業。

▲ 臨江光華影院

1978年，由臨江鎮政府開始建設臨江影劇院，1979年8月1日交付使用。主要為劇場兼放電影。許多文工團、話劇、歌舞劇團、京劇團來臨江在此演出。著名歌唱家王玉珍、劉秉義、德德瑪等都曾在此劇院演出。1997年，建政府廣場時被拆除。

臨江自古不缺書卷氣，其他文化場館建設多有建樹。臨江最早的私營書店、文具店有四家全部集中在中富街（臨江大街）一帶。改革開放後至2001年，個體書店已達十七家。1963年，渾江市文化局先後在臨江鎮、大栗子鎮、六道溝鎮建立文化站。1966年「文革」開始後，各文化站自行撤銷。1980年至1982年，先後在十三個鎮、公社相繼建立文化站，部分村（大隊）建立文化

室。1985年臨江建區後，對鄉鎮文化站和村文化室進行調整。2001年有鄉鎮文化站11個，村文化室11個，村圖書室和農民書屋36個。從2005年起，全市13個鄉鎮街都建起了文化站和圖書室，70個行政村建立了文化大院。經過機構改革，合鄉並鎮後，全市7個鄉鎮都充實完善了文化宣傳站，各村建立了文化室，還建了農村文化工作聯絡站，富裕起來的農民還自發組建文化戶，到2013年初建起文化戶120多個。

▲ 臨江影劇院門前

▲ 臨江老城區一角

由於受現代化傳播方式的影響，家庭電器化的普及，群眾性的集會方式受到冷落，市區內文化場館建設受到影響，但基層社區、鄉村的文化設施建設得到了快速發展。7處鄉鎮綜合文化站全部建成使用，1處文化活動中心和6處文化活動室也已建成，全市70個行政村的農家書屋建設已實現全覆蓋，農村文化大院已建成45個。市區內的圖書館、文化館和博物館實現全部免費開放。文化設施建設的蓬勃迅猛發展，有力推動了臨江市文化產業的形成和文化市場的日趨繁榮，為帶動臨江市文化產業的快速發展與提升奠定了堅實的基礎。

文物開發與保護

在近現代史上，臨江相繼發生過反清抗俄、大刀會抗日、拒日設領、「四保臨江」、抗美援朝等在全國有較大影響力的重大歷史事件，在全省乃至全國縣級或地級市中都很罕見。長期的多民族融合、生產和生活，形成了以採伐、串坡、放排、採參等為代表的長白山木把文化、人參文化、鴨綠江文化，造就了眾多的歷史文化遺址遺跡。

▲ 鐵製馬鐙

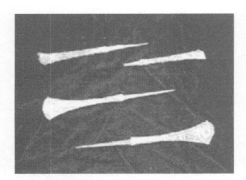

▲ 鐵製馬鐙

臨江市積極開展歷史文化資源的保護，加快物化活化步伐。現有寶山——六道溝冶銅遺址、陳雲舊居暨「四保臨江」戰役指揮部舊址、鴨綠江上游積石墓群三處全國重點文物保護單位；清朝所立老嶺石碑、偽滿皇帝溥儀退位遺址、七道溝高句麗遺址、雲峰庫區高句麗墓群四處省級重點文物保護單位；新石器時代的葦沙河遺址、渤海國時期的臨城城址等白山市級文物保護單位十一處；新石器、青銅時期的東馬西南遺址、高句麗時期的坡口遺址等縣級文物保護單位十四處；還陽參酒技藝、彪哥大煎餅、民間藝術剪紙、朝鮮族舞蹈等省級、市級非物質文化遺產六個。陳雲舊居暨「四保臨江」戰役指揮部舊址、「四保臨江」戰役紀念館、偽滿皇帝溥儀退位遺址、拒日設領紀念碑全國和省重點愛國主義教育基地四處。

圍繞臨江市委創建鴨綠江歷史文化名城戰略部署，不斷加大文物開發和保護工作力度，使臨江市文物保護發掘工作紮實推進。依據國家各項文物保護法規和臨江實際，制定了《臨江市文物保護管理實施辦法》，實現所有文物保護單位有保護範

▲ 陳雲舊居暨「四保臨江」戰役指揮部舊址

圍、有保護標誌、有記錄檔案、有保管機構的「四有」管理。陳雲舊居暨「四保臨江」戰役指揮部舊址修繕建設工程已完成保護修繕文本的製作，並通過了國家文物局的審核。偽滿洲國皇帝溥儀退位遺址修繕建設工程完成了保護規劃文本的製作和專家論證工作。全國重點文物保護單位寶山——六道溝冶銅遺址保護規劃編制前期工作、省級重點文物保護單位「老嶺石碑」保護及碑亭修建的保護規劃編制工作已經完成。同時著重對四縱野戰醫院舊址、安東省委省政府舊址、東公所舊址、西公所遺址、老爺廟遺址、老禿頂子抗聯密營全體陣亡紀念地、花山

▲ 偽滿皇帝溥儀退位遺址

疑似古生物化石洞穴等進行相關的考古調查，並將「四保臨江」戰役指揮部舊址所在地建國街道、偽滿洲國皇帝溥儀退位遺址所在地大栗子街道、寶山——六道溝冶銅遺址及古墓群等遺址遺跡所在地六道溝鎮歷史文化和自然環境保護列入《臨江市2012年-2025年文化產業規劃》，進行重點開發和保護。積極推動

文物保護單位提檔升級，先後完成樺皮甸子城址、臨江清真寺、臨江銅礦老選礦廠遺址等省級重點文物保護單位申報，完成全國重點文物保護單位寶山——六道溝冶銅遺址文物保護規劃立項報告書並上報國家文物局，為申報中國歷史文化名城提供堅實保障。

▲ 鴨綠江積石墓

▲ 鴨綠江積石墓

文化產業發展

　　經過多年的培育和建設，臨江市初步形成了包括新聞出版、圖書音像、休閒娛樂、體育健身、文藝演出、工藝美術、信息服務、廣播電視等多業並舉的文化產業發展格局和綜合型文化產業服務體系，成為經濟的重要組成部分和新的增長點。到2013年末，臨江市文化經營單位已達109家，其中：印刷企業6家，圖書報刊零售8家，音像經銷單位7家，文化娛樂場所10家，互聯網上網服務營業場所22家，電子遊戲廳10家；廣播電視台1家，廣電網絡公司企業1個，農村數字化電影放映隊7個；有集多種類藝術培訓的學校2家，鋼琴培訓學校6家，古箏培訓班3家，舞蹈培訓班7家，語言影視藝術學校1家，美術培訓中心1家；工藝美術製品廠2家；還陽參酒釀造技藝、臨江彪哥煎餅、臨江村姑煎餅3個項目已列入省級非物質文化遺產名錄，玉米皮編製技藝、臨江民間藝術剪紙、朝鮮族傳統舞蹈長鼓舞4個項目列入地級非物質文化遺產名錄。鴨綠江

▲ 剪紙藝術

▲ 剪紙藝術

流域木把文化、鴨綠江流域放排文化兩項非物質文化遺產申報文本的挖掘、收集、整理工作已完成並提交白山市和省主管部門審定，並正在發掘臨江貓耳山

的傳說、闖關東文化等非物質文化遺產。這些民間文化資源，在文化產業發展中必將發揮重要的作用。另外，臨江市具有特色文化的協會有臨江市作家協會、美術家協會、書法家協會、民間文藝家協會、音樂舞蹈家協會、長白山詩歌作家協會、楹聯家協會、篆刻協會、工藝美術協會、剪紙協會、臨江書畫院、老年書畫協會、攝影家協會、京劇票友協會、太極拳學會、鴨綠江文化研究會、民間樂隊協會、冬泳協會、戶外運動俱樂部、健身舞協會等。臨江市文化產業發展，從建市初期的一些零星文化經營活動到大批個體、私營經濟介入，經營領域不斷拓展，文化市場進一步繁榮，已逐步進入新的發展時期。

▲ 剪紙藝術品

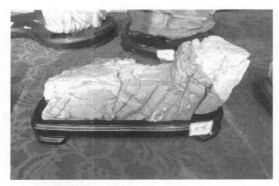

▲ 剪紙藝術品

公共文化服務體系建設

　　臨江自一九〇二年（光緒二十八年）建縣至中華民國、東北淪陷時期均無文化行政管理機構。中華人民共和國成立後，臨江縣人民政府始設文教科。至「文革」前，文化行政管理機構幾經變動，逐步完善。「文革」時期，文化機構基本處於癱瘓狀態。一九八五年臨江恢復縣治後，文化機構逐步恢復完善。

　　臨江地區的公共文化服務設施起步較早。一九四九年建立臨江縣文化館，時稱大眾俱樂部。一九八〇年開始，臨江地區先後在臨江鎮、葦沙河公社等十三個鎮、公社相繼建立文化站，部分村（大隊）建立文化

▲ 文化大院文藝演出

室。一九八五年臨江建區後，對鄉鎮文化站和村文化室進行調整。各鄉鎮街都建立了文化站和村文化室及村圖書室、農民書屋。鄉鎮政府機構改革後，都充實完善了文化宣傳站，建起了文化活動中心，有的還建起了農村文化工作聯絡站，富裕起來的農民還自發組建文化戶，形成了一個以市級文化館為指導、鄉鎮文化站為樞紐、村文化活動室為基礎、個體文化戶為補充的四級群眾文化網絡。經過十幾年的辛勤培植，基本達到了市直每年有大型活動，鄉鎮有中型活動，村組小型活動不斷。文藝演出、

▲ 文化大院文藝演出

圖書閱覽、科技進村等各種活動達一百多項。

在民間文化服務體系方面，臨江市文廣新局精心為群眾健身活動提供教材、輔導員、音響設備、活動場所。堅持貫徹中央的部署，把公共文化服務體系建設作為文化建設的重中之重，把文化惠民作為服務民生的重要內涵，採取有力措施，不斷提速，加快建設。在全市上下的共同努力下，臨江市公共文化服務體系建設進展順利，取得巨大成就。在全國率先實現廣播電視「村村通」。「十一五」期間，採取有線建設和無線覆蓋、地面數字接收三種方式，全面完成二十戶以上自然屯的廣播電視「村村通」任務。二〇一〇年，市政府部署實施了「響通」攻堅行動，為偏遠山區農戶免費安裝直播衛星接收設施，為農村貧困戶免費發放彩色電視機，在鄉鎮（街道）、村建設農村綜合廣播信息系統，全面實現了廣播村村響、電視戶戶通。基本完成文化信息資源共享工程。該項工程於二〇〇七年啟動，截至二〇一三年，一個市級圖書中心、七個鄉鎮（街）圖書中心和七十個行政村農家書屋基層服務點全部建成，社區文化活動室已建成十八個。

▲ 工作人員安裝村村通設備

▲ 文工團送文化下鄉

強力推進鄉鎮綜合文化站和基層文化陣地建設工程。著力構建市、鄉鎮（街道）、村（社區）三級公共文化陣地。市級層面，二〇一〇年投資5003萬元、建築面積13513平方米，

集圖書館、展覽館、多功能演藝廳等為一體的「文化藝術中心」已建成。文化藝術中心將全方位、多領域提升臨江市文化服務功能，為豐富市民文化生活提供了廣闊平台。農村層面，二〇〇八年啟動鄉鎮綜合文化站建設，七處鄉鎮綜合文化站全部建成使用，一處文化活動中心和六處文化活動室也已建成，實現鄉鎮所有綜合文化站建設目標。村級層面，整合組織部門村級公共服務中心、農村現代黨員幹部遠程教育、農家書屋等平台，配套建設村文化室，全市七十個文工團送文化下鄉行政村均已配套完成文化活動室、農村文化大院建設，實現村級文化活動室、農家書屋全覆蓋。

加大文化惠民工程建設，使文化活動走進最基層，使百姓真正感受到文化惠民活動所帶來的實惠。組織文化志願者精心準備豐富多彩的文藝節目，開展送戲下鄉文化惠民活動，受益群眾每年達萬餘人。送戲下鄉活動的開展極大地豐富了臨江市的文化生活，不僅送去了文化大餐，也帶去了黨對廣大人民的關心和溫暖。臨江市所有圖書館、文化館和博物館實現全面免費開放。農村電影放映工程成效顯著。二〇〇六年，臨江市在

▲ 文工團送文化下鄉

▲「送電影下鄉」活動現場

全國率先啟動農村惠民電影放映工程。二〇〇八年，全面實現「一村一月一場」、每年十二場的目標，在七十個行政村中，每年完成電影放映任務八四〇

場，同時每年完成省農村電影院線加播公益廣告四九三場。二〇一三年七月二十一日在市政府廣場成功啟動「農村文化活動月優秀電影展」大型活動。全部場次放映技術和效果均達到省電影院線規定標準。臨江市文廣新局電影下鄉放映隊被省政府在「服務農民服務基層文化建設」中評為「先進基層電影放映集體」。

文化市場管理

　　一九九六年，隨著文化市場逐步走向繁榮，業務量增大，臨江市文化市場管理開始設立專門機構，成立文化市場稽查大隊。二〇〇一年，改為臨江市文化市場綜合執法大隊，行使文化市場管理的職能，扶持合法經營者，打擊違法違規的經營活動，結束了文化市場的混亂局面。

▲ 夕陽下的臨江全景

　　臨江市重視文化市場的開發，一手抓繁榮，一手抓管理，促進了文化市場的繁榮和健康發展。文化市場綜合執法大隊對經營單位每年都要進行多次「拉網式」清查，並建立經營單位檔案，簽訂依法經營責任書。對無證無照經營店一律取締，對地下窩點、地攤、游商重點打擊。堅持每年對全市「網吧」進行專項治理活動，嚴格「網吧」的日常管理。清查淨化出版物市場，防止銷售非法出版物和境外文化垃圾、精神毒品流入。按照有關法律法規對文藝演出、文化娛樂、互聯網上網服務等市場積極進行規範和引導，使報刊、書籍、音像製品、文藝演出、書畫展、旅遊觀光等活動更加規範，促進臨江文化市場走上健康化、規範化、規模化、法制化的軌道。

文化體制改革

　　臨江市於二○一二年四月啟動全市文化管理體制改革工作。根據省委、省政府有關文化體制改革指示精神，按照全省統一安排部署，臨江市精心組織，科學謀劃，積極採取有力措施，文化管理體制改革攻堅戰任務於二○一二年六月十九日畫上圓滿句號，在白山市率先完成改革任務。

　　超前運作、爭取主動，是打好這場攻堅戰的重要環節。早在當年二月份，臨江市就提前動員，提前安排，嚴格按照要求操作。文化、廣電等部門開展自行摸底調查，重點對機構設置、人員編制、開支渠道、資金來源、固定資產、鄉鎮（街道）站所等做了全面、深入、細緻的摸底，掌握了第一手資料，三月份又開展了集中調研。在全面瞭解掌握情況的基礎上，制定了切實可行的改革實施方案，確保改革有序推進。

　　上下聯動、部門配合，是打好這場攻堅戰的根本保證。在臨江市委、市政府的高度重視、支持和強有力的領導下，臨江市及時和上級文改辦請示匯報，最大限度地爭取上級部門的支持和幫助。同時，市文改辦成員單位相互溝通協調，強調各部門「一把手」是改革的直接責任人，嚴格按照省文改辦的批複方案、省編辦的批複方案操作，堅持不走樣。為便於操作，列出各部門主要任務及責任分工清單，明確「任務書」和「時間表」，使各成員單位工作任務、完成時限一目了然。在改革推進中，各部門克服了時間緊、標準高、任務重等困難，打破常規，開闢便捷通道，順利組建完成臨江市文化廣電新聞出版局、廣播電視台、互聯網信息中心，配齊了領導班子，撤銷了臨江市文工團，完成人員分流等改革任務。六月二十一日，臨江市文化體制改革工作通過白山市文改辦的驗收，得到白山市文改辦的充分肯定。

第二章

文化事件

近現代以來，臨江先後發生了民眾拒日設領、偽滿皇帝溥儀退位、「四保臨江」戰役、抗美援朝等在全國具有影響力的重大歷史文化事件，內容幾乎涵蓋了從上個世紀初以來的各個歷史階段，豐富的歷史文化資源大量在臨江集聚，在吉林省乃至東北地區縣級城市或地級城市中絕無僅有，是實施愛國主義教育的重要文化題材。這些資源既是臨江的文化品牌，更是臨江人民「以史鑒今、資政育人」，取之不盡，用之不竭的寶貴財富，成為臨江市建設鴨綠江歷史文化名城的一張亮麗名片。

波及全國的抗日文化運動 —— 臨江人民拒日設領鬥爭

從一九二七年三月開始，地處長白山下鴨綠江畔的臨江縣（今臨江市），在中國共產黨領導全國人民開展反帝愛國運動的影響和推動下，進行了一場聲勢浩大的反對日本帝國主義在臨江設立領事分館的鬥爭。在東北人民乃至全國人民的聲援下，拒日設領鬥爭取得了偉大勝利，臨江由此成為東北地區未能設立領事分館的邊境縣城，是日本帝國主義侵略行為在東北所遭受到的一次重大失敗。

▲ 臨江拒日設領民眾集會

在日本強行設立臨江領事分館的緊張局勢下，臨江縣農會、商會、教育會和八道江商會等團體，聯名向省公署發出通電，提出：「臨江縣人民拒絕日本國在臨江設立領事館分館。」一九二七年四月二十七日，臨江縣各界人民在臨江戲院召開「拒日設領誓師大會」，臨江縣知事張克湘到會講話表示支持。

臨江人民拒絕日本在臨江設領的愛國鬥爭，得到了東北及北京、上海等地廣大人民的支持。

▲ 文工團送文化下鄉

當請願團拒日設領的通電發出不久，長白、撫松、輯安（今集安）以及寬甸等縣民眾紛紛集會，先後組成聲援請願團，與臨江縣建立了拒日設領同盟，支持臨江人民的正義鬥爭。洮南、梨樹、瞻榆（今通榆縣）等縣民眾也紛紛來電一致表示：堅決做臨江拒日設領團之後盾，願傾全縣人民生命與財產於不顧，聲援臨江人民的鬥爭，請臨江請願團死力抗拒。《東三省公報》《東三省民報》《醒世報》《民國日報》（漢口版）《新亞日報》《泰東日報》等報刊都發表了支持臨江人民拒日設領的文章。一九二七年九月四日，奉天省城舉行了反日示威。同日，吉林省議會也成立了以「援助政府、喚醒同胞」為宗旨的吉林省國民外交後援會。奉天全省工、商拒日臨江設領外交後援會也連續發出三份《誓言書》：「臨江問題一日不解決，則我後援會一日不解體！」鬥爭迅速波及全國。一九二七年九月二十二日，黑龍江齊齊哈爾師範、法政等學校千餘名學生舉行示威，反對日本政府在臨江強行設領。在全東北發動聲援時，《東三省公報》《東三省民報》《醒世報》聯名發表拒日臨江設領聲明。上海、雲南、貴州等省市也通電聲援。上海商民協會、上海各路總聯合會發表聲明：「日本膽敢乘吾國多事之秋，在臨江借武力強行設領館……是可忍，孰不可忍。」清華、燕京、復旦等高等院校的聲援電、信也紛至沓來，堅決支持臨江人民。本溪煤礦工人舉行了著名的「八‧二三」反日大罷工，聲援臨江的愛國行動。中國共產黨在台安、柳河等縣的地下組織、廣泛發動和組織了當地群眾進行聲援。由於各級愛國官員特別是全國人民的一致反對，一九二九年八月，日本政府正式宣布撤銷設立臨江領事分館的決定。至此，臨江人民拒日設領鬥爭取得重大勝利。

　　附：臨江人民拒日設領紀念碑碑刻及《臨江抗設日領歌》《外交後援會歌》

臨江人民拒日設領紀念碑碑刻

　　一九二七年春，日本帝國主義為了加速對東北的侵略，強行在臨江設立領事分館，激起了臨江人民的強烈反對，爆發了一場波瀾壯闊的震撼全國的臨江官民共同抗拒設立日領的鬥爭。當時臨江十萬餘眾同仇敵愾，一體抗議，官民

上下同心同德，傾城而動，農、工、學、兵首當其衝，愛國商紳慷慨紓難，決心拼十萬頭顱，灑一腔熱血，誓為國權而鬥爭。是年五月二十九日，憤怒的臨江民眾，搗毀了日本領事館，將其夷為平地，驅逐了領事及其館員。日又欲武裝設領，捲土重來。面對武裝威脅，臨江民眾毫無懼色，扼守江邊，晝夜巡邏，寸步不讓，達數日之久。其愛國豪情憾山河，泣鬼神，感人肺腑。此間一個反對日本臨江設領、支援臨江人民鬥爭的浪潮風起雲湧，席捲全國。在全國

临江抗设日领歌

1＝C　　2/4

5　1̂2̂ | 5̂2̂　1̂0̂ | 3·5　6 | 6̂5̂6̂　1̇6̇ | 5 — |

风　潮　滚　滚　唤起　那　睡狮　一梦　醒

5̂5̂　3̂2̂ | 1　0 | 5̂5̂　6̂5̂ | 3·2̂　1̂0̂ | 1̇·1̇　1̇3̇ |

同胞　四万　万　携手　联络　作长城　神洲　大陆

2̇̂　1̇ | 1̂6̂ | 5·5　56 | 5　0 | 3·5　6 | 3̂2̂　1 |

奇男　子　齐把　国权　争　莫叫　那　岛国　人

3̂5̂　3̂2̂ | 1 — | 5̂1̂·2̂　3̂3̂　5̂5̂ | 6̂5̂6̂　1̇6̇ |

设领　在临　城　哪怕它　枪林　弹雨　来势　真凶

5·0 | 6̂5̂　6 | 5·6　1̇　2̇̂1̇2̇ | 3̇2̇　1̇ — |

猛　铸铁　肩担　重任　壮哉　我　国民

人民的支持下，臨江人民鬥志彌堅，愛國豪情更加激昂，終於迫使日本政府做出了撤銷在臨江設領的決定，臨江人民的鬥爭取得了重大勝利。斗轉星移，盛世在即，撫今追昔，居安思危，臨江人民之愛國精神和民族氣節，應該發揚光大，世代相傳。特立此碑，以示紀念。

外交后援会歌

D调　　　2／4　　　（苏武曲）

```
5—  | 1—  | 2    5 | 5 4  2 | 1— |
中   日    建     邦 亚   洲    地

1· 2 | 1   6 | 5— | 4   2 | 4    6 | 5— |
疆  界  紧    毗  连   唇 齿   实    相  关

1· 6 1 | 5— | 4   6 | 5— | 2 5 | 5 4  2 | 1— |
言  携 手   讲   亲  善   理 应   图    共  全

2   2 | 2   6 | 5— | 2   1 | 5   6 | 1— |
哪  知   假  面  具    杀  人   暗  箭

5   5 | 6   1 | 3— | 5   3 | 2 3  5 | 1— |
割  取   我   土  地    侵  害   我    主  权

1   2 | 4   4 | 2 4  2 1 | 6   1 | 2   4 | 1— |
田  中   内  阁  侵 略  政 策   令  人   更  胆 寒

1   2 | 1   6 | 5— | 4   2 | 4   6 | 5— |
东  省   近  边  陲    土   壮  民   又  肥

1 6 1 | 5— | 4   6 | 5— | 2 5 | 5 4  2 | 1— |
空  垂  涎   徒   逞  威   快   把 野   心    恢

2   2 | 2   6 | 5——  | 2   1 5 | 6   1 | — |
四  万   万  同  胞     一  唱  百    个  随

5   5 | 6   1 | 3——  | 5   3 | 2 3  5 | 1— |
宁  粉   身  碎  骨     权  利   岂 肯   让  谁

1   2 | 4   4 | 2 4  2 1 | 6   1 | 2   4 | 1— ||
共  作   官  府  外 交  后 盾   百  折   誓  不 回
```

「四保臨江」戰役期間的文化宣傳工作

一九四六年九月，國民黨軍調集美式裝備的主力部隊向東北急進，先後占領了山海關至長春之間的大中城市。後因兵力不足，改全面進攻為重點進攻，

▲ 臨江百姓歡慶解放

▲ 臨江百姓慶祝「四保臨江」勝利

採取「南攻北守、先南後北」的戰略方針，妄圖先占領南滿，從而切斷我東北解放區與華北解放區的連繫，解除後顧之憂，再集中兵力進攻北滿，達到獨占東北的目的。十月十九日，國民黨軍調集十萬軍隊向我以臨江為中心的南滿根據地大舉進攻。鑒於南滿戰略位置的重要，保衛南滿根據地成為我黨在東北的中心任務。為此，東北民主聯軍總部制定了「南打北拉、北打南拉」的戰略方針，堅決保衛南滿，鞏固北滿，改變敵進我退的形勢，徹底扭轉東北戰局。陳雲、蕭勁光、肖華等老一輩無產階級革命家在極其艱苦的環境裡，組織、發動、指揮南滿根據地軍民連續打退敵人四次進攻，取得了「四保臨江」戰役的偉大勝利。

一九四六至一九四七年，中共南滿分局，遼寧省委省政府、安東省委省政府和遼東軍區機關都在臨江，這裡是南滿的政治和軍事中心，也是文化中心。

在「四保臨江」戰役期間的一百多個日日夜夜，臨江中學師生及各界群眾踴躍參與前線慰問團的各種文化宣傳活動。

一九四六年十二月十一至十四日，陳雲、蕭勁光主持了七道江會議，在這關鍵時刻做出了堅守南滿，配合北滿我軍主力作戰的戰略決策，隨即，拉開了「四保臨江」戰役的序幕。「四保臨江」戰役前線取得的每一個勝利，都給後方人民以極大鼓舞。在三保臨江勝利後不久，一九四七年二月下旬，臨江中學組織十多名同學，由吳國明老師帶隊，參與了遼寧省各界前線慰問團的慰問演出。團長由省委幹部、作家鄭文擔任，團員由幹部、工人、農民和學生組成。學校推薦的學生代表有臨江中學佟楷、段雨生、王耀光、王純璞（女）、周斌和張守倫等同學。慰問團冒著零下二三十度的嚴寒，翻山越嶺，經過大荒溝、小荒溝趕赴前線，先後到駐紮在三源浦的三縱隊司令部、駐柳河的八師和通溝的九師的縱隊砲兵團，開展緊張的慰問活動。同學們為部隊表演了歌曲和話劇等節目。在前線的日子裡，三縱隊在三源浦召開了祝捷暨慰問大會，吳國明老師致了慰問辭。在柳河與八師的聯歡晚會上，左葉師長唱起了充滿鄉土味的陝西秦腔。一九四七年五月，「四保臨江」戰役勝利結束後，以臨江中學師範班部分同學為主，在羅衡校長，馬克、管維炎老師帶領下第二次參加了遼寧省各界前線慰問團。他們先後到了鐵廠子、孤山子、紅石砬子、柳河、山城鎮和剛剛解放的通

▲ 文工團排練

▲ 文工團演出

化，開展慰問活動。這期間，作為黨的喉舌《遼東日報》也遷到了臨江東側的大湖，遼東人民廣播電台設在縣城泡子沿，每天堅持播音，及時傳達黨中央的聲音，報導前線戰績和當地的反霸鬥爭成果，臨江中學劇團到電台直播話劇《熱血》。新四軍九旅宣傳隊和李紅光支隊宣傳隊在河西演出歌舞劇話劇，李紅光支隊宣傳隊由朝鮮族人組成管樂隊，配器比較齊全，除了管樂演奏，還演出小話劇。後來楊靖宇支隊宣傳隊也撤退到臨江，隊員王兆麟幫助中學劇團排演了反映抗日鬥爭的《秋陽》，宣傳隊還輔導中學的文藝活動，教同學們跳東北大秧歌。遼寧省文化協會領導的鴨綠江文工團，在中學露天舞台演出了馬健翎編劇的《血淚仇》，張長茂、程仁蘭同學參加演出，並擔任樂隊伴奏。鄭文主編的文藝刊物《鴨綠江》在通化出版了創刊號，發表了臨江縣委宣傳部長蔡天心的長篇小說《渾河的風暴》楔子和鄭文的短篇小說《仇恨》。一九四七年初春出版了第二期，發表了縣委宣傳部副部長江帆反映土改鬥爭的報告文學《江云奇》和鄭文反映「四保臨江」的《前線記事》。一九四六年十二月，遼東軍區文工團在電影院演出《流亡三部曲》、大型歌劇《氣壯山河》、獨幕話劇《紅蘭兄弟》。在一保、二保臨江戰役期間，臨江縣成立「各界人民赴前線慰問團」，攜帶東北幣、肥皂、牙粉、毛巾、菸捲、人參、雞蛋、豬肉、大米等慰問品，赴柳河、輝南等地慰問部隊。每到一地，慰問團都為部隊官兵演出《血淚仇》《白毛女》等劇目，受到部隊幹部戰士的熱烈歡迎。作家蔡天心、江帆、鄭文、蘇晨、張青榆和音樂家朱受之都是從延安經山東來到臨江從事文化工作的。戲劇家王笑君、李林都到中學劇團做過輔導。

▲ 歌劇《白毛女》劇照

一九四七年七月，臨江文工團為配合土地改革和清匪反霸鬥爭，僅用半個月的時間，廢寢忘食，晝夜突擊，排演了大型歌劇《白毛女》。在排練的過程中，得到

縣委宣傳部長、著名作家蔡天心、副部長江帆以及延安魯藝音樂系的朱受之同志的指導。七月下旬，《白毛女》在縣城戲園子裡公演了，劇場裡台上台下哭聲一片，喜兒的扮演者演到動情處，不能連續唱下去，樂隊只好反覆拉過門。連續演出近一個月，仍場場滿座。遼東人民廣播電台現場轉播三次，電台播音員宋雨楓（女）控制不住感情，不得不中斷了解說。

在縣城演出後，又去大栗子溝為傷病員慰問演出，有的觀眾越看越氣憤，掄起枴杖要打黃世仁、穆仁智。後來，文工團又順鴨綠江而下，為葦沙河慶祝土改勝利大會演出，全村傾巢出動，台下黑壓壓一片，觀眾與演員同悲同哭，高潮處，許多觀眾站起來流著淚高呼「為喜兒報仇」的口號。

《白毛女》的成功演出，受到駐臨江的黨政軍機關和廣大觀眾的讚揚，《遼東日報》也發表了消息。遼寧省教育廳廳長蘇莊向文工團贈送了絳紅色大幕，還綴上了毛主席書體的「為人民服務」五個耀眼大字。音樂家朱受之贈送了一團黑毛線（演員黏鬚用），遼東軍區宣傳大隊晨鐘寫來了熱情洋溢的讚揚信。

在臨江縣及南滿地區人民的全力支援下，在強有力的文化宣傳工作的鼓舞下，「四保臨江」戰役取得了偉大勝利。正如時任三縱隊司令員的曾克林在回憶錄中說：「革命離不開人民的大力支持，「四保臨江」戰役的勝利是毛澤東人民戰爭思想的偉大勝利。」「四保臨江」戰役勝利後，陳雲同志興奮地說：「『四保臨江』才幾個月，我們的人越打越多，武器越打越好，根據地越打越大，部隊越打越強，取得的勝利一次比一次大。」

「四保臨江」戰役結束後，在隨後的解放戰爭中，臨江文工團的同志們像一把紅色的蒲公英種子，除少數留在地方外，大部分撒到遼寧一分區宣傳隊、東北獨立一師宣傳隊、一五三師宣傳隊，並在那裡開花結果。他們跟隨解放軍進軍的步伐，很快便把學過來的地道北方秧歌舞、學演的《收割》《李二小參軍》等節目傳授給所到之處文藝團體。演到北平、演到向南方進軍的鄉鎮，最後演到武漢市。在進軍路上起到了巨大的宣傳鼓動作用，收到了良好的演出效果。直到解放後這些節目仍保持了長久的生命力。

臨江文工團的腳步叩響大江南北

　　一九四七年六月成立的臨江中學附設藝術研究班，經過系統學習革命理論和文藝基礎知識，成功演出了歌劇《白毛女》和一些小戲，為後來臨江文藝工作團的成立，奠定了基礎。

　　九月一日，經縣委批准，臨江文工團正式成立，這是臨江縣有史以來第一個專業文藝團體。金秋十月，著名藝術家張庚（建國後曾任中國劇協副主席）、張望（曾任瀋陽魯迅美院院長）、張汀（曾任中央工藝美院院長）、丁鳴（曾任瀋陽音樂學院院長）、陳紫（著名作曲家）和陳錦清（曾任北京舞蹈學院院長）率領魯藝文工團第四團，從北滿到臨江。他們演出了秧歌劇《收割》《李二小參軍》《幹活好》和小話劇《反翻把鬥爭》，發行了《張望版畫展》和《活捉謝文東連環畫展》。魯藝四團在緊張演出間隙，還對年輕的臨江文工團演員進行手把手的輔導。臨江文工團在中學大禮堂向他們匯報演出歌劇《白毛

▲ 文工團演出

女》，在觀後座談會上，受到舞蹈家陳錦清和四團同志們的熱情指導和鼓勵。名師出高徒，臨江文工團很快便把學過來的地道北方秧歌舞，傳授給遼寧一分區宣傳隊。

　　一九四七年十月下旬，根據通化地委的決定，除少數同志留在地方外，臨江文工團大部分同志（共三十三人）併入遼寧省軍區第一軍分區政治部宣傳隊。一九四八年春節，基本上以原臨江文工團原班人馬演出的修改本《白毛女》，以全新的面貌推上了通化東北大舞台。《李二小參軍》《收割》《姑嫂勞軍》《算卦》等秧歌劇也出現在通化的街頭。

隨著東北解放戰爭形勢的發展，遼寧一軍分區組建了遼寧省軍區獨立一師，宣傳隊隨之也改變了番號。一九四八年三月，宣傳隊離開通化，移駐海龍縣杏嶺村，深入沈鐵撫這三角地區，為敵後部隊演出，接著北上伊通參加長春戰役。隊員們分組下到連隊，張束（守倫）等來到三團一連，白天協助連隊進行戰前動員，晚上則幫助連隊開展文娛活動，為軍民演出炕頭戲，表演歌曲、曲藝，還邊講邊唱《白毛女》和《血淚仇》選段。長春守敵投降後，宣傳隊員們告別了養育他們的吉林大地，疾速西進參加了遼瀋戰役。馮力（來才）、張束（守倫）、林柯（樹方）、侯瑛（英男）等人冒著炮火，隨部隊衝進瀋陽。後來，獨一師改番號為一五三師，歸四〇軍建制。宣傳隊隨軍入關參加平津戰役，而後又跨黃河、過長江參加解放武漢的戰役，這時，原臨江文工團大部分同志陸續調做其他工作，但有十一人仍留在宣傳隊，主要領導幹部均由原臨江文工團的同志擔任。文工團隨同解放軍前進的步伐，把學來的秧歌舞扭到了瀋陽、北京、武漢，扭到了向南方進軍路經的城鎮和鄉村。這些稚嫩的中學生們，在延安來的老同志蔡天心、江帆的精心培育下，在遼東軍區宣傳大隊、東北魯藝四團，李紅光支隊宣傳隊以及鴨綠江文工團的薰陶下，逐漸成長起來。

　　原臨江文工團的同志們經受了戰爭和社會主義建設的各種考驗，在各自的崗位上做出了積極的貢獻，逐步成長為黨政軍機關與文藝單位的中高級領導幹部。長期堅持文化藝術工作的有：黃愷（相忠）多年任武漢市演出公司經理；單也（增壯）六〇年代就職《文匯報》駐京記者；顏展（俊富）曾任武漢軍區勝利文工團政委；劉凡（玉范）曾任承德市文聯主席；一非（張錫君）曾任山西省文聯副主席；侯瑛（英男）曾任廣州軍區戰士歌舞團副團長。

臨江跨地域開展紅色史蹟地協作建設和文物交流

二〇〇九年八月十七日至二十日，全國第二屆陳雲紀念地協作發展年會在臨江市舉辦。時任國家開發銀行董事長陳元（陳雲長子）、中央黨史研究室宣教局領導、中央文獻研究院第三編輯部領導，「四保臨江」戰役原參戰部隊的領導，吉林省委省政府領導、白山市委市政府領導、臨江市委市政府領導及全國二十多家陳雲紀念地（館）的領導和專家共一百多人參加了座談會。中央新聞媒體、香港媒體及吉林省、市新聞媒體的記者對會議進行了採訪報導。

全國第二屆陳雲紀念地協作發展年會的主題為陳雲紀念地的保護與開發，通過協作發展年會，加強了全國各陳雲紀念地之間的交流與協作，推動了全國

▲ 陳雲紀念地協作發展年會座談會

陳雲紀念地的可持續發展。會議由陳雲舊居暨青浦革命歷史紀念館黨總支書記兼副館長馬繼奮主持，陳元同志在座談會上發表講話，與會領導針對會議主題展開交流和座談。

　　臨江是革命老區，是陳雲、蕭勁光、肖華等老一輩革命家工作和戰鬥過的地方。一九四六年底至一九四七年四月，陳雲同志領導的東北民主聯軍在臨江發起了著名的「四保臨江」戰役，為保衛南滿根據地，改變了東北戰場敵強我弱、敵進我退的態勢，為解放全東北和遼瀋戰役的勝利奠定了堅實基礎。陳雲同志在臨江還領導了土地改革運動，對遼東黨政軍建設和國民經濟的恢復與發展做出了突出貢獻。為紀念「四保臨江」戰役的勝利，緬懷陳雲等老一輩無產階級革命家的豐功偉績，臨江市十分重視紅色景點景區的開發與保護，一九四七年，中共南滿分局、遼東軍區和臨江各界群眾在臨江建設了「四保臨江」烈士陵園；一九八〇年，對陳雲舊居暨「四保臨江」戰役指揮部舊址進行了修復；一九九二年，修建了「四保臨江」戰役紀念館；二〇〇五年，在原館基礎上重新擴建了「四保臨江」戰役紀念館。目前，「四保臨江」戰役紀念館和陳雲舊居，被列入國家紅色旅遊經典景區，已成為愛國主義教育的重要基地。臨江市委市政府承辦的全國第二屆陳雲紀念地協作發展年會，旨在以此為平台，加強與全國各紀念地之間的文物交流、信息傳遞、展覽互動、學術探討，促進紀念地的科學保護、文物徵集、陳列展示、宣傳教育、服務社會等各項工作的開展，以此拓展陳雲同志生平業績研究的深度和廣度，提升臨江市的對外知名度和影響力，更好地發揮愛國主義教育基地的作用，把陳雲等老一輩無產階級革命家開創的光輝業績和偉大思想發揚光大，使「四保臨江」精神成為推動臨江加快發展的不竭動力。

先輩子女傳承遺志　捐資助學情繫老區

　　為繼承發揚老一輩無產階級革命家陳雲同志的光輝思想和優良傳統，陳雲同志的子女陳偉力、陳元、陳偉華、陳偉蘭、陳方向臨江市捐贈八十萬元人民幣，臨江市政府出資一二〇萬元人民幣，於二〇一〇年七月十五日在臨江市註冊成立了陳雲教育基金理事會。陳雲教育基金是民間組建的非營利性社會團

▲ 陳雲教育基金資助大會

體、為公益目的而設立的教育慈善機構。陳雲教育基金公益活動的業務範圍主要是資助白山市轄區革命老區的貧困優秀大學生完成學業。基金的宗旨是扶持貧困優秀大學生完成學業，讓受捐助者切實感受到來自黨和社會的溫暖，不忘「四保臨江」精神的革命傳承。

　　陳雲教育基金自二〇一〇年成立以來，已持續資助白山地區考入清華大學、北京大學、吉林大學、山東大學、北京師範大學等學府的八〇四名貧困學子圓夢大學。其中已有十名完成學業，走上工作崗位。

　　二〇一二年八月以來，陳雲教育基金在臨江市連續舉辦了三屆資助貧困優秀大學生圓夢大學勵志會，在社會和應屆畢業生中引起強烈反響。勵志演講貧困學子中，有感動吉林「最美吉林人」十二屆全國見義勇為英雄模範張娜、有以優異成績考入南京農業大學的遲銳、有追逐夢想，感恩社會的吉林工商學院的齊英男等。他們用質樸而真實的語言，描繪自己的夢想，講述他們圓夢大學、勵志求學的故事；講述他們在困境中如何選擇堅強、如何為夢想而自強不息的奮鬥歷程；講述他們心存感恩、飛越夢想、回報社會的決心。他們情真意

切的演講表達了自己對社會的感恩之心、回饋之情、報效之義。鳳凰網、新浪網、天津網、吉林網、吉林教育網等全國十幾家網站都相繼報導了陳雲教育基金資助貧困大學生圓夢大學勵志會的相關情況，收到了良好的社會效果。通過資助教育弱勢群體，陳雲教育基金讓陳雲關懷青少年成長的愛心發揚光大，把關懷和熱情凝聚成充滿愛的行動，通過陳雲教育基金讓受捐助者切實感受到黨和社會的溫暖，以及老一輩無產階級革命家的光輝思想和優良傳統。目前，在社會各界愛心人士和企業家的贊助下，陳雲教育基金已達到二千一百萬元，為資助更多的優秀貧困學生完成學業奠定了雄厚的基礎。

▲ 陳雲教育基金資助大會

中央電視台「心連心」藝術團赴臨江演出

二○○二年八月二十七日下午，中央電視台「心連心」藝術團帶著黨中央和國務院對革命老區人民的深情厚誼來到臨江，在臨江市政府廣場進行慰問演出。老一輩無產階級革命家陳雲同志夫人于若木，吉林省委省政府及省軍區領導、白山市委市政府領導，參加過「四保臨江」戰役的老首長、老同志和臨江老區人民一同觀看了「心連心」藝術團藝術家們的精彩演出。

▲ 中央電視台心連心藝術團赴臨江慰問演出現場

大型演出活動的舞台背依巍巍的長白山，面向滔滔的鴨綠江，以革命先烈浴血奮戰、英勇不屈的形象為襯托。鮮花、彩旗、氣球、掌聲、歌聲映照出的美好生活是對革命先烈的最好告慰。整齊的方陣、飄舞的綵球、「臨江人民歡迎你們」等各式標語條幅，深切體現出老區人民對黨中央、國務院和「心連心」藝術團的熱愛。

中央電視台「心連心」藝術團對臨江的慰問演出十分重視，在老區人民的積極努力下，派出了宋祖英、楊洪基、閻維文、呂繼宏、郭達、張也、蔣大為、郁鈞劍、侯耀文、周冰倩、林依倫、閆學晶等眾多知名藝術家，近三萬人的演出現場座無虛席，秩序井然，盛況空前。下午兩點整，中央電視台「心連心」藝術團慰問演出正式開始。隨著一曲輕快的樂曲響起，主持人朱軍、文清，客串主持於文華、尹相傑走到前台。由閆學晶等演唱的《回娘家》《瞧情郎》等東北風情民歌和火辣的伴舞，拉開了慰問演出的序幕；以一曲《縴夫的愛》紅遍大江南北的於文華、尹相傑，以歌曲《喜慶秧歌》完成再度合作；軍

旅歌唱家呂繼宏把《咱老百姓》唱得聲情並茂；侯耀文、石富寬、劉洪忻表演的相聲讓觀眾笑聲不斷；蔣大為的《駿馬奔馳保邊疆》、周冰倩的《真的好想你》、郁鈞劍的《中國我的家》、林依倫的《我是一隻小小鳥》、張也的《走進新時代》等

▲ 中央電視台心連心藝術團赴臨江慰問演出現場

一首首老歌新曲被新老藝術家們表演得精彩絕倫；著名歌唱家宋祖英演唱的《大地飛歌》《越來越好》兩首歌曲，把現場氣氛推向了高潮，為臨江老區人民獻上了一台高品位的文化大餐。此次文藝演出進行了現場直播，讓不能到現場觀看演出的臨江人民坐在家中的電視前一同欣賞了中央電視台「心連心」藝術團表演的精彩節目。

時年七十四歲高齡的王榮國老人參加過「四保臨江」戰役，在戰役中表現突出，立過功受過獎，是人民的功臣。王榮國老人的英雄事蹟被「心連心」藝術團的領導們知道後，特意安排郭達、張也兩位藝術家前往臥病在床的老人家中慰問演出。中央電視台《焦點訪談》《新聞30分》欄目組及省、市媒體記者跟隨採訪。從八月二十七日十一時到十三時近兩小時的時間裡，郭達、張也兩位藝術家及媒體記者和老人談得十分開心，為滿足老人的要求，郭達為老人表演了小品《換大米》，張也演唱了《走進新時代》。王榮國老人及家人，連說「心連心」真是和咱老百姓心連心。聽說兩位藝術家在王家演出節目的消息後，樓梯及樓前樓後的過道上剎那間就擠滿了渴望與演員見面的群眾。

全國政協教科文衛體藝術團赴臨江老區慰問演出

　　二〇〇五年六月十三日，是老一輩無產階級革命家陳雲同志誕辰一百週年紀念日。為深切緬懷陳雲同志的豐功偉績，追思和學習陳雲同志為黨和人民的事業不懈奮鬥的崇高風範和革命精神，在臨江市委市政府的精心組織下，六月十日，臨江市成功舉辦了全國政協教科文衛體藝術團赴臨江老區慰問大型演出活動。

　　張萬年上將及夫人、時任北京軍區政治委員劉振華上將、陳雲同志的次子陳方及吉林省、白山市領導與臨江老區人民一同觀看了演出。劉蘭芳、陳鐸、馬玉濤、吳雁澤、牟玄甫、萬山紅等著名藝術家精彩的演出，贏得了老區人民的熱烈歡迎，能容納近三萬名觀眾的臨江市政府廣場內座無虛席，觀眾情緒熱烈，秩序井然，歡聲雷動。

▲ 全國政協教科文衛體赴臨江慰問演出現場

《四保臨江》《陳雲在臨江》影視劇在臨江拍攝

　　臨江既有長白山的誘人景色，又有鴨綠江的獨特風光。眾多奇特而淳樸，雄渾而秀麗的高品位的山水風光成為多個電影廠家拍攝電影、電視劇的最佳外景地，是天然的攝影棚和著名的影視拍攝基地。

　　一九九六年十月二十四日，十集電視連續劇《四保臨江》在北京舉行了合作拍攝簽字儀式。《四保臨江》是由中央電視台影視部、海軍政治部電視藝術中心、白山市委市政府、臨江市委市政府聯合攝製的十集電視連續劇。該電視劇根據臨江市鄉土作家王樹明編寫、民族出版社出版的電視文學劇本《四保臨江》（30萬字）改編而成，並在臨江開機拍攝。該劇反映了一九四六年十月至一九四七年四月東北民主聯軍在極為艱苦的條件下，擊退國民黨軍四次進攻，勝利堅持南滿根據地的歷史事件。著力塑造了陳雲臨危受命，在東北戰場錯綜複雜的形勢下，在國民黨軍隊大軍壓境的危難面

▲ 電視劇《四保臨江》海報

前，所表現出的高瞻遠矚的指揮才能和冷靜果敢的鮮明個性，對人民、對戰友情同手足、親如一家的豐富情感及幽默風趣的人格魅力。著力塑造了面對國民黨重兵壓境和錯綜複雜的形勢，陳雲組織指揮我軍民取得「四保臨江」戰役重大勝利的光輝藝術形象。同時，該劇還塑造了蕭勁光、肖華等我軍一批高級將領各具性格的藝術形象。《四保臨江》電視連續劇還是建國以來第一部展現和塑造陳雲同志在解放戰爭時期軍事才能的藝術形象作品。時任中共中央政治局

委員、書記處書記、中央軍委副主席張萬年上將為該片題寫了片名。

　　一九九七年三月中旬「四保臨江」戰役勝利五十週年前夕，《四保臨江》十集電視連續劇在中央電視台一套黃金時段播出。該劇是白山地區唯一一部獲一九九八年第十八屆中國電視劇「飛天獎」、中國電視新聞一等獎、東北三省電視劇「金虎獎」和吉林省首屆文學創作獎的四獎得主。

　　二〇〇三年十二月二十二日，為紀念陳雲同志誕辰一百週年，緬懷老一輩革命家的豐功偉績，經中央重大革命題材影視劇創作領導小組批准，由中央電視台、八一電影製片廠、中共吉林省委宣傳部、陳雲故居暨上海青浦革命歷史紀念館、白山市委市政府、臨江市委市政府聯合拍攝的《陳雲在臨江》七集電視連續劇在臨江市舉行開機儀式。

　　電視劇《陳雲在臨江》表現了一九四六年十月至一九四七年四月，國民黨重兵犯我東北南滿地區，當時身為東北局副書記、東北民主聯軍副政治委員的陳雲同志臨危受命，與蕭勁光同志一道被派往南滿領導軍事鬥爭和主持地方工作。在著名的「七道江會議」上，陳雲同志權衡利害，精闢地分析了形勢，統一了思想，形成了「堅決粉碎敵人進攻、堅持南滿根據地」的正確戰略思想和作戰方針，堅定了大家戰勝敵人的

▲ 電視劇《陳雲在臨江》劇照

信心。當時，敵特暗殺團和土匪活動極其猖獗，陳雲同志不顧個人安危，在病中冒著危險深入基層部隊瞭解情況，動員發動群眾積極支前，並在農村廣泛深入地開展土改運動，極大地鼓舞了部隊的士氣和人民群眾的政治熱情。我南滿部隊在陳雲、蕭勁光和肖華的指揮下，不怕犧牲、英勇作戰，給來犯之敵以狠狠打擊。與此同時，我北滿主力部隊三下江南，向敵人展開凌厲攻勢，與南滿

部隊「四保臨江」遙相呼應，使敵人首尾難顧，疲於奔命，其「先南後北、南攻北守」的戰略計劃徹底失敗。「三下江南」「四保臨江」戰役，歷時一〇八天，徹底粉碎了敵人的戰略圖謀，扭轉了東北的戰局，為我軍由戰略防禦轉為戰略進攻贏得了寶貴時間，為遼瀋戰役的勝利奠定了堅實的基礎。

二〇〇五年五月二十二日，七集電視連續劇《陳雲在臨江》在北京人民大會堂新聞發布廳舉行首映式暨新聞發布會。六月十三日，《陳雲在臨江》電視連續劇在央視一套黃金時段播出。該劇先後榮膺全軍「金星獎」、第二十三屆「金鷹獎」、吉林省廉政文化「五個一」精品創作工程文學創作一等獎、吉林省第十屆精神文明建設「五個一工程」優秀作品獎等重大獎項。

▲ 電視劇《陳雲在臨江》首映式

紀錄片《外景地臨江巡禮》的拍攝

　　位於鴨綠江中上游，長白山西麓的臨江市，山清水秀，林茂糧豐，素有吉林省的「小江南」之美稱。雄偉壯觀的青山與婀娜多姿的綠水相互映襯，四季的交替，山水的變幻，悠久的歷史和淳樸的民風深受許多電影人的青睞，一些電影及電視劇劇組紛紛來到這裡選取外景，熱情好客的臨江人，厚重的歷史文化，秀美的山水給眾多藝術家們留下了深刻的印象。

▲ 電影《五多金花》海報

　　最早在臨江拍攝電影、電視劇的當屬一九四四年滿映公司拍攝的《百花亭》，到二〇一四年，共有四十餘部電影，二十餘部電視劇曾在臨江選取外景拍攝。觀眾比較熟悉的有《林海雪原》《山間鈴響馬幫來》《五朵金花》《四保臨江》等多部影視劇作品。這些經典之作曾伴隨幾代人成長，劇中故事情節、人物，美好風光都留在了觀眾內心深處。一九五九年，長影拍攝《五朵金花》曾在臨江選外景拍過多場戲。影片中故事發生在雲南，因臨江夏季山峰疊嶂，樹木蔥鬱，鴨綠江流水潺潺，幽深靜謐，與江南風光相比毫不遜色，所以長影就選擇了這裡為該片的外景地。在同一年的冬季，八一電影製片廠拍攝的影片《林海雪原》也曾在臨江拍過多場戲。臨江的樺樹、鬧枝、珍珠門等地都留下了劇組人員的腳印，也將冬日臨江莽莽林海和皚皚雪原搬上了銀幕，劇中楊子榮等解放軍戰士的光輝形象也影響了中國幾代年輕人的成長。

　　二〇〇四年，為了讓更多的人瞭解臨江，擴大臨江的對外知名度，臨江市委市政府開始籌拍紀錄片《外景地臨江巡禮》。金秋九月，中央電視台該紀錄

片攝製組一行七人和曾在臨江拍攝過電影的幾位老演員應邀來到臨江。曾在《林海雪原》中扮演楊子榮的演員王潤身，時年已八旬，頭髮花白。以全國勞模、葦沙河鄉郵遞員宮本玉為原型而拍攝的電影《鴻雁》中飾演男主角的劉世龍，就是電影《英雄兒女》中王成的扮演者，時年也已七十五歲了。長影演員陳學潔，曾飾演過在臨江拍攝的《達吉和她的父親》《特快列車》《路考》等六部影片的主角或重要角色，當年十六歲時飾演達吉而出名的她，也已七十二歲。幾十年歲月匆匆而過，幾位老演員又踏上了這片熟悉的土地，睹物思情，感慨萬千。

在當年《林海雪原》拍攝地樺樹鎮小營子村，王潤身老人又見到了十多位當年的群眾演員。這些老人親切地稱他「楊子榮」，緊緊握住他的手，熱烈地交談著。看到建設已接近尾聲的小營子小康新村，眼前寬敞明亮的棟棟新居讓王潤身老人想起當年拍電影時，村子裡的低矮茅草房，他感嘆道：「四十五年的變化太大了，衷心希望老區人民生活越來越好！」

▲ 電影《達吉和她的父親》劇照

▲ 電影《林海雪原》海報

由中央電視台拍攝的紀錄片《外景地臨江巡禮》在臨江拍攝製作過程中，採取老電影拍攝時的景點與現在景區相結合的技法，每到一處攝製點，在回放電影當時場景的同時，由老演員現場講解當時的拍攝花絮和拍攝故事，全景展現臨江市悠久

▲ 電影《特快列車》劇照

▲ 電影《鴻雁》海報

的歷史、迷人的風光和臨江人淳樸善良的民風民俗以及近年來臨江市各項事業
快速發展所帶來的巨大變化。紀錄片製作完成後，曾在中央電視台播出，並成
為臨江市擴大對外宣傳、展示臨江風采的重要內容。

臨江被譽為大自然的「夢幻工廠」

　　平日裡人們習慣於稱好萊塢是美國電影的夢幻工廠，因為在那裡，能夠加工出影片需要的任何一種環境。而臨江市也被影視界稱之為大自然的夢幻工廠、天然的室外攝影棚。徜徉於臨江的山林水濱，隨便採擷幾處景觀，都可能找到那些經典影片的痕跡。

▲ 電影《五朵金花》劇照

▲ 電影《五朵金花》劇照

　　珍珠門位於臨江市的花山鎮，山水充滿著風光旖旎的南國情調。這裡洞迷林奇、峰巒競秀、怪石嶙峋、清溪流湍、水曲九環，每年都吸引著大批的旅遊者。同樣因其自然風光獨特，這裡曾是長春電影製片廠重要的外景地之一。人們所熟知的《五朵金花》《智取華山》《雲霧山中》等影片的外景便都是在這裡拍攝的。

　　一九五九年，《五朵金花》這部展現雲南大理迷人的風光，同時表現大躍進年代年輕人愛情故事的影片由長影攝製完成。影片有山有水，載歌載舞，上映之後在社會上引起了強烈反響。影片籌拍過程，卻是一波三折。長春和雲南大理遠隔千山萬水，攝製組的工作人員先是不辭辛苦，奔赴雲南大理拍攝外景，完成了影片大部分情節的外景拍攝。但電影是個遺憾的藝術，永遠不會十全十美。當攝製組回到長春後，導演王家乙卻發現鏡頭中有許多不盡人意的地方。為了藝術上的

完美，同時也是為了盡量節約拍片資金，劇組決定一些補拍鏡頭在省內取景。由於臨江珍珠門春天繁花似錦，夏季溪澗潺潺，深秋萬山紅葉，冬季潔如仙界，所以劇組最後決定在珍珠門補拍鏡頭。

在珍珠門的山谷裡有一條路蜿蜒伸向前方，下面是潺潺流淌的清澈溪水。在影片《五朵金花》中的男主角阿鵬就是在這條路上駕著馬車與前來採風的兩位老藝術家同行，並且在這裡遇上了正在山坡上唱歌的採藥老爹，故事便由此展開了。

▲ 在臨江拍攝的部分電影劇照

和西南少數民族地域相比，臨江風景只是少了幾棵椰子樹而已。不過電影美工移花接木的手段，彌補了這一缺憾。當時師傅們做了幾棵芭蕉樹和椰子樹，佈置了很多像西南地區那邊植物的景。這樣一來，攝影機朝哪個方向，在演員後面的背景上，就設置上這些植物，原有的自然景觀與布景相結合，再加上當時演員穿的服裝也是雲南大理的打扮，幾個方面一組合，看起來就像模像樣了。不知情的人都會被影片中那美麗的雲南大理風光深深吸引，殊不

▲ 電影《景頗姑娘》劇照

▲ 電影《雲霧山中》海報

知影片中很多鏡頭都是在這北方的臨江邊城拍攝完成的。秀美的北國山水景觀，迷人的大自然風光，同樣給觀眾留下了美好的記憶。影片製作完成後，受到了雲南省委和吉林省委的好評。

四道溝鎮位於臨江市東南部，距臨江市區二十二公里。這裡山清水秀，大自然巧奪天工。《達吉和她的父親》中巴蜀的綺麗景色、《景頗姑娘》中雲南的瑰麗風景和《雲霧山中》的奇山險境等都在這裡得到了完美的展現。

一九六一年，峨眉電影製片廠和長春電影製片廠準備聯合攝製電影《達吉和她的父親》，這是一部反映四川大梁山區彝漢民族團結的影片，電影中的許多鏡頭也是在四道溝龜壽山下的鴨綠江邊拍攝的。片中有一處場景反映的是大家在水邊修築堤壩時熱鬧繁忙的景象。幾十年前拍攝電影《達吉和她的父親》時，這裡的鴨綠江水流量要比現在大得多，水面也很寬。幾十年過去了，鴨綠江水也少了很多，所以要找到曾經電影中的畫面，現在來看是不太可能了。

臨江能成為電影外景地應該說受益於長春電影製片廠。解放戰爭時期，臨江是老根據地。早在二十世紀四〇年代末，當時的東北電影製片廠就在這裡拍攝過一部古裝影片，臨江的風景給導演們留下深刻印象。解放後，導演們一想到外景地，就很自然地想到了臨江。長春電影製片廠作為新中國電影的「國家隊」，當時的絕大多數故事影片都出自該廠，臨江因此也成為這些影片的外景地了。

《中國國家地理》攝製組赴臨尋訪當年演員及影視拍攝景地

由中國科學院地理科學與資源研究所及中國地理學會主辦的《中國國家地理》雜誌派攝製組一行五人來到臨江，針對二十世紀五〇年代以來長春電影製片廠在臨江市選址外景地及當年的著名演員進行了尋訪。此舉為宣傳推介臨江的人文景觀、打造臨江攝影基地、推動臨江旅遊產業發揮了積極的作用。

二〇一四年六月三十日，攝製組分別來到了花山鎮珍珠門村和四道溝鎮坡口村拍攝景地，對當地的人文歷史、地容地貌、實效典藏進行了探訪，尋訪了當年的主創人員、群眾演員、知情人士，查

▲《中國國家地理》雜誌二〇一四第八期

看了長春電影製片廠在臨江市曾拍攝過的影片《林海雪原》《五朵金花》《神祕的伴侶》《笨人王老大》《雲霧山中》《鴻雁》《打漁殺家》《狼牙山五壯士》《烽火少年》《景頗姑娘》《警察與小偷》《終點站》等二十三部享譽全國的著名影片。每到一地，攝製組人員無不為臨江這個山川秀美的邊陲小城能吸引這麼多著名的電影主創人員來此拍攝而感慨。

攝製組驅車趕赴長春專門拜訪了著名演員劉世龍（《鴻雁》李雲飛、《英雄兒女》王成的扮演者）、劉學堯（《景頗姑娘》的美工）、薛彥東（《雲霧山中》的主演、《紅牡丹》的導演）。提起二十世紀五〇年代在臨江拍電影的那段心路歷程，老人們的眼前立刻浮現出那些令人難忘的美好記憶，往事歷歷在目，那情那景猶如昨天，感慨萬千。

《中國國家地理》雜誌的月銷售量達八十五萬冊，在紙媒領域獨占鰲頭，一直備受廣大讀者和攝影愛好者們所推崇。刊登的文章和圖片經常被中央及地方媒體轉載，國內外很多家圖書館已經把該刊作為重點收藏期刊，具有很強的獨家性、權威性、可讀性和收藏價值。這次能在占有較重份額的版面來推介臨江，對推動臨江的大旅遊發展起到了積極作用。

▲《中國國家地理》雜誌二〇一四第八期中對臨江的推介

偽滿皇帝溥儀退位後大批國寶級文物在臨江遺失及部分文物回歸

1945年8月8日蘇聯對日宣戰。1945年8月11日，偽滿皇帝溥儀在日本關東軍的挾持下，帶著後宮親眷及偽滿大臣等共五百多人，攜帶幾十箱包括金銀珠寶、名人字畫、宋版圖書和滿清皇帝傳國玉璽等珍稀國寶，從新京（長春）乘火車倉皇出逃，這批故宮珍寶正是當年溥儀在紫禁城退位後，從清宮中帶走的。

8月13日清晨，溥儀逃至臨江縣大栗子溝。8月15日，日本天皇便宣布無條件投降。接著，溥儀於8月18日頒布了《滿洲皇帝退位詔書》，短命的偽滿州國就此結束。

當天晚上，溥儀、吉岡等一行十三人從大栗子匆匆逃走。其他人則留在原地，包括皇后。為了以後在日本仍舊可以過上舒適的貴族生活，溥儀便從攜帶的國寶中再次甄選，只選了少量的珍寶、字畫，連同大量的黃金、珠寶首飾等，分別放在兩個皮箱裡，其中就有著名的《姑蘇繁華圖》。

偽滿皇宮的內廷人員集中到大栗子溝道南有警衛的大庫房住，其餘人員仍

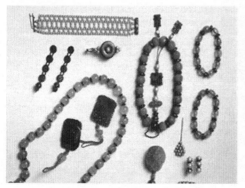

▲ 偽滿皇帝溥儀出逃攜帶的部分國寶

▲ 偽滿皇帝溥儀出逃攜帶的部分國寶

散居各處。從長春帶來的物品還有四十多箱，部分存放在西面臨近宿舍第四間庫房內，門上連個鎖也沒有，只是貼了一張小封條。有些內廷人員包括溥儀的家族人在內，都曾悄悄潛入庫房，專拿貴重易攜帶的物品據為己有。除此外，還有一部分書畫珍寶分給隨行人員保存外，另一部分國寶放在日本礦長家東屋的炕上。

　　日本人戰敗投降，撤退前夕，時局陷於混亂。一九四五年九月三日，大栗子鐵業株式會社葫蘆套、太平溝各礦點礦工和附近農民三千多人參與集體哄搶，哄搶的民眾把礦上一百多日本職員及家屬趕到南江沿大庫房圈起來，便開始哄搶。

　　哄搶民眾目光大多集中在首飾、大米、生活用品等實用對象上，只有少數士紳和有文化的人目光盯在字畫上。據當年曾參與哄搶的畢玉華、孫永賢、郭秀堂等人證實，當時日軍已撤，老百姓就進入日籍職員居住的舊式二層黃樓和礦山日本管理人員家中哄搶，因偽滿皇親國戚及宮內府職員門前有偽警站崗，老百姓未敢擅入。部分放在日本礦長家東屋炕上的書畫未及時轉移，這些書畫也在劫難逃。據目擊者說，庫房的地上散亂拋棄的捲軸有一二尺厚，因為哄搶的人認為畫比字值錢，打開一看是字卷就往地上一扔，是畫就挾在腋下，後來的人就踩著進去爭相在箱子裡搜尋畫軸。這樣踩踐毀壞的不計其數。

▲ 《姑蘇繁華圖》（局部）

溥儀從臨江大栗子溝逃走後的近四個月時間裡，因時局緊迫，三百多名宮內府隨從人員四散而逃，見勢不妙順手帶走了一批珍貴文物作為自己的逃命盤纏及未來安身立戶的資財。這樣一來，故宮的大量珍貴文物隨這些逃亡人員在東北地區到處散失。

　　《姑蘇繁華圖》於1950年被蘇聯移交送回。1945年8月18日，負責與溥儀連繫的日本關東軍中將吉岡通知溥儀，大栗子溝已不安全了，必須動身，前去通化搭乘飛機途經瀋陽去日本。

　　1945年8月19日，溥儀以及隨身攜帶的珍寶、字畫在瀋陽機場被蘇聯紅軍截獲，溥儀被遣往蘇聯赤塔，後轉至伯力，大量文物下落不明，五年之後，溥儀被遣送回國。1950年，毛澤東主席和周恩來總理先後訪蘇，談判時涉及此事，要求蘇

▲ 《姑蘇繁華圖》（局部）

方把扣留的兩箱珍寶歸還給中國。1950年8月1日，溥儀被引渡回國。根據中蘇有關協議，蘇方向中國政府移交了溥儀的兩箱珍寶，被移交的字畫中就有《姑蘇繁華圖》，現收藏於遼寧省博物館，二十世紀八〇年代公布於世。但蘇方還是把其中一些非常珍貴的國寶如金劍、刀等留下了，保存在其國家特別檔案館。

　　蘇軾《二賦》從臨江遺失後現存於吉林省博物館。在臨江縣被東北民主聯軍收繳的共

▲ 蘇軾《二賦》之一《洞庭春色賦》

計一四〇件，主要作品有《簪花仕女圖》《夏景山口待渡圖》《虢國夫人遊春圖》《唐人畫女孝經手卷》《韓豐稔圖卷》等一大批宋元明清時期珍貴古書畫。1949年7月7日，東北博物館建館，二百餘件清宮散逸書畫作品入藏該館。1947年，時任東北文物保管委員會常委、文物處處長的王修接管了這批國寶。

1951年吉林省博物館（現稱吉林省博物院）建立，把收集清宮散失書畫視為己任，在幾代人的不懈努力下，一件件書畫奇珍被尋回。1982年12月，從吉林市第五中學教員劉剛手中徵集所藏宋蘇軾《洞庭春色賦》《中山松醪賦》，即舉世聞名的「蘇軾二賦」。蘇軾「二賦」真跡曾是眾多清宮散逸書畫之一，現如今藏於吉林省博物院，作為鎮館之寶，堪稱海內外孤品，中國已故著名畫家、書法鑑定大家徐邦達先生稱，「二賦」的發現，「實乃文物界之盛事，藝苑之幸也」！

1972年2月，從長春市53中學教師王世宜手中徵集所藏元張渥《臨李公麟九歌圖》、明戴進《長江萬里圖》、明仇英《觀鵝圖》、清黃鼎《煙江疊嶂圖》、清董邦達《仿王洗漁村小雪圖》五件清宮散逸書畫。

2013年2月12日，吉林省博物院副院長、吉林省文物鑑定委員會主任、三級研究員趙聆實首次向媒體公布了這些國寶與長春乃至吉林省的淵源。

▲《土爾扈特部回歸圖》（局部）

在臨江遺失的《土爾扈特部回歸圖》現身遼博。朝陽博物館內存有兩件原藏於故宮的珍貴字畫，一是《土爾扈特部回歸圖》，二是乾隆皇帝的《寶典福書》，均屬國家一級文物。

這兩件珍貴書畫是在二十世紀八〇年代，一位曾服侍過清朝末代皇帝溥儀的名叫胡仁的侍衛捐贈給博物館的，捐贈地在朝陽凌源。除這兩件故宮字畫作品外，胡仁還獻出了另兩件故宮字畫珍品——明代文徵明

▲ 乾隆《寶典福書》（仿）

《行草書四季詩》、明代朱一樗《草書千字文》。這四幅皇家收藏的故宮字畫均
為稀世之寶。那麼，這些價值連城的字畫怎麼會落到一位普通的衛士手中呢？
這裡有一段曲折的故事。

　　溥儀逃到臨江大栗子溝後，因時局緊迫，遺失了大量文物，隨從人員見勢
不妙順手帶走了一批珍貴文物作為自己的逃命盤纏及未來安身立戶的資財。這
樣一來，故宮的大量珍貴文物隨這些逃亡人員在東北地區到處散失，朝陽博物
館的這四件珍貴字畫就是在那個時期落在這位叫胡仁的溥儀衛士手中的。

　　乾隆皇帝的《寶典福書》從臨江流失後回歸。在溥儀離開臨江大栗子溝不
久，他們中的大多數人就此各奔東西，有的為了湊足回老家的路費，曾在當地
民間變賣過不少從國寶箱裡偷竊出的古玩字畫，新中國成立之後，這些流失在
民間的國寶，確實有不少是在這一帶的老百姓手中發現並被國家收回的。

　　溥儀在臨江被收繳的古書畫有一個特點，就是無論書法或繪畫都以手卷為
主，遼博現藏有的臨江散佚的古書畫仍有七十一件之多，皆為手卷裝裱形式，
建國後收繳或當事人主動上繳的，其中有蘇東坡的《洞庭春色賦》和張禹的

《文姬歸漢圖》。《唐人畫女孝經手卷》《韓滉豐稔圖卷》《寶典福書》等，均是從長春、天津、興城等地清查出來並收繳的；《寶典福書》是清朝末代皇帝溥儀的名叫胡仁的侍衛捐贈給博物館的，捐贈地在朝陽凌源；通過文物商店或博物館的文物徵集部門從民間徵集的，有一九五六年營口市民孫啟富向遼寧省文化局捐贈的《黃公望沙磧圖卷》《馬軾李在夏芷歸去來辭圖卷》等；近年來，北京故宮博物院從各大拍賣機構中拍得的，如《張先十詠圖》等。

朝陽博物館內與《土爾扈特部回歸圖》並列的另一幅清代字畫珍品為《寶典福書》。《寶典福書》集乾隆數十年墨寶所得，珍藏它的玻璃櫃外立有一註釋標牌，標牌內寫有這樣幾行文字：「清乾隆五十五年，朝陽博物館藏。此圖原為清宮舊藏，後被末代皇帝溥儀帶到東北，散落於民間，一九八二年徵集，橫四九九釐米，縱二十八釐米。」

《寶典福書》是乾隆皇帝八十壽辰時，吏部尚書金簡蒐集乾隆皇帝帶「福」字的章句一二〇條，每條刻印章一方，拓印成譜，獻給乾隆皇帝的賀壽禮品。因各方均有「福」字，故名。卷內印譜分為十五組，每組八方，並加框邊，每組內八方印譜分上下兩排，錯落有致。印文清晰，朱、白文相間，刻工精細，筆法圓潤，剛柔相濟，各具風格。有些印章還刻有二龍戲珠等紋樣，可謂圖文並茂，是不可多得的篆刻藝術佳品。這一二〇個福字當是乾隆皇帝數十年墨寶的積累所得，《寶典福書》堪稱乾隆皇帝一生的書法濃縮集成。

查閱資料可知，金簡，朝鮮族，是清代印刷家，時任清內府四庫全書副總裁，管理武英殿刻書事務。《寶典福書》能夠流傳於世，正是身為印刷家的金簡以他工作的方便條件，獨具匠心地製作了這份珍貴壽禮，這才為後人留下了一份珍貴的文化遺產，這部奇書也是清代宮廷印刷業高度發達的形象印證。

在朝陽博物館內細看乾隆《寶典福書》，可見黃色錦裱封簽上有「乾隆御製寶典福書」題字，展開的長卷內飛動著乾隆皇帝留下的清新秀美的篆刻作品。卷內印譜分為十五組，每組八方，四周加象徵「福壽吉祥」的框邊，每組內八方印譜分上下兩排，上排為白文，下排朱文，印章上方有楷書註釋。印章

形狀有圓形、橢圓形、方形、長方形，還有的印章特意製成葫蘆形、葉形等精巧的植物形狀，而二龍戲珠紋樣的印章則彰顯著印章主人的身世高貴、與眾不同。

　　長卷的末框有「萬壽八旬大慶乾隆庚戌元旦」「臣金簡恭集」「御製句敬篆」等字樣，足見金簡對乾隆皇帝的一片恭敬之心。

▋《清明上河圖》在臨江

　　《清明上河圖》是北宋畫家張擇端的風俗畫，也是當世僅見的存世精品，中國十大傳世名畫之一，被譽為「中華第一神品」，屬國寶級文物，在中國乃至世界繪畫史上堪稱獨一無二，現藏於北京故宮博物院。

　　然而，卻鮮有人知《清明上河圖》在臨江幾度沉浮、飽受磨難，有一段充滿著神祕色彩的驚險故事。

▲《清明上河圖》（局部）

　　一九四五年八月八日蘇聯對日宣戰。八月十三日，偽滿皇帝溥儀在日本關東軍的挾持下，攜帶幾十箱包括金銀珠寶、名人字畫、宋版圖書和滿清皇帝傳國玉璽等珍稀國寶乘火車逃到臨江縣大栗子溝避難，其中就有著名的《清明上河圖》。

　　這些珍稀字畫及珠寶都是溥儀從偽皇宮所存的手卷字畫中挑選出的珍品中的上品，是溥儀平日最為滿意的珍藏，件件皆為無價之寶。溥儀匆匆逃往臨江縣大栗子溝後，在這裡僅住了五天，便在日本關東軍的脅迫下又匆忙逃竄，準備從瀋陽前往日本。慌忙中的溥儀又從隨身攜帶的珍寶、字畫中再次甄選了少

▲《清明上河圖》（局部）

量的珍寶和部分字畫裝在兩個手提箱裡，大部分珍寶、字畫不得不留在了大栗子溝。

一九四五年十月，遼東軍區部隊奉命挺進臨江縣，開展了大規模的剿匪平叛、鞏固政權的鬥爭。十一月中旬，留在大栗子的皇親國戚及宮內府的職員、侍從、僕人一一〇多人遷到了花高價包租的臨江縣城日本人開的伊美朵旅館。

遼東軍區先頭部隊到臨江之後，發現溥儀宮內府人員正在分散、盜竊、轉移他們帶來的國寶。宮內府採買馬文洲曾撿到一個很精緻的煙盒，帶有一塊東洋錶，還有女人裝胭脂等化妝品的裝置，被大內總管嚴桐江看見後，就用兩幅畫換他的煙盒。據馬文洲回憶：「這兩幅畫用黃布包著，黃布外用了不少的印戳。嚴桐江告訴我，這些畫可值銀子啦，一幅畫就能換一座樓。」馬文洲當時雖不相信，但還是藏在了褥子下。

一九四五年十二月下旬，東北民主聯軍後勤部通化辦事處的武清祿奉命去臨江收繳國寶。收繳國寶工作組共收上來歷朝歷代名貴字畫三十多幅，其中最寶貴的是一幅絲絹山水畫，但《清明上河圖》卻蹤跡皆無，無人知曉。

一九四七年，東北民主聯軍四十軍參謀長張克威來到東北行政委員會農業部任職，他帶來部隊收繳長春偽皇宮時的十餘軸畫卷，這批畫是一九四五年日本投降後散失在民間，後來通過部隊在臨江縣收繳來的。當時處於戰爭年代，畫作保管不善，幾經輾轉，飽經風霜，有的已面目全非，很少有人能分清這些畫卷是哪個年代的、出自哪個名家的作品。東北文化部文物保管委員會的處長兼東北博物館首任館長王修在接手這些畫卷時，《清明上河圖》就引起了他的注意，但不足作最後結論。

▲《清明上河圖》（局部）

一九五〇年冬，東北局文化部對清宮散佚國寶進行鑑定和整理。王修向書畫鑑定專家楊仁愷推薦在臨江收繳的字畫中發現的一卷古畫，經楊仁凱將這幅畫卷的照片發表於《國寶沉浮錄》中，立即引起國內外專家學者高度關注。時任國家文物局局長的鄭振鐸將這幅畫卷調往北京，經進一步鑑定，確認這就是千百年來名聞遐邇的《清明上河圖》。東北博物館從此名震天下，成為中國收

藏古代書畫的三大藏寶地之一。遺失多年的稀世國寶終於再次入藏北京故宮博物院。

　　二〇〇三年，中央電視台《清明上河圖》系列專題片攝製組專程來到臨江，對《清明上河圖》在臨江的經歷進行長達十餘天的實地拍攝。攝製組先後採訪了大栗子偽滿皇帝溥儀退位遺址、原偽滿皇宮僕人馬文洲老人及有關人員，查閱了大量的歷史資料及檔案，基本理清了《清明上河圖》在臨江的來龍去脈，豐富了這一國寶的歷史文化內涵。

第一次鴨綠江文化研討會在臨江召開

　　二〇一二年十一月，臨江市委市政府舉辦第七次長白山、第一次鴨綠江文化研討會。參加研討會的有中華詩詞學會副會長、吉林省政府文史研究館館員、長白山文化研究會會長張福有，中國楹聯學會副會長、長白山文化研究會副會長、吉林省政協文教委主任蔣力華等及吉林、遼寧兩省對長白山文化、鴨綠江文化、邊疆歷史文化、民族宗教文化有深入研究的著名專家學者共計五十五名。會議收到研討論文八十餘篇，編輯出版了《第一次鴨綠江文化研討會論文選編（第一輯）》。

▲ 鴨綠江文化研究會成立大會

　　臨江歷史文化厚重，早在唐渤海國時期就處於相當重要的經濟、政治和文化地位。臨江是唐渤海國西京鴨綠府治所，「朝貢道」上曾有過「日過千帆、排過百張」的繁榮。臨江是渤海國「朝貢道」的重要節點，長白山的土特產品，鴨綠江上游的銅產品和農產品經過陸路和水上運輸，集中到一起運往神州

（臨江），再用更大的船運到丹東，裝海船跨海運到登州（山東蓬萊），再運往世界各地。由此成為渤海國十五個繁華大城市之一。近現代史上，發生在臨江的反清抗俄、大刀會抗日、拒日設領、抗聯鬥爭、偽滿皇帝溥儀退位、「四保臨江」戰役、抗美援朝戰爭等在全國有較大影響力的重大歷史事件，內容幾乎涵蓋了從二十個世紀初以來的各個歷史階段。豐富的歷史文化資源大量在臨江積聚，這在全省乃至東北地區縣級或市級城市中絕無僅有，是吉林省歷史文化資源的富集區。厚重的歷史文

▲ 第一次鴨綠江文化研討會論文選編

化，決定和確立了臨江在歷史上的重要地位，為臨江市創建鴨綠江歷史文化名城創造了條件。二〇一一年，中共臨江市第七次黨代會上提出了「建設鴨綠江歷史文化名城」的戰略目標，並制訂創建方案，啟動相關工作，加快推進鴨綠江歷史文化名城創建步伐。重點建設好「一線三點」以老一輩無產階級革命家陳雲在臨江為題材的陳雲銅像——陳雲舊居——「四保臨江」戰役紀念館——「四保臨江」野戰醫院等遺址遺跡為主線，以臨江人民拒日設領鬥爭、偽滿皇帝溥儀退位遺址、抗美援朝戰爭題材為支點，加快把臨江市的歷史文化資源串珠成鏈，發揮規模效應和集聚效應。全力做好「四保臨江」戰役相關遺址遺跡及臨江鴨綠江國際大橋的保護和利用工作，加快推進臨江人民拒日設領紀念館規劃建設和偽滿皇帝溥儀退位遺址的修繕。這次在臨江召開吉林省第七次長白山文化、臨江市第一次鴨綠江文化研討會，成立臨江市鴨綠江文化研究會，並聘請有關專家學者為臨江市鴨綠江文化研究會的理事，為傳承與弘揚鴨綠江文化，創建鴨綠江歷史文化名城奠定基礎。

中國冬泳網第四屆版主會、第二屆冬泳文化節暨鴨綠江臨江文化旅遊節在臨江舉辦

二○一○年十月14-17日，在吉林省臨江市舉辦了「中國冬泳網第四屆版主會、第二屆冬泳文化節暨鴨綠江臨江文化旅遊節」。來自全國七十多個冬泳專區的一百多名版主參加了版主會議，會議評選2009-2010年度為中國冬泳網、冬泳文化做出突出貢獻的專區及版主。中國冬泳網授予到會的長老級版主、長老級會員榮譽徽章（由中國冬泳網特製，純銀徽章）。組織籌備由中國冬泳網牽頭，全國各專區參與，以一對一的方式，在二○一一年幫助一所貧困小學（中國冬泳網

▲ 冬泳比賽現場

希望小學），總結2009-2010年度中國冬泳網所組織參與的大型活動情況，討論冬泳經濟的開展情況和未來走向等。來自全國各地的十餘支冬泳代表隊及一千多名冬泳愛好者參加了第二屆冬泳文化節暨鴨綠江臨江文化旅遊節開幕式。開幕式後，冬泳運動員及愛好者參加了鐵人兩項、4×50米男女混合泳、二百米混合泳、潛水、水中障礙、救生、絕活表演、水球、水中抓鴨、「盛裝下水」等冬泳比賽活動。

「中國雪村・臨江松嶺」全國攝影大賽暨中國藝術攝影學會松嶺攝影創作基地掛牌

　　二〇一二年十二月二十五日，「中國雪村・臨江松嶺」全國攝影大賽暨中國藝術攝影學會松嶺攝影創作基地掛牌儀式在中國雪村・臨江松嶺舉行。

▲ 中國雪村・臨江松嶺一角

　　松嶺，位於花山國家森林公園——臨江市花山鎮珍珠門村境內。由於地形獨特，村落的房屋、樹木、村路、籬笆牆錯落有致，形成東北最具特色的「闖關東」民居村。這裡春賞梨花，夏採山珍，秋觀火楓，冬品雪韻，一派水墨丹青；這裡自然景觀奇特，歷史遺跡豐富，人文風韻勃發，民間習俗廣博，具有豐富的、多層面的攝影創作資源，是現代攝影人展示攝影技藝、激發創作靈感的理想之地，是最具潛力獲獎攝影作品和攝影家的誕生地之一。

▲ 中國雪村‧臨江松嶺一角

▲ 中國雪村‧臨江松嶺一角

　　由臨江市委市政府主辦，吉林省攝影家協會協辦的「中國雪村‧臨江松嶺」全國攝影大賽，吸引了來自全國各地的眾多攝影家和攝影愛好者們廣泛參加。參賽人員以「關東雪村水墨松嶺」為主題開展攝影採風活動，將白雪覆蓋的美麗院落、象徵著喜慶祥和的剪紙窗花、獨具東北特色的農家熱炕頭、苞米垛、高高掛起的大紅燈籠等一一記錄在鏡頭裡，一幅幅作品美輪美奐，引人入勝。為保證攝影大賽評選活動的公平公正，全國攝影大賽誠邀了中國藝術攝影學會主席楊元惺、中

國藝術攝影學會常務理事魏敏學、中國藝術攝影學會秘書長張小蘇、吉林省文化產業協會會長姜鳳國、吉林省攝影家協會終身名譽主席李立、吉林省攝影家協會主席趙春江、白山市青年攝影家協會主席連承灝等十人擔任評委。大賽共收到來自全國各地的參賽攝影作品一千三百餘幅，經各位評委專業品評，最終評選出了金、銀、銅及優秀獎獲獎作品。通過舉辦此次

▲ 中國雪村‧臨江松嶺一角

「中國雪村‧臨江松嶺」全國攝影大賽活動，積極對外宣傳臨江的自然風光和人文歷史，進一步挖掘了臨江旅遊文化，為打造「松嶺雪村」攝影基地的品牌、擴大臨江旅遊的知名度，做出了突出的貢獻。樹立了臨江市旅遊品牌，推動了旅遊產業發展，助推了臨江鴨綠江歷史文化名城建設。

▲ 中國雪村‧臨江松嶺一角

中國・臨江首屆金秋紅葉節

　　2014年9月27日，由白山市戶外運動協會、8264戶外資料網吉林版主辦，臨江市花山鎮人民政府、臨江市六道溝鎮人民政府等協辦的「中國・臨江首屆金秋紅葉節」在龍潤溫泉度假村隆重開幕。本次活動以「楓韻臨江・紅動中國」為主題，吸引了來自白山、通化、延吉、四平、白城、遼源、長春、鐵嶺、瀋陽、營口等地近三千名攝影愛好者和戶外運動者參加，盛況空前。活動的主要內容有：老嶺石碑——溪谷風景區穿越、五棚湖風景區——溪谷風景區穿越、定向越野賽、採參放山表演、露營晚會、登老禿頂子景區、遊覽七道溝景區。

▲ 臨江首屆金秋紅葉節海報

　　金秋十月，漫天雲霞般的紅葉將長白山老嶺山脈點綴得五彩斑斕，分外迷人。在莽莽蒼蒼的大森林中，在層巒疊嶂的高山峻嶺旁，偶出一景，便出奇的別緻和新奇，而奇巧之中，又不失長白山特有的宏大。群峰競秀，漫山紅透，金風吹來，千山萬壑紅潮湧動，優美的景色吸引著人們新奇的目光。

　　攝影展共收到了八十餘位攝影及戶外愛好者於紅葉節當天創作的攝影作品二百餘幅。經過專家認真遴選出的八十四幅優秀作品，十月十七日在臨江市政府廣場展出。這些優秀的參展作品，以獨特的視角，從不同角度，不同層面，全方位展示了臨江市金秋的自然風光和人文景觀，打造了具有地域特色的金秋紅葉攝影文化盛事和文化旅遊品牌，推動了臨江市旅遊業的發展和文化事業的繁榮。

　　「中國・臨江首屆金秋紅葉節」的成功舉辦，提升了臨江市「紅葉旅遊」

品牌和各景區的知名度，推動了臨江市旅遊產業的跨越式發展，加快了臨江市鴨綠江歷史文化名城的建設步伐。中國‧臨江首屆金秋紅葉節攝影展，是臨江走向全國的又一張靚麗的文化名片。

▲ 臨江首屆金秋紅葉節的活動現場

▲ 老嶺紅葉

鄉土作品登上文化國門

▲ 參加北京國際攝影周作品

二〇一四年十月十二日，由中華人民共和國文化部和北京市政府主辦，中國藝術攝影協會、中國攝影家協會、新華通訊社圖片中心和北京歌華文化發展集團承辦，中國藝術研究院攝影藝術研究所和北京市中華世紀壇藝術基金會協辦的「北京國際攝影周2014」在中華世紀壇拉開帷幕。文化部副部長、北京國際攝影周組委會主席丁偉先生，中國文聯黨組成員、副主席、

▲ 參加北京國際攝影周作品《雪村行——臨江松嶺》

書記處書記李前光先生，北京國際攝影周組委會執行主席、中國攝影家協會主席王瑤女士，北京國際攝影周組委會執行主席、中國藝術攝影學會主席楊元惺先生等國家著名攝影組織領導人、國際攝影藝術聯合會主席里卡爾多·布西，英國、烏克蘭、南非、斯洛伐克、阿聯酋五國攝影組織主席以及國內外攝影專家、著名策展人、業內人士等出席了此次攝影盛會。

▲ 參加北京國際攝影周作品

在如此高規格的北京國際攝影周上，臨江市就有三十多幅攝影作品參與展出。《溪谷牧歌》《月圓松嶺》《我心中的雪村》《鳳舞鴨綠江》《雪村婚禮》等作品鄉土氣息濃厚，展現了臨江市大自然的美景和人民的生活狀況。在中華世紀壇展館中，臨江市有四幅展品展出；在首都機場「文化國門」的四十多幅展品中，臨江市的作品就有七幅；在王府井步行街二十個展位中，臨江市就占有二個展位，展出作品二十多幅。展出作品無論是在數量上，還是規模上都是史無前例的。此次

▲ 參加北京國際攝影周作品《溪水迎秋》

展出宣傳了臨江市旅遊資源，展示了臨江市秀美的自然風光和地域風俗特色，對繁榮臨江市文化藝術事業、提高臨江市知名度、擴大臨江市影響力具有重大意義。

▲ 參加北京國際攝影周作品《晨光》

▲ 參加北京國際攝影周作品《雲霧繞山村——臨江松嶺》

第三章
——

文化名人

臨江市歷史悠久，人傑輩出，群星璀璨，在不同歷史發展時期湧現出一大批業績卓著、造詣精深、影響力遠達國內外的文化名人。這些名人涵蓋了文學、藝術、社科、人文、教育、科技等方面，推動著臨江市文化事業的發展和振興，展現出鮮明的時代特色和開拓創新、不斷進取的臨江人本色，成為激勵臨江人建設美好家園的精神楷模。

▌臨江教育奠基人──李廷玉

　　李廷玉，號實塵，生卒年不詳，清朝直隸人士，清光緒三十四年（1908年）四月任臨江知縣。

　　清光緒三十四年（1908年）之前，臨江縣無教育機構，只有幾處私塾館，均屬民辦。一九〇八年四月，李廷玉任臨江知縣後，就提倡興教辦學，開啟民智。在他的親力親為下，當年，就在興華街偏東建校舍正房七間、東西廂房各五間，共十七間，創建縣立師範講習所和縣立第一所初等小學堂。縣立師範講習所設一個班，學期六個月，至此，臨江縣開始有公（官）辦教育，首開臨江教育先河。小學堂創建之後，全縣各地相繼設立小學堂三十二所。

　　李廷玉上任伊始，東北時值屢遭俄、日侵略，疆土日蹙。為查清長白山的主脈及各支脈，查清鴨綠江、圖們江、松花江的正源及副源，李廷玉作為奉吉勘界委員，率勘界人員及測繪生，於一九〇八年五月二十九日由臨江啟程。踏查長白山，分清主支脈；詳考三江源，辨明正副源；定國界、保領土、申正義。這充分體現了李廷玉等人為國為民的民族大義，體現了李廷玉等人的愛國主義思想和強烈的民族自尊心。在踏查的基礎上，李廷玉和劉建封等人一起編著《長白設治兼勘分奉吉界線書》《白山穆石辨》《中韓國界志》《間島辨》等官方報告及《長白山江崗志略》等。其中《長白山江崗志略》的序言就是李廷玉親自撰寫的。

早期臨江教育界領袖——陳寵鍵

陳寵鍵（1897年12月21日至1970年11月5日），字功閣（又字恭葛），生於北京。臨江縣師中（師範講習科和縣立中學）學校校長，臨江縣拒日設領請願團團長。

陳寵鍵於一九〇二年隨父遷居臨江。一九一七年任臨江縣兩所小學校正教，後又任長白縣兩所小學正教、臨江縣兩所小學校校長、臨江縣立師範講習科校長兼臨江縣縣立初級學校校長、臨江縣中學校校長等。陳寵鍵為人清正、廉潔、剛直，治學嚴謹、有方，受到教育界師生和社會的普遍尊敬，被推舉為臨江縣教育會會長、縣外交協會主任委員。

一九二七年春，日本政府企圖擅自在臨江設立領事分館，激起臨江縣官民的強烈反對。在拒日設領鬥爭的浪潮中，陳寵鍵組織師生參加臨江人民「拒日設領」運動。一九二七年四月二十四日，臨江縣師中學校在校內召開全體師生大會，陳寵鍵發表了慷慨激昂的講演，他說：「日本人採取了種種卑鄙手段，耍盡陰謀手段，三番五次地來臨江挑釁，想要在臨江強行設立領事館，侵犯中國的主權。我們師中的全體師生應該立即行動起來，向政府請願，堅決拒日設領，不獲全勝決不罷休。」並主張衝出校門，舉行大規模遊行示威活動，在全縣廣泛宣傳拒日設領的意義，喚醒民眾，共同保衛主權。陳寵鍵掬拳拳愛國之心，以知識界領袖之地位，挺身於鬥爭最前列，組織臨江全境拒日設領請願團並出任團長，奔走呼號，八方聯絡，遊行演講，宣傳民眾。他宣布罷課，支持學生上街示威遊行，還支持學生和市民搗毀了漢奸王作昆盜賣給日本用作「領事館」的房屋，號召民眾開展募捐活動，支援拒日設領鬥爭。臨江縣拒日設領請願團表現出的同仇敵愾，頑強鬥爭的精神，贏得了全國特別是東三省人民的廣泛聲援和積極支持。一九二七年九月四日，奉天（今瀋陽）舉行反日示威遊行，十三萬工人、學生、市民排起二公里長隊，高呼反日口號。奉天工、商拒

日設領外交後援會連續發出三份《誓言書》，宣布「臨江之問題一日不解決，則我後援會一日不解體！」鬥爭迅速波及全國。黑龍江省齊齊哈爾師範、法政等學校千餘名學生舉行示威，反對日本政府在臨江強行設領。上海、雲南、貴州等省市也通電聲援。上海商民協會、上海各路總聯合會發表聲明：「日本膽敢乘吾多事之秋，在臨江強行設領館……是可忍，孰不可忍。」清華、燕京、復旦等高校的聲援電、信紛至沓來，聲援臨江的愛國行動，極大地鼓舞了臨江民眾。在全國人民的積極支持和聲援下，陳寵鍵智勇雙全，意志如山，鞠躬盡瘁，直至取得鬥爭的最後勝利。一九三二年六月，日軍入侵臨江縣城。陳寵鍵攜家避難於三道溝門東崗高福堂家，不久受到日本憲兵隊的通緝，陳寵鍵託人將妻兒送回河北省東光縣岳父家中，隻身返回縣城，八月被捕入獄囚於南圍子。日軍用酷刑逼他供出拒日設領組織者名單，陳寵鍵大義凜然，將拒日設領之事攬於一身，後經臨江縣商會保釋出獄，離開臨江。

抗日戰爭時期，陳寵鍵在北平以教書為生，抗戰勝利後移居青島，在紡織系統工作多年。建國以後，陳寵鍵先後被評為紡織工業部物資總局青島供應分局先進工作者、青島紡織管理局先進工作者，退休後定居北京。一九七〇年十一月五日病逝，享年七十三歲。

深受全國人民愛戴的著名作曲家——呂遠

呂遠（1929年3月2日-　），著名作曲家，曾任中國音樂家協會常務理事、中國音樂創作委員會副主任、海政歌舞團藝術指導、中國文聯全國委員、中國音樂家協會創作委員會、外事委員會顧問、中國對外文化交流協會理事、國際傳統文化交流協會顧問、中國石油文聯顧問、北京國際人才交流協會常務理事、八達嶺長城文化交流協會理事長、東北師範大學、海軍政治學院兼職教授等。

▲ 呂遠

呂遠祖籍山東海陽，早年在臨江縣城讀小學、中學。一九四三年在臨江縣礦山採礦冶金科學習，一九四六年在臨江中學參加解放區宣傳隊演出活動，開始音樂創作。建國後曾在東北師範大學音樂系學習。畢業後，先後在中國建築文工團和海軍政治部文工團任作曲。在半個多世紀的音樂生涯中創作了一千多首歌曲，一百多部歌劇、舞劇和影視片音樂。主要作品有《八月十五月兒圓》《有一個美麗的傳說》

▲ 著名作曲家呂遠音樂會演職人員

《願做蝴蝶比翼飛》《賣貨郎》《泉水叮咚響》《我們的生活充滿陽光》《牡丹之歌》《我們的事業比蜜甜》《長征》《克拉瑪依之歌》《走上這高高的興安嶺》《親人送別金沙灘》《西沙我可愛的家鄉》《我們的生活充滿陽光》《木魚石的傳說》

等膾炙人口的歌曲千餘首;《剛果河的怒吼》、《壯麗的婚禮》等影視音樂幾十部;《秦始皇與萬里長城》等歌劇舞劇十幾部。一九八〇年出版《呂遠歌曲集》,出版過詩集和散文集;還寫了許多歌詞和音樂評論文章,翻譯了很多日本歌曲。呂遠是一位著名的歌曲家兼詞人。他的歌曲詞曲結合得尤為貼切,這得益於他自己既寫詞又譜曲的造化。呂遠對民間比較熟悉,從東北到西北,從民歌到曲藝,廣泛地汲取和匯融,使之成為他的歌曲創作的源泉。他的旋律有動人的抒情性,富於民族風格和地方特色,至今仍在中華大地上傳唱。呂遠始終情繫臨江老區發展。二〇〇一年,臨江市計劃創作一首宣傳臨江老區的歌曲進行傳唱。呂遠同志親自對歌曲的創作構思等提出建議,並對歌詞的創作進行具體指導,並欣然表示親自為《英雄的臨江》《滿江紅・鴨綠江上》兩首歌詞作曲,以此回報臨江老區人民。歌曲完成後,呂遠又親自邀請著名歌唱家楊洪基和牟玄甫為兩首歌錄製了碟片,為擴大臨江對外知名度做出了貢獻。

▲ 呂遠歌曲選

享譽海內外的人民藝術家——張束

張束（1929年- ），一九二九年生於吉林省臨江縣，一九四五年考入臨江中學讀書，曾任廣州軍區宣傳部副部長、文化部副部長、正師職研究員，廣東省文化局副局長、廣州軍區老幹部大學副校長、廣州駐軍老戰士書畫會副會長、中國書協會員、廣東省書協顧問。有一六○多幅作品在全國大賽獲獎。其中，獲金獎三十五個，曾獲韓國國際大賽書藝銅獎、日本國際文化交流書道展特獎。有二十多件作品入選各地碑林石刻。有一三○多幅作品編入書畫集。作品曾流傳十七個國家和中國

▲ 張束

港澳台地區。在全國近百種報刊發表作品六百多件。向全國贈送作品七千多幅、張束書法作品書法書籤四萬五千多件。

張束先生書法作品精品流傳不多，主要精品多數被福建鄭成功紀念館、四川大禹紀念館、江蘇柳亞子紀念館等各大博物館收藏，或展覽組委會收藏。作品勒石於國家級、省級旅遊風景區及神墨碑林、翰園碑林、天涯行碑林。作品、傳略輯入《中國當代書法家大辭典》《中國美術書法界名人名作博覽》《中日現代美術通鑑》《中華人物辭海》《世界文化名人辭海》《世界當代書畫家大辭典》《中國現代書法界人名辭典》《當代中國書法藝術大成》《中國書法家協會會員名鑑》《中國當代藝術界名人錄》等。

張束先生是從槍林彈雨走過來的奇人，又是一位受人敬重、正氣凜然的軍人，曾參加過長春、遼瀋、平津和渡江戰役，多次立功受獎。在任廣東省文藝

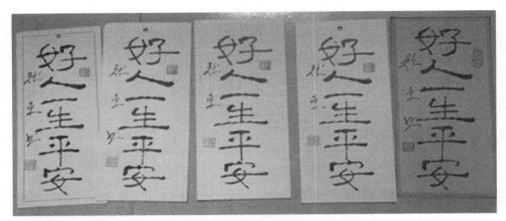

▲ 張束書法作品

萬里長城萬里長城萬里長城萬里長城萬里長城萬里同胞心一條新的長城萬外面是故鄉四萬萬萬萬萬萬同里長

録目潘孑農長城謠孔之意於廣州書

▲ 張束書法作品

辦副主任期間，張束先生把發展中華民族文化為己任，大力扶持文藝人才，尤其是在特殊時期用正義之聲保護了一大批嶺南知名文藝家，深受大家的敬重。

一九八五年，張束先生從領導崗位上離休後，不甘寂寞，為了延續多年的文化情結，他把目標鎖定在書法藝術上，開始尋求新的生活方式。不久，他與一些軍區老首長倡議成立廣州駐軍老戰士書畫研究會，並擔任了理事。在首次廣州駐軍老戰士書畫展上，張束看到參展的老同志們互相觀摩，激情四溢，而自己卻沒能拿出一幅像樣的作品參加展覽而感到十分尷尬。回到家後，他下決心從頭學起，積極報名參加了廣州嶺海老人大學書法班，後來又參加了軍區老幹部大學學習班，繼續在書法老師的指導下，刻苦臨習顏真卿法帖，邊臨邊悟，練得不亦樂乎。有時手寫腫了也不顧，老伴怕他身體受不了，規定每天

練字不能超過三個小時，他當面答應得挺痛快，可老伴一不在家，又趕緊鋸在書房練起字來。在臨習當中，為了盡量做到形似和神似，他力求將顏體楷書筋肉豐滿、筆力遒勁的神韻表現出來，久而久之，書寫水平有了長足進步。

一九八九年起，張束先生在臨習顏楷的同時，又開始下功夫練習隸書，他認為隸書富於變化，有較為廣闊的想像創意空間，適合自己的個性。於是，他找來大量優秀漢隸碑帖進行反覆揣摩，做到在臨習時既能循規蹈矩，又不墨守成規，並在繼承傳統的基礎上注重探索創新，歷經二十多年功夫，形成了古拙質樸、勁挺優雅的獨特書法風貌。如今，縱觀張束先生的書法作品，顏體楷書寫得工穩厚實，線條流暢，富有韻味；隸書則筆墨線條處理粗細有致，婉轉有度，沉穩雄健，尤其起收折筆時顯現出抑揚頓挫的節奏和韻律，給人以藝術享受，受到著名書法家陳永正、王楚材、梁鼎光、張桂光、陳初生等盛讚和廣大書法愛好者的喜愛。

張束先生十分關注臨江老區的發展，並與臨江人民建立了十分密切的連繫。臨江恢復縣治後，張束先生對收到的每一期《臨江報》都及時給予肯定和指正，並經常在《臨江報》上發表在臨江工作、生活和戰鬥的回憶文章，同時寄來大量的書法作品在報上發表。張束對「四保臨江」戰役期間的文化宣傳等回憶文章被收錄在《臨江文史資料》選編上，豐富了「四保臨江」戰役的歷史資料。

獲國際哲士稱號的學者領導——林聲

▲ 林聲

林聲（1931年- ），原名林濟森，筆名寓濤，臨江人，一九四五年畢業於臨江興隆小學。一九四六年，考入臨江縣聯合中學（現臨江一中），翌年，加入東北民主青年聯盟。一九四七年五四青年節，林聲因學習好獲得了模範青年獎，獎勵一本《鋼鐵是怎樣煉成的》。一九四七年七月，參加臨江縣林子頭土改工作隊。一九四八年一月七日，離開臨江到遼寧省鴨綠江雜誌社當記者。是年七月二十四日在遼寧省委機關加入中國共產黨。十二月調到省委青委組建團工作。一九四九年，參加全國第一次青年代表大會，並在《遼西日報》發表一篇題為《我看到毛主席》的文章。之後又連續參加了第二、三次全國青代會，曾經六次受到毛主席的接見。一九四九年五月，到遼北學院青干班第一期團校學習。隨後在遼寧省辦了六期團校，為國家培養大批青年團幹部。曾調任錦州團市委任宣傳部長、遼西團省委宣傳部長、阜新團市委書記，一九五八年被下派到阜新五龍煤礦當放炮工人兼採區黨總支副書記。一九五九年被打成右派，送到機關農場勞動改造。期間考入遼寧函授學院中文系。

林聲著有詩集《燈下情思》《燈花吟草》《林聲散文》，科普小說《鬼樓》，學術著作《中國科技道路新探》《中國教育改革瑣言》《林聲國畫精品選》。代表作《燈下情思》獲中國「艾青杯」文學獎。主編了《農村科技致富大全》《專利工作手冊》《遼寧乙丑水災志》《科技入門》《可愛的遼寧》等書。主編《中國百年歷史名碑》獲第七屆國家圖書獎，一九九四年第四屆世界詩人文化大會頒贈國際哲士稱號。

▲ 林聲書法作品

▲ 林聲書法作品

▲ 林聲書法作品

奏出《英雄篇》交響曲的創作人 —— 李序

▲ 李序

李序（1932年4月22日- ），吉林省臨江人，著名作曲家。1946年，在臨江中學讀書。1947年3月，在臨江師範班學習，1947年9月，分配到中國人民解放軍遼寧軍區文工團。1948年，調到解放軍第四野戰軍第五縱隊文工團。年底，隨部隊參加了遼瀋戰役，隨後又參加了平津戰役。1950年，參加抗美援朝戰役立功二次。回國後考入中央音樂學院。1954年，到總參軍樂團籌建管絃樂隊。1956年，任樂團副隊長。1958年，創作了第一部交響曲《英雄篇》。

1964年，到中央樂團創作組工作。1972年，創作了第二部交響曲《忠魂篇》，1977到1980年，創作了第三、四部交響曲《思痛篇》《振興篇》。

1987年4月5日，在中宣部組織召開的李序創作座談會上，時任中共中央書記處書記鄧力群，時任中宣部部長王忍之及中華全國新聞工作者協會、中國音協等領導親自到會，給予高度評價，一致認為李序作品「音樂語言生動」「立意高」。原中顧委副主任宋任窮題詞「振興中華民族音樂之聲」。1987年9月18日，蘇聯國家交響樂團演奏了由李序創作的交響曲《英雄篇》。《蘇聯畫報》將李序創作的交響曲以26種文字發行到一百多個國家，引起強烈反響，許多國家的各大媒體紛紛報導。1993年，為北京申奧，經中宣部新聞出版署和外交部禮賓司批准，李序為世界各國國歌配器。

長白山區中西合璧的水彩畫傳承人——孫澤孚

孫澤孚（1934年9月- ），遼寧新賓人。中國美術家協會會員、著名水彩畫家、知名美術教育家。一九五二年他迷上繪畫，如醉如痴探索水彩畫藝術，誓作一生追求，並有著透徹心扉的感悟。他說：「在那艱難坎坷的人生路上，只有繪畫才能讓我忘記那些痛苦與無奈，也只有水彩藝術才能讓我的生命更精彩、更輝煌。」一九五四年於遼陽師範美專班畢業後，任吉林省臨江中學（現臨江市一中）美術教師。從事

▲ 孫澤孚

美術教育三十餘年，桃李滿天下。他曾經說過：「是母親的『冷抽象』作品開啟了心目中的藝術之門，愛上了繪畫藝術，走上了繪畫的路，對繪畫的形式美有種特殊的愛。」他從事水彩畫創作五十餘年，畫作精品頻出。《冬運》等作

▲ 孫澤孚水彩畫作品

品參加全國水彩水粉畫展，《冬月》參加全國美展並獲獎。孫澤孚的水彩畫作品以表現長白山風景為主，長白山的一葉一景、春夏秋冬，在孫澤孚老師的筆下無不熠熠生輝，意境悠遠。孫澤孚通西方水彩畫的技法，又有其獨特創新，將中國畫的技法融合其中。技法與內容的完美結合，使其畫作具有很高的藝術價值和收藏價值，孫澤孚老師的很多作品被國內外有關機構收藏。出版有《孫澤孚水彩畫集》《孫澤孚水彩畫技法》等。

碩果纍纍的鄉土作家──王樹明

▲ 王樹明

　　王樹明（1951年6月14日- ），祖籍山東高密，生於臨江。1968年參加工作。1986年，任臨江區委宣傳部副部長兼文聯主席。1990年，任渾江（白山）市總工會宣傳部部長。1992年，任白山電視台副總編輯、白山有線電視台總編輯。曾任中國戲劇家協會、中國電視藝術家協會和中國電視紀錄片學術委員會會員、白山市文聯委員、白山市戲劇曲藝家協會主席。2007年，創辦中國長白山老鄉網，同時兼任白山政協網總編輯。

　　王樹明自1979年加入中國作協吉林分會以來，先後創作並在央視和吉林衛視播出了《人參情》（2集）、《八里坡》（3集）、《心蝕》（2集）、《四保臨江》（10集）和《同學　戰友　兩口子》（40集）等五部電視劇；曾擔任白山電視台1993年、1994年、1995年三屆春節電視文藝晚會總導演；吉林電視台1994年「五一文藝晚會」《白山松水五月情》總編導。他編著的報告文學《山路雄風》1990年出版；電視文學劇本《四保臨江》1996年出版；影視文學作品集《白山春潮》2000年出版；長篇小說《真情活著》2003年由《吉林視聽導報》連載。由他創作的電視新聞《殘工張建新自學成才》獲1993年全國電視新聞一等獎；六集電視系列片《不忘楊靖宇》獲吉林省1995年電視系列紀錄片特別獎；電視劇《八里坡》獲1994年第十四屆東北三省電視劇「金虎獎」二等獎；十集電視連續劇《四保臨江》獲1998年第十八屆中國電視劇「飛天獎」長篇電視劇三等獎，並在中央電視台綜合頻道黃金時段播出。他是白山地區唯一的一位中

國電視新聞一等獎、第十八屆中國電視劇「飛天獎」、東北三省電視劇「金虎獎」和吉林省首屆文學創作獎的「四獎得主」。1990年獲吉林省職工自學成才獎；2000年獲吉林省「首屆文學創作獎」。2003-2007年他應聘在中央電視台《和平樹下》《綠色中國》《當代工人》和北京電視台《美麗夢工廠》等欄目任主編，其間先後為全國婦聯、中國少兒基金會、中國煤炭工業協會等與央視合拍的六集電視系列劇《春蕾》、五集電視系列劇《華夏金橋》、十集大型文獻

▲ 王樹明電視劇本作品《四保臨江》

片《大國重寶》等紀錄片擔任總撰稿。其創作的長篇歷史小說《紅雪白山》2007年出版；報告文學集《大國重寶》2008年出版；唱片人物傳記《朱軍傳》2011年出版；長篇紀實文學《關東往事鉤沉》2012年出版。1998年以來，王樹明先後擔任中國戲劇家協會、中國電視藝術家協會和中國紀錄片學會委員會委員，並被聘為吉林省戲劇家協會理事和吉林省文學創作中心專業作家。2008年被吉林省人事廳破格晉陞為高級編輯。

走出大山的美術家——張珍榮

▲ 張珍榮

　　張珍榮（1960年7月18日-　），山東嶗山人，1966年到臨江，畢業於吉林省教育學院，1979年參加工作，下過鄉，當過文化館創作員，1995年任臨江市文化館館長，國家二級美術師，現為吉林省美術家協會理事、吉林省政協書畫院院士、白山市美術家協會副主席、白山市國畫院副院長、韓國碑林院顧問、臨江市美術家協會主席、臨江市政協常委、臨江市職業技術學校高級美術教師。1994年作品《白山秋色》參加韓國第十二屆美展獲優秀獎。1996年作品《春》獲吉林省首屆菁英美術作品一等獎。2009年，有十幅作品參加韓國古文化藝術美術收藏展獲金獎，並被收藏。2010年，美術作品參加《韓中美術作品藝術交流展》獲金獎，並被韓國前總統金泳三收藏。其作品在《美術觀察》《中國書畫報導》《藝術中華》和韓國《美術新聞》等專刊專版刊登，多次在國內外各種媒體、刊物和雜誌上發表，並多次獲得大獎。二十世紀九〇年代後，曾先後六次率隊參加中、日、韓、台書畫交流展，其作品先後在多國展出並收藏。

▲ 張珍榮作品

▲ 張珍榮作品

▌楹聯被聯合國收藏的詩人──劉光和

劉光和（1970年11月1日- ），吉林省臨江市人。一九九三年參加工作。自幼喜愛詩詞楹聯等文學。二〇〇八年以來，在全國各種詩詞楹聯比賽中，共獲得各類獎項近二百次，作品在全國幾十處景點、景區、博物館等地懸掛、張貼或收藏。其中，楹聯「民族何分多國界，地球本是大家庭」在上海「寶綠」杯世博會場館徵聯中獲一等獎，經名家書寫，被聯合國收藏。二〇一一年，在西安城牆全球華人徵聯中「北傳盛紀跫音，鏗鏗走去，篤篤行來，無束熏風春腳步；門近世園樂土，衮衮花潮，巍巍玉塔，有容帝邑海胸懷」獲一等獎，被懸掛西安古城牆北門。北京《對聯》雜誌社對其進行過專訪，並在「聯家風采」欄目開闢專欄刊載了劉光和的創作經驗及部分代表作品。

▲ 劉光和楹聯作品

第四章

───

文化景址

臨江歷史悠久，一批保存完好的國家、省、市級重點文物彰顯著這裡的古老文明和作為歷史載體的重要文化價值。臨江市堅持在保護中開發，在開發中保護，並將人文景觀與自然景觀巧妙結合。保護和開發出了一批以古城址、古墓群、古遺址為代表的歷史景址，以「四保臨江」戰役為代表的紅色景址，以山水風光為代表的人文景址，極大地豐富了臨江旅遊文化的內涵。

寶山——六道溝冶銅遺址

二〇〇一年六月二十五日，寶山——六道溝冶銅遺址被國務院批准為第五批全國重點文物保護單位。該遺址位於六道溝鎮銅山村，是渤海國時期到金代連續使用的集開礦、冶煉、運輸於一身的大型冶銅遺址。幾十年來，在遺址附近一帶曾發現了許多處銅渣堆和古礦洞。二〇〇〇年後共進行過五次發掘，出土少量陶器、銅器、鐵器和瓦片等，推測其古銅礦開採或更早至高句麗時期。

▲ 冶銅遺址古礦洞

該遺址分布範圍較廣，遺址遺點較多，總體保存完好。其規模之大、範圍之廣、時空跨度和延續時間之長是其他遺址無法比擬的。其範圍東可達七道溝，西可至樺皮甸子，北為連綿的群山，南到鴨綠江邊，總面積約六十平方公里。冶銅遺址是渤海時期的重要冶銅基地，不但滿足自己的需要，而且還作為貢品運往唐都長安。這裡的七道溝、東馬、夾皮溝三處碼頭只起到短途運輸作用，樺皮甸子城址將上游運來的青銅製品集中到一起，再用更大的船運到神州（今臨江市），由神州分別運往唐都長安和渤海國都。遺址的文化內涵十分豐富，反映出集採礦、冶煉、交通運輸和行政管理以及生活服務為一體的多種功能。寶山——六道溝冶銅遺址的發現，被證實該遺址從高句麗時開採，到唐渤海國時期達到鼎盛，填補了吉林省古代銅業開採、冶煉的一大空白，為探討唐代以來東北地區少數民族政權金屬業的開採水平、生產力發展水平以及與中原政權的文化交往、交流提供了重要的實物史

料。同時，寶山——六道溝冶銅遺址還是中國礦業考古領域的一個重大發現，其學術意義十分重大深遠。

▲ 冶銅遺址出土的瓦片

臨江遺址

　　臨江市坐落在鴨綠江右岸廣袤的二級台地上，背靠臥虎山和貓耳山，南與朝鮮民主主義人民共和國隔江相望。東西長約6公里，南北寬約2.5公里，遺址就深埋在臨江城的地下。臨江地域廣大、視野開闊、交通便利，文物分布範圍廣泛、種類豐富、數量眾多，是沿岸附近城池無法與之相比的。

　　數十年來，在城內的許多地方都出土過不同歷史時期的文物。到目前為止，已知的出土文物有素面瓦、布紋瓦、繩紋瓦和筒瓦等多種；出土的陶片有火候較高的泥質灰陶、泥質紅褐陶、細沙灰陶和少量的泥質黑陶等；器形有斂口卷唇罐、侈沿壺、折沿罐和盆以及復唇類陶器口沿等。

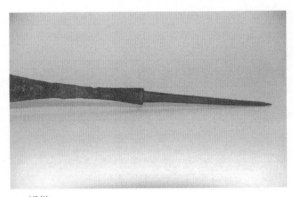

▲ 鐵鏃

　　20世紀50年代末，在臨江鎮建國小學的試驗田中曾出土過馬鐙和數種鐵鏃。60年代，在城北的文成街一帶還發現一段古代牆垣，牆垣是用山石和卵石砌築而成，壁面平整，內填黃土，牆頂與北邊地表已成水平，僅南面可見牆面，殘長30米左右，高出地表約0.5米。70年代末，坐落在新華街西段的臨江百貨批發部建倉庫挖地基時，在距地表約1.8米的地層中曾出土了一尊石獅子和一些泥質灰陶片。石獅子是用灰色岩石鑿刻而成的，石獅呈蹲伏狀，下有方台基座，重約20公斤。90年代中期，在二道溝河左岸的耕地中曾出土過一枚方形青銅印章，邊長約2.5釐米，銅印出土地點距鴨綠江約1.5公里。

七道溝遺址

　　七道溝遺址是唐朝（高句麗）時期的一處聚落址，位於六道溝鎮七道溝村。二〇〇七年五月，被列入吉林省重點文物保護單位。

　　這裡的遺存分為兩部分，東為居住址，西為墓葬區，中間是今七道溝村。三者並排坐落在鴨綠江右岸的高阜台地上，台地的南側緊鄰坡坎，高差約十米的斜坡一直連向鴨綠江邊。北面原是一片河谷灘地連向山腳，現已闢為水田地，山腳下有一條鄉道（現已闢為沿江公路）可達六道溝鎮。七道溝河從村北二百米處注入鴨綠江。從遺存的位置可以看出，只有這裡的遺址、

▲ 七道溝遺址所在地

村屯和墓葬區一帶是不受水害的高崗地帶，面積約三千平方米。

　　遺址中曾出土過陶器殘片的口沿、器耳、器底和黑曜石、布紋瓦和小銅佛等遺物。墓葬為高句麗時期的積石墓，原有幾十座，現只有幾座。村民曾在一座直徑十五米的墓葬中出土過九個陶罐，後來均被無知少年拋入鴨綠江中。從實地調查可以看出，遺址的西側和墓葬區的東側均被村民的建築所占用。村東側的村民在清理豬圈時曾出土過布紋瓦，從實地調查中可知，豬圈的主人家房址原是出土布紋瓦的舊址，當主人建房時將挖出的布紋瓦丟棄在邊緣的坡坎處，後來在坡坎處日積月累的廢棄物上建起了豬圈，布紋瓦就是這樣從豬圈裡除糞時被清理出來的。

　　遺址中曾出土過鏟形鐵鍬和圓錐形雙倒刺鐵鏢。二十世紀五〇年代，在城西的村小學院內曾出土過三足鐵器和鐵鍬等遺物。從鏟形鐵鍬可推斷其上限為高句麗時期，從城的規模和所處的位置判斷應與水上交通有關。

▌東馬城址

　　東馬城址位於六道溝鎮東馬村南側〇點五公里處鴨綠江右岸的台地上，東、北、西為開闊並逐漸升高的緩坡台地。古城為方形，牆垣為土石混築，基寬四米，殘高三米，周長一百米。南牆和北牆各有一門，南牆處於台地邊緣，邊緣外側是坡坎，高差約五米，坡坎下原有數級石階，應為鴨綠江故道，現已遠離鴨綠江。

　　從地形地貌可以看出，這也是一處水運碼頭，山上的冶銅遺址與江邊的碼頭之間有山路相通。冶煉的銅產品從山上順緩坡台地即可到達東馬城址，這自然也是一條捷徑，沒有必要將煉鑄的銅錠運到東、西兩頭再下山裝船運走，這種省力省時省事的基本常識古人一定會想到的。

▲ 東馬城址所在地

夾皮溝城址

　　夾皮溝城址距六道溝鎮約三公里，屬於環山圍繞的山麓坡地，一條溝谷形成了狹窄的地貌。有一條溪水從山間流出，在遺址旁邊注入鴨綠江。城址就坐落在鴨綠江右岸的二級台地上，與江水相距約二十米，高出江面約二米。城址形狀呈不規則的長方形，周長約四百米。牆垣是用平整的山石交錯壘砌而成。城內曾出土過石矛、石鏃、陶罐、粗陶片、鐵鏃、銅錢等遺物。從出土遺物可以確認，這處城址的上限為高句麗時期。

▲ 夾皮溝城址

樺皮甸子城址

　　樺皮甸子城址位於臨江市六道溝鎮樺皮甸子村西南一點二五公里處的耕地中，鴨綠江在城西二百米處由南向北流去，江北是一片開闊的彎月形台地，城址就坐落在台地最高處的月尖地帶。

▲ 樺皮甸子城址所在地

　　城址為不甚規整的長方形，土石混築，東牆長35米，南牆長51米，靠西端有一個寬5米的門址，西牆殘長18米，北牆大部已殘，其中有7米左右已坍塌，北牆坐落在二級台地的邊緣，與坎下平地高差約5米，坎下是一片河灘地連向鴨綠江邊。城內曾出土過少量陶片，一件青花瓷碗和一件飾有蟾蜍圖案的銀戒指。在東牆外側約3000平方米的範圍內，散布著大量的陶器殘片、布紋瓦和筒瓦殘段等。在遺址內還發現一件石臼。

　　從地勢觀察，鴨綠江早年不但水面寬闊，而且水位比現在至少要高出三至五倍，說明這裡的群山植被覆蓋率高，茂密的森林保持了水土，充分保證了鴨綠江的水量，滿足了人們利用鴨綠江進行航運的需求。從所處的地理位置看，這座城址應緊靠江岸臨近水邊才對，從這座小城的功能分析應與水上運輸有關。

　　樺皮甸子城外的遺址中保存著豐富的文化遺存，從出土的遺物說明這是一處非同尋常的古代遺址，應與一公里外的窯址和二公里外高句麗時期的東甸子

冢群有密切關係。東甸子冢群原有二百餘座,可分平地和後山南坡兩個墓區。平地墓區和樺皮甸子城址之間的坡下有一處窯址,窯址附近存有較多的紅燒土。

從遺存的分布情況可以看出,樺皮甸子城址是高句麗時期的重要居住址,也是高等級、高規格的官府衙署所在地;樺皮甸子城址是水陸碼頭,應與水上運輸有關;東甸子墓群是高句麗故者的埋葬區,其數量與規模是鴨綠江中上游一帶很難見到的;而窯址則是高句麗人的手工業作坊區,窯址附近不僅留存有較多的紅燒土,而且在往年的文物普查時還發現過成排的窯洞。從諸多不同尋常的發現中可以推斷,當年樺皮甸子一帶應是一處非常重要和繁華的地方。

樺皮甸子城址是高句麗第十六代王故國原王時期的平壤東黃城。故國原王曾避難於東黃城,並在此為其父美川王屍體二次葬守陵。東甸子後山南坡最大的方壇階梯積石墓邊長30×27米,係雙室,間有隔牆,有三級階壇,每級兩層,是用厚重的石條疊砌而成。這種墓葬在高句麗的葬制中應屬王陵級的規模。相關專家參照有關文獻和史料記載,這座大墓應是故國原王的父親第十五代王美川王屍體的第二次墓葬,緊挨其下的大墓是故國原王的生母周夫人之墓。

▲ 樺皮甸子城址所在地

河南屯遺址

　　河南屯遺址位於臨江市四道溝鎮的河南屯村，坐落在鴨綠江右岸的二級台地上，現代村屯疊壓在部分遺址上。村屯內外曾出土過布紋瓦、蓮花紋瓦當和陶器殘片等遺物。在五道溝河故道右岸的坡形岩壁上發現一條人為敲鑿的痕跡，應為當年的棧道。在通往棧道的土徑中還撿到一枚開元通寶。

▲ 遺址地出土的馬鐙

　　在遺址的西南面存留一段殘破的牆垣，殘長五十米，夯土築成，整體型狀已不可考。

　　在遺址附近的耕地中還出土過石網墜、夾砂陶片和青銅鉞斧石範。在其下游的葦沙河遺址中曾出土過屬滑石粉的夾砂陶片，在葦沙河附近的墓葬中還出土過青銅鉞斧，說明早在青銅時代不僅有先民在這裡生活，而且還掌握了採礦和冶煉鑄造技術。石範的出土進一步證明鑄造青銅鉞斧的銅礦石就在附近。河南屯是自然形成的一個山間小盆地，城址和這裡的鴨綠江均被群山環抱著，雖然地勢比較開闊，距臨江也不算太遠，但這裡渤海時期的遺存卻十分豐富，種類的多樣性也是一般渤海遺址中很難見到的。在這裡不僅發現了牆垣，而且還出土了布紋板瓦和蓮花紋瓦當，從河南屯出土的典型遺物可以推斷，這處遺址應該是渤海神州的轄縣之一。

夾皮溝古城遺址

夾皮溝古城遺址位於臨江市六道溝鎮夾皮溝村北鴨綠江右岸的二級台地上，俗稱高麗城子。據當地老鄉講，此古城遺址名雖為高麗城子，但並非高麗所建。而是明朝末期，清太祖努爾哈赤舉兵東征時所築。一九八四年五月，渾江市（現白山市）文物普查隊對該城址進行過複查，初步定為高句麗時期古城。城址現只存北牆和西牆，長度各為一一〇米，呈方形。城垣為土石混築，北牆正中闢一門，為錯口型甕門，城內地勢南高北低，古城內文化內存單一，為高句麗時期城址。迄今城址北部和西部保

▲ 夾皮溝古城遺址所在地

存較好，其餘部分被民居占據。在城垣頹廢處，時常有人挖出殘磚碎瓦，並有村民挖出經人工琢磨痕跡的長方及月牙形青石，四門也有形跡可認，古城輪廓約一平方公里。

在被列入白山市級重點文物保護單位的古遺址中還有葦沙河遺址（新石器時代）、臨江鎮遺址（渤海）、臨城遺址（渤海）、二道河子遺址（渤海）、東甸子遺址（高句麗）等多處遺址。這些遺址的分布均在鴨綠江沿岸，對當時臨江的鴨綠江水上運輸具有特殊的功能和用途。同時，被列入臨江市保護的文物單位還有東馬西南遺址（新石器、青銅器）、東馬東南遺址（高句麗）、坡口遺址（高句麗）、西高家遺址（清代）、西高家寺廟遺址（清代）等。

雲峰庫區墓群

分布於臨江至集安鴨綠江右岸，臨江境內主要是葫蘆套墓群，多為積石墓，是高句麗時期的一處墓群。二○○七年五月，被列為吉林省重點文物保護單位。同時，在臨江境內還有龍崗、賈家營、西馬、坡口、七道溝、東甸子等處古墓群遺址，均為高句麗時期墓群。

▲ 庫區墓葬坑

臨城軍事遺址

　　自臨江市沿三道溝河東行2.5公里左右，臨城八隊北的山崗上，有座規模甚小的古城，此即臨城古城址。城址所在的山岡高差約200米，似突兀拔地而起的臥牛，橫斷三道溝河谷。站在古城內，西望臨江，南眺臨長公路，北依楊木頂子山脈，東觀三道溝河谷，地理位置十分優越。

　　城址修建在一座北高南低的崗頂，東臨陡崖，北、西兩壁借用自然山石的直壁，高出山坡約3-5米。南壁外則較平緩，約有20×50米的平坦崗頂。城址平面呈球缺形，規模甚小。北牆較直，方向105度，長26-27米，基寬2米，下寬0.5米，殘高1.3米左右；東牆較短，長8米，寬3.5米，高0.7米，方向195度；南牆呈弧形分別與東西牆相接，長20米左右，高1米餘，下寬0.5-0.8米；西牆長不足5米，高1米。城內東高西低，無明顯遺跡，南牆偏西處有一個寬1米左右的豁口，似城門址。

　　該城頹址較重，從現存跡象看牆垣係石材壘砌，但無平直的砌面。所用石材以山石為多，也有河卵石，石材一般長20-40釐米之間。牆垣下布滿了荊棘、積土，外觀為緩圓的石壘、亂石。

　　從城址的地理位置和構造分析，這是一座軍事性的城寨，其主要作用是防守和瞭望。三道溝河流域面積較大，又是聯結鴨綠江、四道溝河、五道溝河及附近水系的一條通道。臨城古城址恰處三道溝河下游，控扼著鴨綠江與諸河谷地帶的交通，戰略地位十分顯著。臨城附近不見較大的屯兵址，證明該城只是一座防禦性的哨卡。

館藏文物

大缸一個，唐渤海國時期，臨江城區原百貨一商店庫房處出土。

陶罐二個，唐渤海國時期，寶山——六道溝冶銅遺址出土，殘。

馬鐙一對，高句麗時期。臨江城區出土。

鐵鏃十二個，渤海國時期，臨江、寶山等地出土。部分殘缺。

龍泉刀一把，抗聯部隊所用，民間收藏捐出。

石臼一個，年代不詳，民間收藏捐出。

銅碗一個，抗聯戰士所用，民間收藏捐出。

照明彈用降落傘一個，東北淪陷時期，民間收藏捐出。

▲ 釉大缸

▲ 馬鐙

▲ 石臼

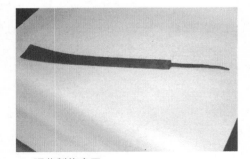

▲ 張燕製龍泉刀

陶漁網墜一個，高句麗時期，臨江城區出土。

銅錢數百枚，偽滿洲國時期，臨江城新賓館處出土。

▲ 陶漁網墜

▲ 石杵

▲ 銅碗

▲ 扇狀鐵鏃

▲ 手提式銅燈

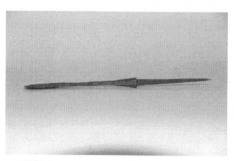

▲ 鐵鏃

石刻　碑刻

　　蕩平嶺，即老嶺山脈中段，位於臨江市與白山市江源區分界處。清光緒三十四年（1908年）因修通經過老嶺山脈的這條公路而由東三省總督徐世昌將其改名為蕩平嶺。

▲ 老嶺石碑

　　老嶺山脈係長白山支脈，綿延數百里威勢不減，老嶺石碑自古屏蔽一方，車馬不可踰越。一九〇六年，東北三省總督徐世昌、奉天巡撫唐紹儀委派李廷玉、傅強二人來到臨江踏查，繪製鴨綠江沿岸全圖，籌備邊防事務。然「奉長之路不達，則長白終不得而治，而臨江為長白西蔽，不達臨無以通長，故通道自臨江以西之老嶺始。」為打通奉天至長白公路，一九〇八年，朝廷詔令人力物力，在老嶺上打開一條通道。六月二十六日，由長白知府張鳳台、臨江知縣李廷玉主持施工，動用「冶徒數百役，灸風淋雨，宿露餐霜，氈冰幕雪，依樹圍山，數月之間斫樹千萬株，開道十八盤，架橋梁大小百餘」，終於十月竣工通車。老嶺公路雖車只能單行，馬僅可並轡，然作為當時一大盛事，曾有「將千年屏障一舉蕩平」之記載。東北三省總督徐世昌和長白知府張鳳台、臨江知縣李廷玉分立兩塊石碑，表述公路修造的意義、作用及施工過程。目前，兩塊「蕩平嶺碑記」仍立於山頂公路一側。附近，還有一通一九八二年七月二十六日由渾江（現白山）市人民政府所立的保護標誌碑，上書：「老嶺石碑」。一九九九年二月二十八日，蕩平嶺石碑被吉林省政府批准為第五批省級重點文物保護單位。

▲ 老嶺石碑

　　蕩平嶺兩通石碑，碑額、碑峰、碑座完整。兩通石碑的碑額均雕有雙龍圖案，刻有「皇清」二字。兩通石碑均為自右向左豎書。

　　由徐世昌撰文並書的《蕩平嶺碑記》，石碑通高2.45米，其中碑額、碑峰高1.93米，碑額高0.675米，寬0.70米，厚0.235米。碑額與碑峰間縫隙1.5釐米，長方形；碑峰高1.24米，寬0.635米，厚0.195米；碑文二十一行，滿行三十五字，出行三十七字，全文六〇三字，楷書，碑陰無字。

碑文於下：

蕩平嶺碑記

　　長白山自東北來，崔巍磅礴，其間為勝、為異、為隩、為塞，支脈歧出，各異名。其中峰洩而為川，鴨綠江出焉，為天然之國境。世昌受職之明年，以國防不可不嚴，黃圖不可不廓，既得請於朝，於江北岸舊臨江縣東鄙之塔甸，增設長白府治。而塔甸實在山與水之間，南枕江流，與朝鮮

▲ 徐世昌撰並書《蕩平嶺碑記》

人可對岸語。北則穹岡倚天，林谷深阻，崩崖旁頹，猿徑下仄，道莽不可行也。蓋隔奉天且千五百里。援絕而維州傾，勢懸而珠崖棄。奉天之路不達，則長白終不得而治。而臨江為長西蔽，不達臨無以通長，故通道自臨江以西之老嶺始。老嶺者，亦長白支脈之一也。連山屈盤，萬里來束，巉岩危壁，互隔峭絕，不可通。通其西小嶺，凡合徒數百，役數月，辟治蹺徑，填壑架梁，為里百二十，而數千年之障塞，遂一舉而蕩平，車可方軌焉，因名曰蕩平嶺。是役也，知府張鳳台，同知李廷玉，實終始其事，困慮規擘，不憚勞悴，以蘄至於成，可錄也。夫不暫費者，不久利；不一勞者，不永逸。平治水土，莫若禹。禹通道於九州，隨山刊木，東至碣石而止，則碣石以上循長白山脈而東，固禹跡所不及，而有待於今日之蕩平也歟？塞外自古多荒漠之地，往往經數千年而陵谷不變其舊，與混元時無異。蓋禹跡不至，則人遂無有至焉者。亦見創始之難，通道之不易，而禹之功偉也。茲嶺之開，曾何足媲禹功於萬一。特以經營所始，適當禹跡所終，此事有若可異。而跡之所遺者，功之所存。維自今長白高原殷盛熾大，振萬古之孕育，發無窮之寶藏，以保釐我皇家億萬斯年，永永無極。則是嶺之開，有若攝其緘而啟其扃也。是則可記者已。

　　欽差大臣、陸軍部尚書銜、都察院都御史、管理三陵事務大臣、總管內務府大臣、東三省總督兼管三省將軍事務徐世昌撰並書

　　光緒參拾肆年嘉平之月穀旦

▲ 老嶺石碑

▲ 老嶺石碑

　　由張鳳台、李廷玉撰文，田錦堂書《蕩平嶺碑記》，石碑通高2.45米，其中碑額、碑峰高1.93米，碑額高、寬均為0.68米，碑額厚0.24米，長方形。碑峰高1.24米，寬0.64米，厚0.2米。碑文二十二行，六七一字。碑陰十二行，一一五字，全文共計七八六字，楷書。

蕩平嶺碑記

嶺以蕩平名，我節帥徐公嘉其路工告成而名之者也。查此嶺諺稱老爺嶺，為長白山西南支嶺之一，崆峻巖巇，蓊鬱灌叢，芒芒默默，洪潏無垠，蓋數千百年於茲矣。戊申夏四月，鳳及廷玉蒙督扶憲檄委增治長白。遙制岩疆。事關邊要，應予籌全局，鋤梗塞，駛交通。緣長白一郡斗絕東陲，捍臨蔽通，屏藩遼瀋，乃兵家所謂主要地也。故通長必先通臨，通臨斷自老爺嶺始，詢及土人僉云：嶺道有三：曰南、曰中、曰北。北道循三岔子溝門，躋嶺巔，繞四平街，達三道羊岔，跨河沿嶺，勢險甚。南道肇造於林子頭，穿亂石窖，鑿珍珠門，闢寶德泉，攀椴包松嶺，迤東達臨。傾崎崖隤，道阻工巨。中道渡白水泉，越南山坡，仍與南道合。此三道概不易修，鳳等跼蹐嗟嘆者久之。道路相傳言人人殊。聞自嶺西馮家窩鋪迤邐而東，抵戚家窩鋪，土多石窸，舊為左翼長寶貴擬修中輟，惜荒廢崎嶇垂二十餘年，路線縱橫不可辨。凡事耳食者懸，躬親者確，乃商督隊長測繪員叱騎前行，披榛斬棘，盤山浮澗，歷抵臨江之三道陽岔。左翼長遺跡，雖積久湮塞，就現行論，較土人所稱三道，尚屬工減費廉。遂具圖呈請軍督而議以決。是年五月二十二日經始，九月中旬藏工，旋覆補勘尋修，禆益倬而平堅而久。逾月而峻。是役也，工徒三百，踴躍奮功，夏秋之交，炙風淋雨，宿露餐霜。自屆冬令，則氈冰幕雪，倚樹圍山。數月之

▲ 徐世昌撰並書《蕩平嶺碑記》

間，斫樹千萬株，開道十八盤，架橋梁大小百餘通，逶迤修回，悉底於平，馬並轡，車方軌，行旅稱便。若非該隊長李景明等督率勤勞，奚克臻此。鳳等材短任艱，方懼弗勝。幸在事各員黽勉從公。既仰副督撫憲控馭之懷，且以襄朝廷蕩平之治用。特述顛末鑴之石，並員弁銜各具署碑陰，以昭來許。非誇也，以示邊防之重。路政之基實始於此，是為記。

總辦長白府設治事宜軍機處存記前署長春府知府張鳳台

幫辦長白府設治事宜候選同知署理臨江縣知縣李廷玉同撰

五品銜候選教諭田錦堂書丹

光緒三十四年嘉平之月穀旦

碑陰文字

勘界委員正任錦州府經歷　　　劉建封

勘界委員調奉補用府經　　　　許中書

收支兼主稿委員同知銜山東補用知縣　陳鏗

工程隊稽查員五品軍功　　　　李煥文

第一隊工程長補用都司　　　　李景明

第二隊工程長陸軍學生　　　　王貴然

第三隊工程長府經職銜　　　　費榮光

測繪生　劉殿玉　康瑞霖　陳德元

　　　　王瑞祥　李敦錫

（《蕩平嶺碑記》由吉林省長白山文化研究會會長張福有校刊）

▲ 張鳳台李廷玉撰田錦堂書
《蕩平嶺碑記》碑陰拓片

廟宇

臨江廟宇曾有關帝廟、火神廟、娘娘廟、城隍廟、龍王廟、東公所、西公所等。

臨江關帝廟　清光緒二十七年（1901年）臨江建縣前，王元福等人在募捐的基礎上，在臨江縣城興華街西端（現解放小學教學樓處）修建了臨江第一座廟宇——關帝廟。關帝廟大殿三間，殿內塑關公坐像一尊，高高在上，威武莊嚴。民國二年（1913年），關帝廟、火神廟、娘娘廟相互為鄰，同居一處，有道人五六名。此廟宇已具有相當規模，是臨江、長白、濛江、撫松地區最大的廟宇，人們稱之為「大廟」。這裡的香火很盛，每年的農曆四月十八日都舉行盛大的廟會，臨江溝裡溝外、嶺東嶺西以及附近縣城的很多民眾都到這裡參加廟會活動，人山人海，十分熱鬧，是當時臨江民眾每年最大的一次集會活動。據說這一天的香火收入可供萬發宮一年的開銷。一九三二年，日軍入侵臨江時，將關帝廟的東廂房燒燬，後經道人王嗣亮重新修復，並在院內建石碑一座，立有大門，並在大門匾額上題字「萬發宮」。一九四六年臨江解放後，關帝廟道人停止傳教活動，其房屋建築被收為國有。

臨江火神廟

民國二年（1913年），柏清修根據臨江縣城內草房、板房居多，經常發生火災，人們渴求避免火災的心情較為迫切的情況，便以「請火神鎮壓火災」的名義，向社會各界募捐，在關帝廟東側（現解放小學教學樓處）修建火神廟一間，廟內修塑火神像。一九四六年臨江解放後，臨江火神廟的房屋建築收為國有。

臨江娘娘廟

民國二年（1913年），柏清修根據臨江人們特別是婦女求子心切、渴望兒孫滿堂的心理，在關帝廟大殿西側（現解放小學教學樓處）募捐修建一座送子

娘娘廟，引起廣大婦女的興趣，所以募捐款較多。娘娘廟又曰「胡仙廟」，內塑一位漂亮仙女飄飄欲動的送子娘娘神像，懷抱一個嬰兒，意在給世人送子。同時又用餘款修建東西廂房各三間，謂之住房、伙房、食堂和倉庫等。一九四六年臨江解放後，娘娘廟的房屋建築收為國有。

臨江龍王廟

一九一七年，鴨綠江的水運已具有相當規模，船體可達上千艘。於是木商和船體業戶聯合捐資，在臨江城東門外的鴨綠江北岸、東山腳下（現船營對面，道北火車道處）修建了一處龍王廟。由於船體運輸是當時臨江的富足產業，所以所募款項充足，龍王廟建築極為上乘，有大殿三間，殿內金碧輝煌並供有龍王神像，廟前建有門樓，門樓上方掛有「龍王廟」匾額，蔚然壯觀。龍王廟沒請老道，每日由各船戶共同雇專人看管。這裡的香火很旺，不僅船主、木商、排夫進拜燒香，就是農夫也常因天旱無雨前來跪拜求雨。如果遇到大旱天氣，全城人都被農會請去，在龍王廟前手拿樹枝跪拜求雨，一連數日，龍王廟前燈火通明，香火不斷，場面十分嚴肅壯觀。一九四○年，因修建臨江至大湖煤礦的鐵路專用線，將臨江龍王廟遷往大湖村西山坡。由於無人看管又遠離城區江畔，位置偏遠，交通不便，龍王廟遂逐漸被遺忘，斷了香火，自然廢棄倒塌，現遺址尚能找到。

臨江城隍廟

二十世紀二○年代時臨江道教興盛，縣農會、縣商會聯合以臨江既是縣城，就應建城隍廟為由組織發起募捐活動，於一九二九年用捐款在臨江縣城西上坎（現老棉織廠處）修建城隍廟一座。有正殿三間，內塑城隍爺坐在大堂之上的坐像，以及黑白無常二鬼像，牆壁上面有在陽間作惡者，到陰曹地府下十八層地獄，受各種刑罰處治的畫面。如嫁二夫者，將其鋸成兩瓣，以及下油鍋、用磨推等畫面，十分嚇人，孩童不敢正視。但也有在陽間行善者，陰曹地府給予厚待，並再投胎托生的畫面。大殿外建有東、西廂房各三間，東為住房，伙房等用，西為倉庫和存放死人所用。那時有人死了，或因冬季天寒地凍

不易下葬的，或親人未趕到及其他原因暫時不能下葬的，都送到城隍廟寄存，以待安葬。寄存期間，由老道看護，收取費用。同時還在此廟東角處建有鐘樓一座，每日定時三次敲鐘。城隍廟有道侶三人。一九四六年臨江解放後，城隍廟的道人停止傳教活動，老道改為自食其力的勞動者，其房屋建築被收為國有。

臨江東公所

　　現位於臨江市區臥虎山東端半坡之上，建於民國十年（1921年），由理教領正任丕福修建茅屋三間，規模簡陋。前有圍牆，大門匾額為「永善堂」，俗稱「東公所」，門前有石階十餘級。登上石階，臨江城區一覽無餘。

　　任丕福坐化後，由王錫福繼傳道統，勸募魯盛發、王鳳藻等鳩工庀材增修大殿五間。一九二七年秋，領正王志遠增修西廂三間。一九二九年，又修東廂三間、東院正房四間，四周砌以石階高七尺，馬尾房脊塑飛禽走獸頭像。殿內銅像及木雕佛像數尊，懸掛匾額無數。正殿內有銅佛和木雕「祖父」數尊，懸梁吊柱，頗為壯觀。西廂供奉胡仙——「胡三太爺」，畫梁雕柱，金碧輝煌。院內種有花草，是當時臨江遊玩勝地。《臨江縣志（1902-1934）》記載：「憑垣遙矚，臨江全市一覽無餘；龍爪山峙其東，鴨綠江繞其面。每當春夏，千山滴翠，萬水拖藍；秋則霜葉翻紅；冬則煙巒積素，登覽之，傾萬象森列，四時之景，奔來眼底。故騷人墨客結伴登臨者絡繹不絕，羊腸九曲，遊人如織，大有山陰道上應接不暇。」東院有正房四間，曾一度辦過平民夜校，招生四十餘名，請教員教書。解放後清理教解散，東公所因一度無人管理，其佛、神像和禽獸雕塑被毀壞。一九五三年由臨江縣結核病防治所占用，其所遷走後，房權歸屬房產部門，改為民宅至今。

西公所

　　位於臥虎山南麓西端山坡上中部。由任丕福首建工茅屋一間，門上掛有「宮壽堂」金字匾額，人稱西公所。民國十一年（1922年），擴建為三間。民國十四年（1925年），趙金山、張德有等富戶募款，改建磚瓦房，其正殿五

間，東西廂房各三間，東西
耳房各兩間。正殿內立有木
雕佛像，兩耳房左列開山鼻
祖，右列張、伊兩先師，兩
房陪坐，西間設胡仙——
「胡三太爺」法像，仿清代
官服制。整個公所頗壯山
色，也是臨江當時之遊。
《臨江縣志（1902-1934）》

▲ 西公所所在地

記載：「（西公所）環顧周遭，則望江樓，筆架山繚繞目前，貓耳山西聳，鴨
綠江南流，風光綺麗，儼然畫圖，遊人如織，摩肩接踵，每多俯仰徘徊而不忍
遽去。」解放後該處停止活動。因一時無人管理，佛神像均被毀，成為民宅。
一九五八年居民遷出，改為臨江民辦農中，農中解體後，為建國小學校辦工
廠，二十世紀七〇年代改為民宅。

「四保臨江」烈士陵園

　　為祭奠緬懷在「四保臨江」戰役中犧牲的烈士，1947年，中共南滿分局、遼東軍區和臨江各界群眾在臨江縣城貓耳山下的台地上建設了「四保臨江」烈士陵園。「四保臨江」烈士陵園占地面積33170平方米，由烈士紀念碑、烈士墓群等設施組成。地處陵園最高點的紀念碑主體高14.6米，是烈士陵園的標誌性建築，矗立在墓群中央。紀念碑正面鐫刻著陳雲同志的題詞：「人民烈士浩氣長存」。烈士墓區由烈士紀念碑、東墓區、西墓區、七座合葬墓、紀念廣場等組合而成。墓區內安息著「四保臨江」戰役中犧牲的東北民主聯軍第四縱隊第十師師長杜光華；抗日戰爭中犧牲的東北抗日聯軍第一軍第二師師長兼政委曹國安；「四保臨江」戰役中犧牲的溫士友團長、戰鬥英雄李安仁及抗日戰爭時期、「四保臨江」戰役、抗美援朝和社會主義建設時期犧牲的革命烈士798

▲「四保臨江」烈士陵園紀念碑

位，其中有八位是日本籍烈士。

　　1989年，「四保臨江」烈士陵園被國務院批准為全國重點烈士紀念建築物保護單位。1994年，投資修建了通往墓區的「長青門」石碑樓、涼亭、花牆和108階花崗岩踏步。108級踏步象徵著堅苦卓絕的「四保臨江」戰役歷時108天，四個緩步台象徵著「四保臨江」戰役，每個緩步台寬三米，象徵著北滿部隊配合南滿部隊「三下江南」，又象徵著臨江市「開路、開邊、開源」三開戰略。1995年，被國家民政部命名為全國愛國主義教育基地。2000年，重建了烈士紀念碑，鋪設了園區地面，維修了陵園的水泥路。2001年，被中宣部命名為全國愛國主義教育示範基地。2005年，投資修建了「四保臨江」烈士陵園墓區，將土石結構的烈士墓全部建成大理石墓碑。同年7月，將曹國安等212位烈士遺骸由六道溝烈士陵園和大栗子烈士陵園遷入「四保臨江」烈士陵園。「四保臨江」戰役後，臨江老區人民清明節祭掃烈士陵園活動一直堅持到現在，成為臨江市愛國主義教育的主陣地。

▲「四保臨江」烈士陵園墓群

陳雲舊居暨「四保臨江」戰役指揮部舊址

　　陳雲舊居暨「四保臨江」戰役指揮部舊址位於臨江南圍子街（現臨江林業局機關院內），是解放戰爭時期的一處遺址，是老一輩無產階級革命家陳雲任中共南滿分局書記兼遼東軍區政委時，在臨江工作生活的地方，並在這裡與蕭勁光、肖華指揮了著名的「四保臨江」戰役。

▲ 陳雲銅像

　　1946年秋，國民黨軍隊向我南滿根據地猛烈進攻。黨中央和東北局及時派出中共東北局副書記、東北民主聯軍副政委陳雲和東北民主聯軍副司令員蕭勁光同志來到南滿工作。1946年11月27日，陳雲同志到達臨江後，就住在這座位於鴨綠江邊的小平房裡。在這裡，陳雲與蕭勁光進行全面調查研究分析戰局。主持召開了「七道江」會議，指揮了名震中外的「四保臨江」戰役，為保衛南滿根據地，扭轉東北戰局，解放全東北，做出了重大貢獻。陳雲同志在臨江還領導了遼東土地改革運動，對遼東黨政軍建設和國民經濟的恢復與發展以及東北全境的解放，做出了卓越的貢獻。陳雲同志夫人于若木和其子女也曾在此居住過。1947年4月，「四保臨江」勝利以後，6月陳雲同志離開臨江。

　　1951年，此房作為臨江林業局機關用房。1980年，臨江林業局出資修復陳雲舊居。1984年3月8日，渾江市人民政府將其列為第二批重點文物保護單位。1986年，時任全國人大常委會副委員長、中共中央顧問委員會常委蕭勁光為陳雲舊居書寫了「陳雲同志舊居」牌匾。1998年7月26日，白山市人民政府將

其列為第一批重點文物保護單位。1999年2月26日，被吉林省人民政府列為第五批重點文物保護單位。2006年5月25日，被國務院批准為第六批全國重點文物保護單位。陳雲舊居為日式建築，磚瓦結構，外牆水泥掛面，房山牆開門，內部構造成凹型，走廊盡頭一個大房間，兩側各有一個小房間，分別是警衛室、機要室、陳雲同志辦公室（臥室），房屋建設面積177平方米，展室面積133平方米。舊居門口左側是全國重點文物保護單位標誌牌，右側為陳雲舊居簡介。共設兩個展廳，分別是圖片展

▲ 陳雲舊居

▲ 「四保臨江」時期陳雲同志辦公地點

廳和實物展廳。圖片展廳分為三部分，有圖表十張，照片二十八幅。實物展廳存有陳雲同志在臨江期間用過的公文包、辦公椅、電話機、八仙桌、太師椅等，陳雲同志穿過的棉坎肩、拉過的京胡等實物，安放著陳雲同志的半身銅像。陳列著陳雲夫人于若木同志、張萬年同志及參加過「四保臨江」戰役的老同志、老領導的題詞、畫卷等。

「四保臨江」主題景址成為愛國主義教育基地

「四保臨江」戰役的英雄事蹟早已定格在歷史的長河之中，但「胸懷大局，堅定信念；艱苦奮鬥，排除萬難；頑強拚搏，敢打必勝」的「四保臨江」

▲「四保臨江」時期陳雲（右）、蕭勁光（左）合影

精神卻從未消失過。改革開放以來，「四保臨江」精神獲得了更加廣泛的傳承和弘揚，以「弘揚「四保臨江」精神，建設繁榮富裕臨江」「繼承革命老區光榮傳統，攜手共創臨江美好未來」為主題的革命傳統教育，使「四保臨江」精神通過一系列實實在在的活動，把老區精神打造成了具有一定影響力的紅色文化品牌，滲透到全市各行各業和市民的言行舉止中，成為老區人民拚搏奮進、鍥而不捨、執著追求的強大精神動力，激勵著一代又一代臨江人勇於創新，不斷進取，推動和諧社會建設不斷躍上新台階。連續多年獲得省級精神文明建設先進市、擁軍優屬模範城、全國軍民共建社會主義精神文明先進單位等榮譽稱號。

始建於一九四七年的「四保臨江」烈士陵園，一九九五年，被民政部命名為全國愛國主義教育基地；二〇〇一年，被中宣部命名為「全國愛國主義教育示範基地」。為充分發揮基地的教育功能，努力把基地建設為集烈士褒揚、參觀拜謁、傳統教育、紅色旅遊為一體的全國一流的紅色基地，臨江市利用「四保臨江」戰役勝利紀念日、清明祭掃日及重大節日，組織開展黨員入黨、團員入團、學生成年、新兵入伍、老兵退役等各種儀式，拓寬教育渠道，擴大對外

影響，讓「四保臨江」精神成為堅定人民群眾理想信念，激勵人民群眾建設小康社會的強大精神支柱，成為愛國主義教育的品牌。

臨江市社會各界清明祭掃烈士陵園活動有著光榮的傳統，從建園開始，上至耄耋老人，下至學童娃娃都有組織或自發地前往掃墓，就連「文革」時期，祭掃活動也從未中斷過，體現了老區人民對革命先烈的敬仰之情。各中小學校普遍進行了以「愛班愛校就是愛國」為主題的班會教育，請參加過「四保臨江」戰役的老戰士給青少年學生上教育課。「記一個烈士名字，講一個革命故事，唱一首紅色歌曲，向烈士獻一朵白花」，是臨江市在青少年學生中每年都要開展的紀念活動。愛國主義教育根植於臨江青少年學子的心中，並得到代代傳承。中小學生從小就明確了愛國主義精神就在

▲ 臨江市「四保臨江」烈士陵園石碑樓

▲ 臨江市「四保臨江」烈士陵園（局部）

▲ 社會各界祭掃「四保臨江」烈士陵園

身邊，使報效祖國的遠大理想與努力學習科學文化知識的實際緊緊地結合在了

一起。

　　各行各業廣泛開展的愛崗敬業，勇於奉獻，做新農民，奔致富路，創文明機關，做人民公僕等形式多樣的活動，使「四保臨江」精神教育變得更具體，更紮實，更易於操作，為新世紀實現臨江各項事業跨越式發展提供了強大的精神動力。

▲ 臨江市「四保臨江」戰役紀念館

　　臨江市還把參觀「四保臨江」戰役紀念館同參觀陳雲舊居、「四保臨江」烈士陵園連成一個教育體系，組成一個大力弘揚「四保臨江」精神的教育群落，免費向遊人、中小學生、機關幹部開放，並在各參觀點設專職解說員。同時，一支由參加過「四保臨江」戰役和抗美援朝戰役的老戰士組成的宣講隊伍，義務為參觀人員講傳統、做報告。「四保臨江」戰役紀念館每年都吸引當地群眾和外地參觀者幾十萬人，極大地提升了臨江革命老區在全國的知名度。

▲ 陳雲銅像

　　臨江市多年堅持開展「四保臨江」戰役勝利紀念日系列紀念活動，得到了中央和國家領導、老一輩革命家陳雲、蕭勁光、肖華的親屬、「四保臨江」戰役參戰部隊老領導以及吉林省委省政府、白山市委市政府領導的高度重視並參加紀念活動。1997年4月3日「四保臨江」戰役勝利五十週年紀念大會、2002年8月27日「四保臨江」戰役勝利五十五週年紀念大會時，陳雲同志夫人于若木到場並講話，中央領導和參加過「四保臨江」

戰役的老同志發來了賀電、賀文、題詞，蕭勁光之子蕭伯鷹、蕭紀龍、女兒蕭凱，肖華的女兒肖霜參加了紀念大會。

2005年6月13日是偉大的無產階級革命家、政治家、傑出的馬克思主義者、黨和國家的卓越領導人陳雲同志誕辰一百週年紀念日。為紀念陳雲同志誕辰一百週年暨「四保臨江」戰役勝利五十八週年，深切緬懷陳雲同志的豐功偉績，追思和學習陳雲同志為黨和人民的事業不懈奮鬥的崇高風範和革命精神，6月10日上午，白山市暨臨江市召開隆重紀念大會和陳雲銅像揭幕儀式。「四保臨江」戰役參戰部隊老首長及領導、陳雲同志的子

▲ 陳雲同志夫人于若木（左三）參加「四保臨江」戰役勝利五十週年紀念活動

女、省市領導及臨江市各界群眾參加了大會。這座銅像由中共中央宣傳部、中共中央黨史研究室、中共中央文獻研究室批准製作，由中國軍事博物館教授、中國雕塑協會會長程允賢歷時三個月親自指導製作完成，重800公斤，高2.05米，象徵2005年是陳雲同志誕辰一百週年。臨江市委還以「弘揚「四保臨江」精神，建設繁榮和諧新臨江」為題，在《吉林日報》《長白山日報》《新文化報》等媒體上發表《「四保臨江」耀千秋》《「四保臨江」彪炳青史》《陳雲在臨江的日子》等多篇主題紀念文章，深切緬懷老一輩無產階級革命家陳雲同志。通過系列紀念活動，「四保臨江」精神已經成為臨江革命老區的優良傳統，一代代的傳承、發揚、光大，成為老區人民拚搏奮進、鍥而不捨、執著追求的強大精神動力，成為創建鴨綠江歷史文化名城的不竭動力和源泉。

「四保臨江」戰役紀念館

　　1946年12月17日至1947年4月3日，陳雲、蕭勁光等老一輩革命家在臨江指揮了著名的「四保臨江」戰役，取得了四次臨江保衛戰的勝利，徹底粉碎了國民黨軍「先南後北、南攻北守」進犯的陰謀，鞏固了以臨江為中心的南滿根據地。作為偉大的轉折點，扭轉了東北戰局，使東北民主聯軍由戰略防禦轉入戰略反攻，從而拉開了遼瀋戰役的序幕。

▲「四保臨江」戰役紀念館正門

　　為紀念「四保臨江」戰役的偉大勝利，弘揚「四保臨江」精神，1992年，臨江市建設了「四保臨江」革命烈士紀念館，該紀念館建築面積412平方米。多年來，作為全國百家愛國主義教育示範基地和全國百家紅色旅遊經典景區之一，「四保臨江」革命烈士紀念館已不能滿足愛國主義教育和革命傳統教育的需要。

2003年4月，臨江市著手申報關於擴建「四保臨江」戰役紀念館的相關事項。同年11月4日，吉林省委《關於擴建「四保臨江」戰役紀念館的請示》正式呈報中央。2004年3月30日，中共中央辦公廳秘書局、吉林省委辦公廳下發了《關於同意對「四保臨江」戰役紀念館建設擴建的函》，在陳雲夫人于若木的關懷下，2004年9月28日，國家發改委下達了《補助「四保臨江」戰役紀念館擴建工程中央預算內投資的通知》。「四保臨江」戰役紀念館建設工程項目總投資1200萬元，是吉林省紀念館項目第一個在中央爭取來的愛國主義教育和傳統教育基地重點工程建設項目。2005年4月3日，在「四保臨江」戰役勝利58週年之際，「四保臨江」戰役紀念館在原址上

▲ 「四保臨江」戰役紀念館內陳雲、蕭勁光、肖華雕像

▲ 群眾參觀「四保臨江」戰役紀念館

▲ 「四保臨江」戰役紀念館內史料

▲ 群眾參觀「四保臨江」戰役紀念館

重建。奠基儀式前，由當地駐軍部隊戰士列隊鳴槍一〇八響，象徵「四保臨江」戰役堅苦卓絕的一〇八天。新館建築面積2500平方米，2006年9月，由魯迅美術學院工程公司完成了裝飾布展。紀念館設電影放映廳，安裝中央空調，並運用聲、光、電等高科技手段，系統地展示了東北解放戰爭期間我軍「三下江南、四保臨江」的恢宏場面，生動地再現了陳雲同志在「四保臨江」戰役期間的豐功偉績和臨江老區人民奮勇支前、參軍參戰的無私奉獻精神，特別是運用高科技手段演示的「七道江會議」和杜光華將軍犧牲時的場景，達到國內展館較先進的水平，成為國內運用高科技手段管理的一流紀念館。時任中共中央政治局委員、書記處書記、中央軍委副主席張萬年上將為「四保臨江」戰役紀念館題寫館名，「四保臨江」戰役紀念館是全國百家愛國主義教育基地和全國百家重點紅色旅遊景點之一。

2009年8月18日，臨江市「四保臨江」戰役紀念館舉行隆重的開館儀式。陳雲、肖華、杜光華等同志的子女及吉林省、白山市、臨江市有關部門的領導

▲「四保臨江」戰役紀念館內展品

參加了開館儀式，國內多家新聞媒體進行了報導。新落成的「四保臨江」戰役紀念館共分八個展廳，分別是：一、抗戰勝利風雲再起；二、堅持南滿一鎚定音；三、四保臨江三下江南；四、同仇敵愾

踴躍支前；五、革命先烈　萬古流芳；六、革命一生　功載千秋；七、光榮傳統　英雄臨江；八、繼往開來　再鑄輝煌。高二米多的陳雲、蕭勁光、肖華三位老一輩革命家的塑像矗立在紀念館大廳，展現「三下江南、四保臨江」戰役場景的兩座浮雕陳列正廳兩側。詳細介紹了「四保臨江」戰役犧牲的英烈、陳雲同志生平、臨江老區人民不屈不撓的英勇鬥爭和臨江近年來取得的輝煌成就。紀念館內共珍藏珍貴圖片四百餘幅、立體合成影像二處、銅塑像六座、文物三二〇件、各類槍械八十九支、砲彈四十八枚、油畫二幅、大型浮雕五個、題詞二十一幅。

▲「四保臨江」戰役紀念館內油畫作品

▲「四保臨江」紀念館外陳設展品

　　新館落成後，臨江市採取各種有力措施，積極收集文物史料，不斷豐富館藏，充實陳列展覽內容，並且得到各級領導和相關部門的深切關懷和大力支持。尤其令人感動的是，在張萬年上將的協調下，北京軍區、吉林省軍區、天津警備區、齊齊哈爾警備區為紀念館提供了一百餘件展品，充實了紀念館展陳。兵器布展內有中國人民解放軍瀋陽軍區、北京軍區、天津警備區贈送的各型號火炮六門。解放軍總參謀部、總裝備部為紀念館捐贈了一架殲6飛機、一輛64輕型坦克、37mm雙管高射炮等共八門，豐富了紀念館的兵器布展。

「四保臨江」戰役紀念館碑廊

▲「四保臨江」戰役紀念館碑廊

解放戰爭初期，陳雲、蕭勁光、肖華等老一輩無產階級革命家在臨江組織指揮了著名的「四保臨江」戰役。在敵強我弱的艱苦條件下，在臨江老區人民的大力支援下，東北民主聯軍取得了殲敵三點八萬餘人的偉大勝利，徹底粉碎了國民黨軍對臨江南滿根據地的四次瘋狂進犯，鞏固和擴大了以臨江為中心的南滿根據地，一舉扭轉了南滿和整個東北戰局，為我軍在東北戰場即將展開的全面反攻奠定了堅實基礎，為遼瀋戰役的勝利拉開了序幕。毛澤東、周恩來等黨和國家領導人及「四保臨江」戰役參戰部隊的老首長、老領導對此給以高度評價，紛紛揮毫潑墨，為先烈題詞。為緬懷陳雲、蕭勁光、肖華等老一輩革命家的豐功偉績，臨江市收集毛澤東、周恩來等黨和國家領導人及「四保臨江」戰役參戰部隊老首長題詞共四十幅，於二〇〇六年建成了「四保臨江」戰役紀念館碑廊並展出。

碑廊題詞內容

毛澤東：陳雲同志比較公道、能幹，比較穩當，看問題有眼光、尖銳、能抓住要點。（中共中央原主席、國家原主席、中央軍委原主席）

周恩來：陳雲同志真是個鐵算盤（國務院原總理）

喬石：豐功偉業　永世長存（全國人大常委會原委員長）

李鵬：實事求是的楷模（國務院原總理、全國人大常委會原委員長）

朱鎔基：革命元勛　建國功臣　經濟奇才　理財能手（國務院原總理）

陳雲：為全中國人民徹底解放而奮鬥（國務院原副總理，「四保臨江」戰役期間任中共南滿分局書記，遼東軍區政委）

▲「四保臨江」戰役紀念館碑廊

李嵐清：向陳雲同志學習。求真務實，實事求是。（國務院原副總理）

劉華清：浩然正氣　名垂千古（中央軍委原副主席　上將）

蕭勁光：繼承光榮革命傳統（全國人大常委會原副委員長，「四保臨江」戰役期間任遼東軍區司令員　大將）

▲「四保臨江」戰役紀念館碑廊

洪學智：四保臨江　彪炳史冊（全國政協原副主席　上將）

張萬年：四保臨江　豐碑永存（中共中央書記處原書記、中央軍委原副主席　上將）

▲「四保臨江」戰役紀念館碑廊

遲浩田：統兵殲敵　叱吒風雲　建國理財　韜略恢宏（中央軍委原副主席

▲「四保臨江」戰役紀念館碑廊

▲「四保臨江」戰役紀念館碑廊

▲「四保臨江」戰役紀念館碑廊

兼國防部部長　上將）

韓先楚：堅持南滿四保臨江　繼往開來建設四化（全國人大常委會原副委員長，「四保臨江」戰役期間任遼東軍區四縱隊副司令員　上將）

鄒家華：唯實　（國務院原副總理）

劉振華：陳雲在臨江為國建豐功（北京軍區原政委，「四保臨江」戰役期間任安東軍獨立三師副政委　上將）

莫文驊：發揚四保臨江英勇奮鬥的作風（原解放軍裝甲兵政委，「四保臨江」戰役期間任東北民主聯軍遼東軍區副政委兼政治部主任　中將）

胡奇才：我在東北戎馬七年　臨江是我第二故鄉（「四保臨江」戰役期間任東北民主聯軍第四縱隊司令員，離休前任解放軍工程兵司令員　中將）

劉西元：四保臨江精神永垂青史（離休前任南京軍區政委，「四保臨江」戰役期間任東北民主聯軍三縱隊副政委兼政治部主任　中將）

歐陽文：發揚革命精神　振興臨江經濟（離休前任國家電子工業部副部

長，「四保臨江」戰役期間任東北民主聯軍四縱隊副政委兼政治部主任中將）

于若木：四保臨江烈士史冊千古流芳（陳雲同志夫人）

張銘：四保臨江創偉業　再添光彩奔前程（離休前任山東省高校組織部部長，「四保臨江」戰役期間任遼東軍區司令部秘書處科長）

▲ 「四保臨江」戰役紀念館碑廊

劉芷：萬水千山總有情　英雄氣魄世代傳（離休前任蘭州軍區後勤部政治部副主任，「四保臨江」戰役期間任遼東軍區三縱隊司令部指導員）

孫洗凡：帽兒山下臥虎城　四保臨江揚威名（離任前任國家安全部局長，「四保臨江」戰役期間任臨江縣城關區區長）

張國鈞：建設新臨江再創新輝煌（離休前任國家衛生出版社黨委書記，1946年2月至1949年任臨江縣縣長兼衛戍區司令部司令員）

湯叢列：四保臨江五十載　革命精神永浩然（離休前任國家第五機械工業部政治部主任副部級，「四保臨江」戰役期間任東北民主聯軍遼東軍區宣傳部長兼新華社第五分社社長）

林聲：驚天動地　碧血千秋　日月同輝　名垂青史（遼寧省原副省長、省政協原副主席，「四保臨江」戰役時參加土改工作隊）

王新蘭：四保臨江　功載千秋（離休前任蘭州軍區後勤部副政委，「四保臨江」戰役期間任遼東軍區電台台長）

呂遠：長白山中英雄志　鴨綠江邊親人情（中國人民解放軍海政歌舞團藝術指導，著名作曲家，「四保臨江」戰役期間參加遼東軍區文工團）

王祖堯：為國建豐功　浩氣貫長虹（中國人民解放軍海軍原副參謀長　少

將）

谷廣善：軍史華章　四保臨江（離休前任國家航天工業部副部長，「四保臨江」戰役期間任東北民主聯軍遼東軍區後勤部政委少將）

李改：四保臨江軍史流芳　繼往開來再創輝煌（離休前任中國人民解放軍海軍學院政委，「四保臨江」戰役期間任東北民主聯軍第三縱隊七師政治部主任　少將）

李丙令：四保臨江　血鑄輝煌（離休前任解放軍軍政大學副校長，「四保臨江」戰役期間任東北民主聯軍第四縱隊政治部主任，十一師政委　少將）

曹廣化：四保臨江　永銘青史（離休前任中央軍委紀檢委副書記、中紀委常委，「四保臨江」戰役期間任東北民主聯軍第四縱隊十師政治部主任，遼東軍區後勤部政治部主任　少將）

李福澤：偉大的轉折（離休前任軍委國防科工委副主任兼基地司令員，「四保臨江」戰役期間任東北民主聯軍安東軍區副司令員　少將）

曾克林：白山綠水總有情　英雄氣魄世代傳（離休前任中國人民解放軍海軍航空兵司令員，「四保臨江」戰役期間任東北民主聯軍第三縱隊司令員　少將）

唐凱：英雄兒女　四保臨江　人民戰士　三下江南（離休前任解放軍工程兵副司令員，「四保臨江」戰役期間任東北民主聯軍遼東軍區政治部副主任　少將）

陳元：牢記四保臨江光榮歷史建設新臨江（時任國家開發銀行行長，現任全國政協副主席）

王雲坤：光輝歷程　彪炳千秋（中共吉林省委原書記）

白介夫：陳雲同志運籌帷幄　四保臨江功不可沒（「四保臨江」戰役期間任長白縣委書記；北京市原副市長、市政協原主席）

劉忠德：故鄉的自豪　永遠的輝煌（全國政協常委、教科文衛體委員會主任，中共中央宣傳部原副部長、文化部長）

曹國安將軍殉國地

　　曹國安（1900年12月17日至1936年12月21日），原名于德俊，字哲名，曾用名於學韜。1900年12月17日生於吉林省吉林市永吉縣大綏河區大干溝子屯的一個農民家中。1930年畢業於北平毓文學院，1931年「九一八」事變後，曹國安積極參加中國共產黨領導的抗日救亡運動，同年10月，他參加北平學生赴南京請願團，向國民黨政府呼籲要求停止內戰、一致抗日。學生的愛國行動遭到國民黨政府鎮壓，這一事件使曹國安拋棄對國民黨政府的幻想，毅然加入中國共產黨。

▲ 一九八五年修建的曹國安將軍殉國地紀念碑

　　1932年春天，受黨組織的派遣，曹國安在偽軍中進行黨的兵運工作。1933年5月，曹國安策反了原東北軍迫擊炮連，並將這支隊伍改編為抗日迫擊炮大隊，率領起義部隊上山為南滿抗日部隊增加了重型武器，受到當時南滿游擊隊的熱烈歡迎。

▲ 新建的曹國安將軍殉國地紀念碑

根據南滿游擊隊指示，曹國安的起義隊伍被編為中國工農紅軍第32軍南滿游擊隊迫擊炮大隊，曹國安任大隊長。是年9月，南滿游擊隊擴編為東北革命軍第

一獨立師，曹國安任三團政委。1934年8月，在通化到山城鎮間的公路上，他率團伏擊了日軍汽車隊，打毀汽車11輛，擊斃日軍大佐一名和數名指揮官。

　　1936年春，東北人民革命軍第一軍改編為東北抗日聯軍第一軍，曹國安任第1軍第2師師長兼政委。1936年冬，曹國安率2師轉戰長白地區，一舉擊潰日軍討伐隊千餘人。敵人得知曹國安在謝家趟子活動，集中1000多人的兵力，向謝家趟子進發。曹國安得知消息後立即設下埋伏，取得了打死打傷敵人二三百人，而紅軍僅有兩名重傷的以少勝多的漂亮勝利，大長了中國人民的志氣，大滅了日偽軍的威風。

▲ 曹國安將軍墓

12月20日，日軍又糾集1200名偽靖安軍和臨江縣治安隊在十三道溝集結，向2師駐地七道溝進攻。曹國安在伏擊敵人的戰鬥中，不幸身負重傷，光榮殉國，年僅36歲。

1985年9月，渾江市（現白山市）人民政府在六道溝鎮七道溝村的東山，樹立了「東北抗日聯軍第1軍第2師師長兼政委曹國安將軍殉國地」紀念碑。2005年，為了將臨江市周邊的烈士墓集中到「四保臨江」烈士陵園統一管理，將曹國安將軍墓從六道溝遷移到「四保臨江」烈士陵園，但殉國地紀念碑保留。2012年，臨江市對曹國安殉國地紀念碑重新修建，於9月4日開始動工，在拆除原墓碑的基礎上建立了新墓碑，平整場地150平方米，用方磚鋪設人行道，並修建了15級理石台階，2012年10月20日竣工，占地0.2畝。新墓碑高4.5米，長6.7米，厚0.8米。新建成的紀念碑以抗日紅旗為原型設計製作，寓意英雄長眠在長白山腳下，抗日精神屹立在鴨綠江邊。

中朝鴨綠江國際大橋

　　中朝鴨綠江國際大橋位於臨江市城區以西，也是橫跨中朝兩國的邊境橋，是聯結中朝兩國人民友誼的紐帶。在抗美援朝戰爭中，這裡是三個過江主要通道之一。中國人民志願軍三十五萬大軍，就是從這座橋上，雄糾糾，氣昂昂，跨過鴨綠江，與朝鮮人民一起抗擊美帝侵略者。中朝鴨綠江國際大橋始建於一九三五年，一九五〇年八月，美軍出動數十架飛機侵入臨江上空，對這座大橋和臨江火車站狂轟濫炸，致使大橋靠近朝方一側被炸燬。臨江火車站進行司機徐國臣冒著生命危險衝進一列裝滿作戰物資的火車駕駛室，駕駛火車向附近的臨時避彈洞開去。敵機立即跟蹤轟炸，向機車狂轟濫炸。徐國臣四根手指被子彈打掉，鮮血直流，但仍將列車開進了山洞，保住了列車。一九五一年，徐國臣被評為抗美援朝特等功臣，受到毛澤東主席

▲ 中朝鴨綠江國際大橋

▲ 中朝鴨綠江國際大橋

的接見。徐國臣捨身救列車的英雄壯舉很快傳遍了全國和朝鮮戰場，極大地鼓舞了全國人民保家衛國、抗美援朝的熱情和前方將士的戰鬥熱情。一九五五年五月，中朝雙方重新將這座友誼之橋修復。站在橋上，當年美機轟炸大橋時留下的彈孔仍清晰可見，歷歷在目，並可領略到朝鮮的異國文化習俗、特有風景，以及每天往來不斷的過貨車輛，感受兩國互市邊貿的繁榮景象。

中國界江第一漂——鴨綠江漂流

　　臨江城緊臨鴨綠江邊，清清江水從城市南側滔滔流過，為臨江人民群眾在江上活動創造了有利條件。二十世紀九〇年代後，臨江市開始興起鴨綠江漂流，漂流的起點為臨江市四道溝鎮長川村，終點為當石村附近的金窩子，全程約二十公里。同時，在江心島陳雲公園上又興起橡皮艇和汽船的漂流，漂流路線經當石、望江樓到大栗子，每年參加漂流的人數超萬餘人次。鴨綠江漂流起點四道溝鎮長川村民風淳樸，村民大都漁農兩務。山前屋後栽滿果樹，遍地西瓜、香瓜；家家雞鴨成群，戶戶掛滿漁網。正是「斜光照墟落，窮巷牛羊歸。野老念牧童，倚杖侯荊扉。雉雊麥苗秀，蠶眠桑葉稀。田夫荷鋤至，相見語依依」的一派溫馨寧靜的田園風光。

▲ 鴨綠江漂流

▲ 鴨綠江漂流

　　鴨綠江為中朝兩國的界江，江水時而穩如平鏡，清可見底；時而萬浪齊發，飛流湍急。江水穩有穩的溫情，急有急的豪氣。乘排暢遊其中，既可飽覽兩岸秀美如畫的鴨綠江自然風光，領略異國風情，又能讓人心曠神怡，寵辱皆忘。一路上，愜意地坐在竹排之上，在青山環抱之中順水漂流，一首優美的歌

曲或許會從您的心底湧起：「小小竹排江中游，巍巍青山兩岸走……」

　　為了確保漂流的安全，每個竹排或橡皮艇上的艄公，都是由當地熟悉水性的漁民並經過專業部門嚴格培訓後持證上崗。在遊客朋友用心領會大自然的神奇俊秀，感受江上流排的別樣情趣中，艄公會詳細地為您介紹沿途兩岸的風土人情、傳說故事及鴨綠江的歷史文化，帶您走進神奇的鴨綠江，感受異國風情，欣賞大自然的鬼斧神工。當置身於這波濤滾滾的鴨綠江上時，聽著艄公繪聲繪色地講解歷史文化和鴨綠江美麗動人的傳說，人們就會不由自主的對唐渤海國時期繁榮的鴨綠江水運產生生動的歷史聯想，因而產生一種特殊的審美意識，懷著對歷史文化的崇敬心情，去感受鴨綠江久遠的文明歷史。

　　乘坐漂流的竹排或橡皮艇從鴨綠江古渡長川渡口漂流而下，沿途漂過朝鮮的長興里、長川沙洲、兵營、新昌洞、上長里、中江郡等地及中方的臨江沿線，最終在金窩子結束漂流。這一路漂流，途經三水、六哨、九道灣。三水是指馬面石穩灣子、排房子穩灣子、老母豬圈穩灣子；六哨是說箭頭哨、大黑瞎子哨、打魚哨、黑石哨、滿天星哨和飛魚哨；九道灣是指從中國岸始發點馬面石到箭頭、二隊、黑石、煙筒山、洋魚頭、仙人遊、擦屁股嶺到達終漂地金窩子，鴨綠江水共拐了九道彎。其中大黑瞎子哨與滿天星哨是鴨綠江上有名的險灘惡哨。從四道溝長川古渡開始沿江而下，兩岸山、石、林、峰、洞，千姿百態交相輝映，使人目不暇接、心曠神怡。乘坐竹筏時而越上浪峰，時而跌入波谷，更是讓人驚險愜意，沿途如「一撐跳」「老虎哨」「孩子哭」「媽媽叫」等景點傳說更是讓您遐想萬千，痴迷神往，充分領略到大自然的浪漫神奇。當您來到朝方的排房時，熱情好客的男主人會與您侃侃而談，活潑漂亮的女主人會落落大方地簇擁著您合影拍照，並獻上一個友好的香吻，讓你窘促不安、痴情回味、流連忘返。一路「水如青羅帶，山似碧玉簪」的如畫山水、如詩景緻和對岸長裙飄逸的頂水少女以及逐水劈浪，探險過後的經歷，一定會給您留下深刻的印象。

　　近年來，臨江市十分重視旅遊業發展，鴨綠江漂流更是作為感受異國風

▲ 鴨綠江橡皮艇漂流

情，領略兩國風光的重點項目加以向遊人推介，漂流線路也在不斷地擴展和延伸。在臨江市的江心島上，介紹漂流沿線知名景點的導遊圖立於岸邊，方便遊人瞭解漂流情況。鴨綠江北岸的江面上，幾十艘橡皮快艇一字排開，隨時準備帶遊人踏上鴨綠江漂流之旅。乘興坐快艇漂流的遊客絡繹不絕，江面上時常是遊艇穿梭，笑聲不斷。

鴨綠江漂流是勇敢者的選擇，通過漂流不僅可以盡賞自然界之巧奪天工，更能領略人生的哲理。在人生的旅途上不也有著許許多多的挫折風險嗎？只要我們選準方向，穩操舵把，一心向前，那麼，美好的境界就一定能達到！

江心島陳雲公園

江心島陳雲公園原名臨江沙洲，位於臨江城中心地段的鴨綠江中。東西長九百米，南北寬二五一米，全島面積一二點五七公頃，形似一條水中游動的魚。站在江心島陳雲公園上既可領略異國風情，又可感受臨江近幾年發展成就，是市民和遊客休閒、娛樂、觀光的聖地。

▲ 俯瞰江心島陳雲公園

▲ 江心島陳雲公園一角

江心島陳雲公園堅持以立足鴨綠江，依託長白山為原則，在充分挖掘、梳理鴨綠江、長白山歷史文化和山水資源的基礎上，將公園建設融入整個鴨綠江、長白山文化大環境中，明確打造自己獨有的特色定位，在組織專家反覆考察論證的基礎上，將全島劃分為陳雲廣場、拒日設領生態園、尾弦聽音、兒童樂園、文體廣場、孝悌園、晨練廣場、臨江明珠八大板塊，並對各板塊建設項目進行了科學布局和高標準設計，較好地體現了規劃的先進性和超前性。

江心島陳雲公園不僅有著天成之美的自然風光，更有著豐富的歷史文化底蘊。臨江的建設者們在歷史文化上大做文章，讓市民和遊客真切感受到歷史文化的魅力。

位於公園中心二千多平方米的廣場上，十二米高的陳雲銅像高高矗立，再

▲ 江心島陳雲公園陳雲銅像

▲ 江心島陳雲公園一角

▲ 江心島陳雲公園一角

現「四保臨江」戰役恢宏場景的漢白玉浮雕群、陳雲同志的生平簡介、毛澤東同志的題詞等，生動地再現了陳雲等老一輩革命家的豐功偉績。孝悌園中展示臨江百年發展歷史重大事件的大理石群雕，使遊人在賞心悅目的環境中得到教育受到薰陶。文化廣場內高標準建成的羽毛球場、門球場、籃球場、檯球室及市民晨練廣場、兒童樂園等，配套設施一應俱全，活躍了市民的文化生活，受到健身群眾的一致讚揚。

站在江心島陳雲公園上，清澈透明的鴨綠江水淘盡世間的喧囂和嘈雜。在公園四周，江水也變得安靜起來，像母親守視著熟睡的嬰兒，公園就依偎在母親的臂彎中，靜靜地沉睡，是那樣的安寧，那樣的甜美。波光粼

鄰的水面，兩岸秀美的風光，讓人心馳神往，令人流連忘返。三千多米長的環島綠化帶環繞著迷人的公園，曲徑通幽的林蔭小道可供遊人信步遊覽。分布於島上的各個功能區，為江心島陳雲公園夢幻般的美景增添了神韻。漫步在公園，春季，桃花逐流水，

▲ 江心島陳雲公園一角

楊花泛碧波，春潮拍岸，垂柳拂堤；夏季，一江碧水，幽靜明麗，岸邊石堤，垂蔭匝地；秋季，漫江碧透，層林盡染。踩著鋪滿落葉的石板路漫步，使人彷彿也像這秋水一樣變得清澈聰慧起來；冬季，漫天白雪，把兩岸連成一個整體，沿堤寒江雪柳，滿眼玉樹瓊花。堆雪人、溜爬犁、滑冰刀、打雪仗，孩子們嬉戲著、打鬧著，震落了滿樹的積雪，也讓寂靜的冬天變得生機勃勃，島上儼然成了孩子們的天堂。遊人們可以在這裡乘坐快艇，穿越中朝國際大橋，盡情領略中朝兩岸風光，亦可在島上亭中小憩品茗，聆聽票友們的京劇清唱。每日從早到晚，人流不斷。江心島陳雲公園在臨江人民生活中占有重要位置，每天到此晨練、散步、遊玩的人平均在萬人左右，更得到外來遊客的讚賞，成為獨具鴨綠江特色文化的名勝公園。島上的景色美不勝收，不僅僅是因為她獨據鴨綠江的旖旎自然風光、賞兩岸美景的地理優勢，更在於建設者精心設計、精心施工，為這多彩的明珠錦上添花。環境設計貫徹綠色理念、健康主題，依於水而不拘泥於水，把人工景色融入大自然中，步步是景，景隨步移，美輪美奐，妙不勝收。一個森林環抱、水系環繞、花紅柳綠、綠茵棋布的生態系統將江心島陳雲公園打扮得如詩如畫、生機盎然。

北山公園

　　北山公園位於臨江市森工街道，距市區三公里，占地面積四萬平方米。一九九六年開始規劃建設，二〇〇二年基本建成。北山公園設計精巧獨特，建築風格古樸典雅。正門建築猶如彩虹飛架、氣勢磅礴宏偉。條條石階步步登高，

▲ 北山公園

▲ 北山公園內景觀

林區特有的景觀錯落有致，古樸自然。整個公園集園林藝術與木把文化微縮景觀、博物展覽於一體，突出中華民族文化和林業行業文化兩大主題，是人們瞭解長白山林區發展歷史，瞭解長白山風土民情，進而感受中華文化以及長白山地域文化博大精深，已成為森工城建設的亮點和林區人民休閒娛樂的聖地，有很深的文化底蘊，是國家級2A景區。公園共分為九個景區：一是園門觀賞區，由石獅子、牌門、浮雕牆組成；二是園

林雕塑藝術觀賞區，由漢白玉雕塑群、花崗岩台階、景觀燈和綠化帶組成；三是兒童樂園，由摩天塔、兒童遊藝設施、運動器械、兒童廣場組成；四是中華民俗園，由十二生肖雕塑、華表、神工岩刻等組成；五是休閒遊樂區，由益壽亭、求知亭、情思亭、瑞福亭及花草樹木、

▲ 北山公園內景觀一角

人造山洞、牛拉爬犁集材水泥雕塑等景觀組成；六是廣場觀展遊樂區，由二十八噸蒸汽機車、文昌閣、八噸窄軌森林小火車、內燃機車及客車廂和守車、馬架子房等組成；七是運動器械區，由漫步機、高低單槓、雙人手臂支撐、雙人伸腰器、雙位大轉輪、立式腰背按摩器、天梯、臂力訓練器等組成；八是中華門遊覽區，由中華門、天壇八卦陣、青銅雕塑、龍柱、坡口大橋縮景、天橋明洞縮景、葡萄長廊組成；九是九龍壁觀賞區，由九龍壁、紅牆琉璃瓦、園林景觀組成。

森林工業浮雕牆展現的是臨江林區從清朝末期到二〇〇〇年的五個歷史發展階段：一九〇八年清政府開始的「採皇木」、偽滿洲國時期日偽進行的掠奪性「拔大毛」、臨江解放後開始的冬採作業、一九五三年開始實行計劃管理、機械化作業並開始營林工作、一九九八年國家實施天保工程。浮雕牆展現了臨江林區木材生產歷經原始手工冬採作業、半機械化、機械化常年流水作業場景；冬採工具由大肚子鋸、彎把子鋸逐步發展到油鋸；集材方式由牛拉爬犁、單軌木馬等人力畜力集材，逐步發展到拖拉機集材；木材運輸先後經歷了編排流放、森鐵運輸、森汽聯運到現在的全部汽運；森鐵牽引機車由最初的七點五噸蒸汽機車發展到後來的二十七噸內燃機車。

公園為全日制開放，從人們早起晨練至晚間休閒人群自然散去。每天遊樂休閒人群絡繹不絕，人們沐浴陶醉在公園秀美的景色之中，流連忘返。北山公

園設計精巧獨特，建築古樸典雅，將大自然的恢宏氣勢與花草樹木的風姿神韻濃縮在精巧玲瓏的公園中，每一處園林景觀皆有花木點綴、有奇石陪襯，從小的物飾到總體構思，無不得體合理，是遊人和當地居民親近自然、融入自然、感受自然的好去處。

荷花灣

　　荷花灣位於臨江市四道溝鎮長川村，距臨江市區十八公里。在長白山腹地的寒冷之處有二萬平方米野生荷花實屬罕見。荷花灣為臨江市最早開發的景區，這野荷花自然生長、繁殖，不斷擴大成一片清純靜美的芙蓉國，頗有「接天蓮葉無窮碧，映日荷花別樣紅」的壯觀。荷花素有「花中君子」的雅號。荷花盛開之際，靈秀俊雅，婀娜多姿，猶如在碧玉盤上佇立著一位美人。每年七至八月，上萬朵荷花競相盛開，亭亭玉立，展示著「出淤泥而不染」的清純風格，吸引著諸多遊客到此一飽眼福。它春含連片荷葉碧，秋飄滿池荷花香；荷葉三尺顆顆露珠滾動，荷花尺半縷縷清香怡人。黑色的鯽魚俏皮地嬉戲穿梭於荷莖之間，令人想到「潭清疑水淺，荷動知魚散」的詩句。注目荷塘，您更會領略到「小荷才露尖尖角，早有蜻蜓立上頭」的閒情雅趣之意境。

▲ 荷花灣裡的荷花

望江樓景區

　　望江樓位於臨江市西郊，鴨綠江北岸。在當石溝門有一石峰，孤峙江岸，高約十五米，形狀如樓，故名望江樓。峰背有石蹬數階，如樓梯，登巔而望，眼界頓開，江山林莽，城郭村舍一覽無餘，鴨綠江風景盡收眼底。二十世紀九〇年代末，當地人在峰頂建一座二層亭樓，上有一副絕妙的上聯「望江樓上望江流江流千古樓千古」，令人回味無窮，浮想聯翩；而下聯卻等待有緣人前來登高賞景、舉杯添詞，引出許多對祖國大好河山的詩意讚頌。望江樓西側矗立

▲ 望江樓景區內薛禮（薛仁貴）雕像

著唐代名將薛仁貴的漢白玉雕像，一身戎裝，威立江岸，可以使您領略到民族英雄鎮守邊關，征戰疆場，平定邊亂，抗擊外敵入侵的英雄氣概。在望江樓東側，是大栗子街道當石村。相傳唐朝名將薛仁貴征東時，曾在此地的一塊巨石上磨過戰

刀，該巨石不粗不細，卻很殺口，只嚓嚓兩下，那大刀便鋥明瓦亮，寒光閃閃，削鐵如泥。待將軍殺入敵陣，刀光閃處，敵人屍首橫飛，人仰馬翻，潰不成軍。得勝歸來，將軍指此巨石說：「此石乃能利兵器之佳物也。」至此，這塊石頭便被保留了下來，由後人來觀瞻將軍的風采。後人稱此石為「當刀石」，該山溝為當石溝，村莊被命名為當石村。

葦沙河景區

　　葦沙河景區位於臨江市葦沙河鎮，是雲峰電站庫區的上游，風景區內較著名的景區為：

金銀峽景區

　　位於臨江西南，鴨綠江北岸，距臨江市區三十六公里。金銀峽原名石灰溝，又稱銀子溝，因溝頭高山後有鉛、鋅、銀等礦物質，早年曾有外國人在此偷偷開發，後被民眾驅逐，在溝底留下一些灰白色土，由此當地人稱此溝為石灰溝、銀子溝。此溝南北走向，溝底有條河，從北向南注入鴨綠江。溝兩側山高坡陡，綠樹蔥蘢，時有條狀、方狀、圓狀怪石疊起的奇峰出現。在進溝約二公里處，溝的東側有一溪水從高山頂，隨著山勢蜿蜒流入溝底，時急、時緩、時成瀑布，時有水灣，特別是進溝底時，有一股份流流向一旁的石峰，此石峰形似刀劈，水滲入石縫中流出，形如下雨，且時而細雨濛濛，時而大雨直貫溝底。再往溝深處行，奇峰怪石不斷。由於這裡景色奇特，二十世紀九〇年代末，臨江市林業局葦沙河林場將其開發為風景區，取名金銀峽，成為臨江市遠近聞名的旅遊景點。每

▲ 葦沙河景區

▲ 金銀峽景區一角

▲ 金銀峽景區一角

到旅遊旺季，遊客或舉家前來或邀朋攜友，景區常常爆滿。

白馬浪景區

位於鴨綠江中上游臨江市葦沙河鎮，距臨江市區四十八公里。白馬浪成名，是因為原來這裡江水中有許多集中於江心處的暗礁，而鴨綠江流經此處水流湍急，撞擊暗礁，翻起酷似馬頭的道道波浪，故此得名白馬浪。這裡原為鴨綠江航線上的一個險段，起名白馬浪之意是提醒各航船到此多加小心。後來清理航道，炸除暗礁，形成今日白馬浪平靜寬闊的水域，另有一番風情。夏日，煙波浩渺，山水相依，水鳥潛浮，魚蝦相戲，江水碧綠清澈，波光嫵媚動人。盛產鰲花、重唇等多種鴨綠江名魚。藍天碧水，漁舟唱晚，船行江中，異國風光盡收眼底。

▲ 白馬浪景區一角

▲ 白馬浪景區一角

花山國家森林公園景區

花山國家森林公園位於臨江市花山林場施業區，距臨江城西北約二十公里處。這裡森林浩瀚，層巒疊嶂，奇峰異洞比比皆是，奇湖異瀑目不暇接。花山國家森林公園內的溶洞群妙趣橫生，宛若地下仙境，美不勝收。遍布景區的三十餘處瀑布群，大小不同，形態各異。走進花山國家森林公園，彷彿走進了由大自然鬼斧神工天成、建設者獨具匠心造就的人間仙境，其中蘊藏的美景，集自然景色、文化內涵於一身。

▲ 花山國家森林公園一角

珍珠門

長白山的景區以大氣著稱，一個大字概括了她的偉岸和神奇。然而，長白山更是大中見巧，大中見奇。珍珠門景區就是一個大中見奇的典範：每一個景點都是那麼的精緻、那麼的靈巧、那麼的吸引眼球。在莽莽蒼蒼的大森林中，在層巒疊嶂的高山峻嶺旁，偶出一景，便出奇的別緻和新奇，而奇巧之中，又不失長白山特有的宏大。譬如，一進景區便看到一三米見圓的珍珠岩石，擺在萬仞大山底下一隅，它是那麼的小巧，而作為一顆珍珠，它又是那麼的碩大，大的只

▲ 花山國家森林公園一角

有臨江人在長白山文化的薰陶下，才能想得出這個名字來。珍珠門景區奇峰突起，怪石嶙峨，紅、黃、褐等石色斑斕繽紛，形如珍珠，恰在兩峭壁間上空有

▲ 珍珠門瀑布

▲ 珍珠門風景區一角

一碩大珍珠岩，呈門狀，珍珠門便由此而得名。

珍珠門景區位於臨江城西北約二十公里處，景區內原始生態，古樹參天、奇峰林立、溶洞幽徑、溪流飛濺、瀑布垂簾，頗具幽、奇、美之特色。珍珠門以姿態萬千，神祕莫測的景觀，吸引了《林海雪原》《五朵金花》等多部電影和二十餘部電視劇在這裡拍攝外景，成為長春電影製片廠等多家國內電影製片廠指定的外景拍攝地，有很多景點因拍攝了著名電影而傳下了世人耳熟能詳的名字，比如《林海雪原》裡拍外景的「威虎廳」、《五朵金花》裡金花經常出現的「金花崖」等，形成了諸多的旅遊景觀。

三棚湖

三棚湖是花山國家森林公園中的一個景點。位於珍珠門東北十公里處的一處峰頂，綠樹懷抱中有三個水池，分別稱之為天池、龍池、浴池，名曰「三棚湖」。其中龍池湖面呈圓形，時有水花噴出，天旱也水量不減。每當天氣晴朗，水花噴出，遙望如同噴雪，白練懸空，流水潺潺，令人賞心悅目，歎為觀止，故稱「龍池噴雪」。這裡草青水綠，湖光山色，一潭碧水倒映著藍天、白雲、綠樹清晰如畫，水中怪石林立，千姿百態，水流擊石，聲如洪鐘。湖左側孤峰聳立，高插入雲；湖右側石峰高峙，草木不生，下有一岩洞，相傳從前有高士隱

▲ 三棚湖瀑布

▲ 瀑布一線天

居於此。進入珍珠門便見一股清泉在陡峭岩縫中飛瀑直下，這是從三棚湖流出的一泓清泉，從上到下三級落差二四〇米，泉水飛花濺玉，撞擊珠岩，聲似古樂。夏季裡飛流直下，瀑布相連，聲傳數里；冬季裡冰結玉柱，蜿蜒如蛇，恰似山舞銀蛇，別具一格。

時珍採藥

過一線天，仰首上望，在山崖危岩之上的樹叢中，隱約可見一人攀枝下望，煞為嚇人，其實是一塊巨石立於山崖上，形似採藥人在採藥。他身背藥簍，著典型的古裝衣帽，留著典型的古式鬍鬚，讓人一見就想起藥王李時珍，故稱「時珍採藥」。長白山區是一個立體的資源寶庫，特別是它的植物資源非常豐富。野生植物中的藥用植物更是種類繁多，珍貴藥材十分豐富，盛產馳名中外的人參、紅景天等名

▲ 珍珠門風景區內時珍採藥

貴中草藥材。千百年來，長白山區有成千上萬的採藥人，都像李時珍一樣嚐百草採神藥，救死扶傷，成為非常受山區人民尊敬和愛戴的人。

仙人洞

位於珍珠門景區的一處山腰上，站在山下向上仰望，山頂雲霧繚繞，洞口若隱若現。攀岩上去，可見一個偏上較小，一個偏下較大，緊挨著的大小兩個岩洞，它不僅是天造地設的奇觀，更是日月精華的產物，還是諸神賜給人間的一塊福地。兩個洞內均地面平整，小洞僅可放一張八仙桌及四把座椅，大洞則深而神祕。傳說古時有一仙人雲游至此，一眼就被這裡的景緻美好奇絕所吸引，特別是看見這個雙口岩洞更是喜出望外，進洞後又發現兩個洞竟是相通的，深感這塊寶地跟自己真是有緣，就在洞裡住了下來，仙人既在此修練，更為百姓救災治病，深得百姓愛戴。忽一日，仙人看見十里八村的百姓抬著花轎、成壇的好酒和宰好的豬羊朝洞口方向走來。等眾人趕到，不見仙人影子，正滿山呼喚，忽見天上飄下一幅白幡，上書小詩一首：「我本上界一真神，偶下凡界遇世人，若要知我名和姓，自向岩洞口上尋。」眾人自知必有奧妙，卻不解其中玄機。後經教書先生詳解，眾人才恍然大悟，方知是呂祖爺下凡。呂祖爺姓呂，名岩，字洞賓，道號純陽子，兩個洞門正是一個「呂」字，是他的姓氏，岩是他的名，洞賓乃是他的字。至此，人們將這個洞稱為「仙人洞」，千百年來香火不絕。透過洞口可見仙女峰之風姿。在珍珠門橋畔的山岩上，峰頂的石柱一峰突起，清秀挺拔，遠望很像亭亭玉立的仙女披雲沐雨，仰首東望，如盼日出，人稱「仙女望日」。

老禿頂山

老禿頂山是一座海拔一四三八米的山峰，峰頂約有十八萬平方米自然形成的草地，峰頂不長樹木，只生長著低矮的草本植物。附近村屯百姓家散放的牛群悠閒地在草地上自由採食。大片的草地中散落著無數塊大大小小經過風化磨圓的石頭。山頂散落分布的一些樹木，或根部裸露在外，或將石塊層層包裹，盤根錯節，奇特壯觀。山頂坡度較緩，地勢平坦。草地四周原始森林環抱，藍天、森林、草地、牛群構成一幅絕美的畫卷。草地下的山坡上長著岳樺林和茂密的針闊混交林，是典型的高山草原。在峰頂草地中間有一處用石頭堆成的石

▲ 老禿頂風景

▲ 五棚湖景區瀑布

▲ 五棚湖景區瀑布

台子，據傳是唐朝名將薛仁貴東征時在此點將時留下來的點將台。

五棚湖

位於花山鎮五棚湖溝，溝長約二公里，為U形谷，谷底有一條溪流，兩側谷坡上長滿樹木，順溪流而上，有大理岩形成的懸崖陡壁，垂直形成的一座座險峰。溝頭溪流在谷地陡坡處形成一瀑布，寬約十米，落差約五米，水量較大，水流湍急，瀑落潭中發出轟鳴聲，在山谷中迴蕩。沿瀑布而上，又見一個幽深的U形谷，溪流潺潺，兩岸懸崖峭壁，山峰直指藍天，到此大有「山重水復疑無路，柳暗花明又一村」之感。這段峽谷長約一百米，在溝頭懸崖峭壁的豁口處，又形成落差為十七米的瀑布，氣勢更為壯觀，飛珠濺玉，跌入深潭。五棚湖溝地形奇特，有二條橫切峽谷的斷層，溝底有三個不同高度的地形，還有不同落差的兩個瀑布，鬼斧神工，令人歎為觀止。

溪谷景區

位於老嶺腳下，沈（陽）——長（白）公路在溪谷景區門前一側通過。此谷險峻狹長，兩側高山生長著茂密的針闊葉混交林，盛產紅松果，是臨江有名的松子產地。谷底有一條河，清澈透明，沿河旁坡道徐徐上行，至溝頭山頂，有一百餘畝高山草坪，草兒青青，花兒朵朵，平整美麗，更有多處露出地面形如龜背般的岩石，呈黃白色，石面平滑，招人喜歡，點綴的草坪別具特色。遊人到此，撫摸就座，頓覺視野開闊，心曠神怡，特別是這裡的一切均保持著原生態，更顯得難能可貴。二十世紀九〇年代末，臨江市林業局花山林場將此谷開發為旅遊景區，吸引來諸多遊客，成為臨江市名勝旅遊景區。

老嶺景區

老嶺原名老爺嶺，又稱蕩平嶺，係老嶺山脈的主峰，連綿三百公里，主峰海拔一四八〇米，橫亙於臨江市西北端，為臨江第一名嶺。老嶺為臨江歷史上交通的一大障礙。一九〇八年，清政府為了屯墾戍邊，固守國境，特命東三省總督徐世昌開通瀋陽經臨江至長白的邊防道路。經八個月數百人的艱苦奮戰，建成今天這條蜿蜒盤旋，九曲十八彎的盤山公路，並刻石立碑，以志這裡曾是

▲ 溪谷景區秋景

▲ 老嶺紅葉

「守國門天塹之險要，扼邊關通道之咽喉」的軍事要塞。在嶺上可觀賞修通老嶺公路而立的兩塊石碑，碑文記敘了征服老爺嶺，由此把老爺嶺改稱蕩平嶺之事。

老嶺景區有兩個季節不可不來：一是秋季。滿山的紅葉，如火如荼，萬山紅遍，層林盡染，如一幅幅絢麗的畫卷，應接不暇，美不勝收，大有激發文人創作的胸懷和氣勢，是踏秋賞秋者、畫家、攝影家和美術、攝影愛好者的天堂。二是冬季。這裡是霧凇的世界。老嶺霧凇的形成因峰頂與谷底的高度差異大，溫度差異就大，只要天冷，就有霧凇出現。一進入冬季，可以說是天天都有，而且是漫山的玉樹瓊花，玲瓏剔透，細膩可人。不僅與吉林霧凇形成南北對比之美，還有平原與高山的對峙之美。登上老嶺山頂上的瞭望塔往下觀看，秋季萬山紅遍，層林盡染；冬季浩浩蕩蕩的玉樹瓊花，泛起銀色的波浪，一團團一簇簇，如白浪滾滾，蔚為壯觀。

佛庫倫谷滿族風情園

　　佛庫倫谷滿族風情園位於臨江市花山國營林場大北岔林區，總建設面積四三八三平方米，其中教育展示區面積三一八〇平方米。現已建成滿族歷史文化風情展館、滿族風情村莊以及傳說中三仙女沐浴的布爾湖模擬再現工程。其中滿族風情村莊包括：滿族風情賓館、飯莊、女真原始部落、滿族民俗一條街、鹿窖、遊戲場地、祭祀台等景點，向世人展示秀美的自然風光及古樸的人文景觀。從滿族歷史文化風情園，到古樸神祕的滿族風情村落，再到傳說中三仙女沐浴的布爾湖，佛庫倫谷滿族風情園的每一個角落都充溢著滿族文化。風情園

▲ 佛庫倫谷景區一角

以滿族文化氣息，打造自身素質和特色。走入其中，就如同捧起了一本載滿滿族文化的神奇畫卷，每一頁都記載著滿族文化的精髓。自建園以來，佛庫倫谷滿族風情園準確抓住了「滿族文化」的歷史淵源和群眾根基，在長白山下臨江花山國家森林公園內的土地上，建成綠樹成蔭、環境幽靜、仿古逼真的佛庫倫谷滿族風情園。在佛庫倫谷滿族風情園裡，展現非物質文化遺產項目的滿族文化，成為遊客見識、瞭解民族風情的體驗場和實物教科書。風情園裡的美景、美文、美食、美居和滿族民俗、文化風貌在這裡都能盡收眼底，遊人可以穿上民族服裝，品著民族美食，感受民族文化。正是獨具特色的滿族文化，為景區注入了源源不斷的活力和吸引力。這裡的一草一木、一山一景，都被賦予文化的內涵，用最生動的方式詮釋了滿族文化。讓人們在休閒娛樂的同時，能耳濡目染地瞭解到滿族人民生生不息、

開拓進取的人文精神。

臨江市是滿族的發祥地之一。一六一六年，努爾哈赤在長白山起兵統一女真各部，平定中國東北部，並屢次打敗明朝軍隊，建立後金。努爾哈赤死後，他的第八子皇太極繼位，年號天聰，改女真族為滿族。一六四四年，清軍進關滅明，占領北京，建立大清王朝。

▲ 佛庫倫谷景區一角

滿族有著悠久的文化歷史傳承。滿族人信奉的薩滿教是中國北方少數民族信奉的一種古老原始的神教。滿族的舞蹈太平鼓與太平舞歷史悠久。太平鼓求太平，太平舞求平安。太平鼓伴隨著太平舞，只跳舞不唱歌。每個表演者手拿太平

▲ 佛庫倫谷景區一角

鼓，自己一邊敲鼓一邊跳舞，沒有其他樂器伴奏。鼓點咚咚、舞姿歡快、渾厚有力、節奏感強。滿族人還有一種迎賓舞，名曰圓扇舞，用來迎接遠方的來客或貴賓時跳的一種舞蹈，也是一種宮廷舞。此舞舞步緩慢、舞姿輕悠，舞者彬彬有禮、面帶笑容，體現了滿族人的熱情好客。

滿族文化是中華民族燦爛文明歷史的重要組成部分，尤其是滿族的薩滿文化，被世界薩滿文化協會推薦為世界文化遺產。

七道溝火山地質公園景區

▲ 七道溝火山地質公園景區一角

七道溝火山地質公園景區位於臨江市東北部的長白山腹地，屬臨江市六道溝鎮轄區，與長白朝鮮族自治縣接壤。距六道溝鎮二十四公里，距臨江市區七十四公里。七道溝景區分為兩個部分，即三道陽岔虎觀峰景點和七道溝翡翠谷景點。景區內兩條河流，分別形成菩提峰瀑布和翡翠潭瀑布。其中虎觀峰景點菩提峰瀑布距山門二點一公里，翡翠潭瀑布距山門一點八公里。兩條河流沿途，古樹參天、怪石嶙峋、山崖險峻、水流清澈，河床中有眾多碩大石塊，形態各異，其間穿插風倒之木，更顯其古

樸。該景區形成於新生代第四紀，具有較完整的沉積岩地質剖面，這裡的山岩地貌均為長白山火山爆發時形成，叢林密布，山崖突兀，跌宕起伏。既有形象逼真的天然石塑，如豬祭石、翡翠谷，在岩石上頑強生長的松柏和「萬根樹」，還有面向菩提峰參拜的山岩「朝聖崖」，有令人心馳神往的「滴翠崖」，更有千年激水沖刷形成的蔚為壯觀的「石窩寶鏡」：一個個貯滿清水，可把山中景色映照其間的圓形石窟，小者如杯，大者如甕，或斜或直，直伸石底，如

同一面面形態各異的鏡子，被古人稱為美麗的「石窩寶鏡」。明代有人作詩贊曰：「河底有天涵兔影，山間無物掩蟾光。……因其孟門開寶鏡，嫦娥向晚理殘妝。」實為難得一見的地質奇觀。石窩寶鏡為第四紀冰川後期形成的冰臼群。該冰臼群的發現，對長白山古氣候、古地貌具有極高的科研價值。冰臼是指冰川融水攜帶冰碎屑、岩屑物質沿冰川裂隙自上向下以滴水穿石形式對下覆基岩進行強烈衝擊所形成的形似中國古代用於舂米的石臼，故稱之為「冰臼」。冰臼的發現若能最終被證實，則世界的第四紀地質環境歷史將重新改寫。七道溝火山地質公園內處處充滿了撲朔迷離的神祕色彩，構成了獨特的火山地貌景觀。景區內現有一朝鮮族民俗村──三道陽岔村，完全保留了古樸的朝鮮民族生活習慣。

▲ 石窩寶鏡

賈家營瀑布景區

　　賈家營瀑布景區位於臨江市三道溝河上游螞蟻河鄉賈家營村，方圓七平方公里。這裡有「鷹嘴瀑布」「神龜石」「犀牛望月」「二龍戲珠」、「懸崖攀岩」等多處獨特風景，配以無污染的三道溝河和長白山原始森林，是人們度假、旅遊觀光的好去處。由於該景區尚未被人為開發和利用過，所以景區內各種植被及河流等生態環境保持完好，瀑布跌落後濺起的水花形成的霧氣，使瀑布周圍的樹木底部、倒木及附近的岩石上均長滿了厚厚的苔蘚。近年來，當地政府在加大保護力度的同時，在通往景區的河道上架設了一座木橋，並開闢了停車場，建起了供遊人食宿及其他服務的配套設施，沿河床邊鋪設了一條通向景區方向近一公里長的棧道，方便了遊人參觀，前來遊玩的遊客絡繹不絕。

▲ 賈家營景區一角

中國雪村・臨江松嶺

松嶺位於臨江市花山國家森林公園內，距珍珠門五公里，距臨江市區二十四公里，轄區面積十一平方公里，最高處海拔一四二〇米。據專家考證，松嶺村是古朝貢道上的重要物流集散地和交通樞紐，古稱「老道槽子」。松嶺雪村屬北寒溫帶大陸性季風氣候，冬季漫長寒冷，全年有六個月的積雪期。由於地處高寒山區，因此背陰處積雪常年不化，由此成為「關東雪村」。又因為村屯建築保持了老式關東山村的布局，遠望或拍攝照片恰似一幅水墨畫，故又稱「水墨松嶺」。位於高山之上的松嶺雪村，千棵果樹環繞、萬畝梯田簇擁，被譽為「最美的村莊」。生活在這裡的人們熱愛這塊土地，並使這原生態村落較好的保留下來。如今，在這裡仍可見到碾子、石磨、大車、爬犁、大鍋、火炕；仍能耳聞雞、鴨、鵝、狗、牛、馬、羊、豬等的吠聲、叫聲。晨、午、晚縷縷炊煙，繚

▲ 雪村松嶺　冬景

▲ 雪村松嶺　春景

繞整個山村，構成一幅美麗的圖畫。春季，松嶺山間果樹全面盛開，層層疊疊蜿蜒於山嶺之中，粉紅的桃花、潔白的梨花，點綴在山花爛漫的春野中，形成獨具一格的鄉村田園畫卷；夏季翠綠溫涼；秋季，漫山的紅葉把松嶺裝扮的萬

山紅遍，碩果纍纍；冬季，常年不化的皚皚白雪，令人歎為觀止，嘖嘖稱奇，吸引全國眾多攝影家和愛好者，畫家和繪畫愛好者光顧。可以說，松嶺雪村既是自然的寵兒，也是人文的傑作，更是造物主遺落在人間的一塊美玉。尤其是得到國內外的攝影家、畫家等藝術家的格外青睞，視為他們為難得的創作樂土。來自全國各地的藝術家們紛至沓來，駐足停留，陶醉其中，在詩情畫意的山村美景中，盡情揮灑創作才情，為眾多攝影名家和愛好者提供了絕佳的創作環境。平均每天來客七十至八十人，高峰期每天來客一千餘人。主要來客為全國各地攝影愛好者，以松嶺為主題的攝影作品多次在全國、省級展覽中獲獎。目前，已成立了「中國雪村臨江松嶺旅遊開發有限公司」，制定了旅遊開發戰略規劃。同時，以中國藝術攝影家協會為首的多家藝術團體都在松嶺設立了創作基地。臨江市相繼成功舉辦了中國藝術攝影學會中

▲ 雪村松嶺　春景

國松嶺雪村創作基地掛牌、全國農民攝影大賽臨江採風、「中國雪村・臨江松嶺」全國攝影大賽等「含金量」較高的文化活動。

著名詩人吳文昌賦詩盛讚松嶺：「誰將水墨寫氤氳，一夜新妝靚小村。雪沃寒山齊獻瑞，風臨玉樹漫飛銀。疏籬茅舍斜懸月，曠野雞聲早起人。莫怪客來多忘返，此中難得遠囂塵。」

今天的雪村不斷挖掘村落文化資源，大力加強原生態保護，同時也從傳統

▲ 雪村松嶺　春景

　　鄉村旅遊的初級階段思想藩籬走出來，對景區的發展有了更高的意識和追求，將景區再造和轉型升級作為重中之重，以超脫的思維創意景區，並朝著打造中國最美的具有特色的「四季景色，水墨松嶺」藝術景觀和關東「第一雪村」品牌而努力，讓松嶺雪村享譽全國，走向世界，成為遊客休閒、度假、體驗、分享品質旅遊和文化交流的理想目的地，聞名遐邇的攝影美術基地和臨江文化旅遊發展的新標籤。

　　松嶺雖地處高寒山谷間，但交通十分便利，鴨大線鐵路（鴨園至大栗子）在松嶺設乘降所。

老三隊溫泉度假村

　　老三隊溫泉度假村位於臨江老嶺腳下花山鎮老三隊村，距臨江市區十八公里。這裡地熱水源極為豐富，溫泉遍布數里。水溫在20℃-40℃之間。水中含磷、鎂、硅等近三十種有益微量元素，極富保健功效，長期飲用和沐浴溫泉，可激活人體細胞，延緩衰老，並有輔助治療心腦血管、腸胃系統、呼吸系統、風濕性關節炎、婦科病、皮膚病等多種疾病的功效，具有較高的保健療養作用，被當地群眾稱為「神泉」「聖水」，有「長白山下第一泉」的美譽。由於溫泉水資源豐富，冬季登高俯視，度假村雲霧繚繞，景色迷人，猶如仙境。老三隊溫泉度假村現已建成1300多平方米的天然游泳池，其入水口水溫達33℃，出水口溫度在27℃，是非常理想的戶外游泳場所。建築面積6500平方米的溫泉游泳館，是一家綜合性的服務型游泳館。度假村內高級會議中心、星級度假酒店、餐飲中心等高檔服務設施配套齊全，是人們休閒、健身、療養的好去處。

▲ 老三隊溫泉度假村室外溫泉游泳池

三道陽岔朝鮮族民俗村

三道陽岔民俗村落形成於唐朝中期，現存民居多為上世紀四五十年代建造。六道溝鎮三道陽岔村地處七道溝河右岸，是朝鮮族居住比較集中的地方。

一九五四年，被吉林省人民政府命名為朝鮮族自治村，也是臨江市唯一一個朝鮮族集中居住的民族村。總戶數一六八戶（現居住90戶左右），總人口三三六人，其中朝鮮族人口占95%以上。有耕地面積四八四畝，其中，水田二二〇畝。三道陽岔村分為老村和新村兩部分。老村距今已有近百年歷史。老村的傳統民居建築風格具有朝鮮族與關東文化相融合的特點，建築外輪廓與關東民居相仿，而門窗細節及使用方式則延續了朝鮮族的民族傳統。其建築特點具有民族融合的典型代表性。老村民居一定

▲ 六道溝鎮三道陽岔村

▲ 朝鮮族民族舞蹈

程度上延續了關東民居的風格。比如結構上都採用木結構，梁架是由梁、檁、椽木構架，房頂為琉璃瓦片或稻草，房頂側面呈人字形。煙囪的形式為滿族式，不是位於房頂，而是像小塔一樣立在房山之側或南窗之側，這種煙囪的材料是森林裡被蟲蛀空的樹幹，截成適當長度直接埋在房側，成為就地取材，廢

物利用的傑作。屋門開在東側而不在正中，進門第一間是灶房，西側居室是兩間或三間相連，最熱乎的「炕頭兒」位置，供家中輩分最高的主人或尊貴的客人寢臥，北側則為家中晚輩居住或做烘糧之用。老村民居同樣也保留了朝鮮族傳統民居的特點。在細節上來說，譬如沒有門窗的區別，門的格扇都做成落地，灶間與炕之間都是門，直接拖鞋就可以上炕，不產生相互干擾；門窗的形式，都帶有縱橫交錯的細木格子，並上窗紙；炕的面積占總屋內面積的三分之二以上，同時分灶間、客房和小間。

新村是近幾年新建而成，居住條件好，基礎設施完善，村莊面貌乾淨整潔，採用方格網式道路布局，朝鮮族與漢族居住區被休閒廣場一分為二，互不干擾，朝鮮族與漢族的居民形成了「大雜居小聚居」的居住態勢。

▲ 朝鮮族民族舞蹈

朝鮮族長鼓舞是朝鮮族農樂舞（2006年入選世界級非物質文化遺產）中的一項鼓舞。長鼓舞源於農樂舞中的個人表演，最早以男性獨舞為主，後來，舞台上的即興對唱表演對長鼓舞發展起了一定的影響，使長鼓舞有了男、女長鼓舞、雙人長鼓舞及長鼓群舞等多種形式。長鼓舞在朝鮮族廣泛流傳。朝鮮族長鼓為兩面鼓，兩端鼓面高、低不同，舞者兩手同時擊打長鼓，會發出各種不同節奏的鼓點。現代長鼓舞有兩種擊打法：一種舞者用鼓鞭兼用鼓槌；一種只用鼓鞭不用鼓槌。前者開頭只用鼓鞭邊擊邊舞，鼓槌插在腰間，舞至高潮時，方抽出鼓槌即興技巧表演，後者持鼓鞭隨樂起舞。三道陽岔朝鮮族長鼓舞表演形式十分獨特，時而群舞，時而獨舞，時而交叉舞，並把《道拉吉》《阿里郎》等朝鮮族傳統民歌，用長鼓舞的形式表現出來，形成了三道陽岔村獨特的村落舞蹈。每當年節和村落活動，男

女老少集中表演，創造了跑線、走花、穿套等獨特的鼓舞表演方式，而且村中人人會跳，是生活中不可缺少的一項內容，豐富了村民的業餘文化生活，也使長鼓舞成為獨具特色的民族文化遺產。

歷代文人推崇的臨江八景

鴨江春景（一）　　劉維清

十里微波浴翠頻，韶光明媚付詩人。

東皇有意催春至，柳色江頭日日新。

鴨江春色（二）　　王英璽

春來錦繡滿山河，鴨綠江頭皺綠波。

底是東風解凍侯，其如南浦送君何。

沿堤弱柳添閨怨，破浪輕舟放棹歌。

曉日明霞橫兩岸，天光水色影婆娑。

貓山聳翠（一）　　劉維清

劈空插翠入重霄，對峙雙峰極目遙。

疑是輞川揮醉筆，寫成圖畫繫天腰。

貓山聳翠（二）　　王英璽

放眼城西到嶺坳，遠山草色慾看遙。

梯田錯落疑如畫，削壁崢嶸望似貓。

石上苔紋經雨洗，林間柳汁任風搖。

那知野外尋春客，寫入新詩有半瓢。

箄塢垂綸（一）　　劉維清

新秋稻熟蟹花肥，萬碩煙波照落暉。

堪羨箄頭垂釣客，持竿靜坐樂忘歸。

箄塢垂綸（二）　　王英璽

漫雲緣木竟魚求，夾岸江深大木浮。

目為棟梁材予選，聊將蓑笠事優游。

不綱原寓仁人意，隱渭豈無濟世謀。

釣得細鱗還買酒，如天事大醉中休。

臥虎新雪（一）　　王英璽
紛紛瑞雪遍西東，臥虎山頭屐跡通。
得意詩吟驢背上，儼然人入畫圖中。
千林瓊玉峰嵐古，萬樹梨花造化工。
適去尋梅猶未放，十聯書在寺屏風。

臥虎新雪（二）　　王英璽
繞郭群山勢不平，有形如虎臥江城。
只因春到風狂嘯，恰遇朝來雪放晴。
粉飾峰巒失面目，妝梳林木若瑤瓊。
果然形色真天造，極目觀來眼倍明。

廟前古樹（一）　　劉維清
千章夏木郁森森，飽受塵埃日夜侵。
十畝陰濃連古寺，半居城市半山林。

廟前古木（二）　　王英璽
佛家勝事說三唐，此樹獨存古氣蒼。
斷碣殘碑同不朽，盤根錯節自成章。
輪囷不犯神靈忌，拱把常圍日月光。
畢竟何人遺手植，那知歷靭幾滄桑。

正陽集帆（一）　　劉維清
煙波十里楫檣長，無數風帆照夕陽。
款乃一聲舟夜泊，正陽門外水中央。

正陽集帆（二）　　王英璽
正陽門外水中央，多少風帆聚此方。
紛錯往來為利在，縱橫擁擠接流長。
炊煙繚繞如村落，人語宣闐似市場。

更有漁舟牽綱罟，得魚唱晚古伊涼。

夕陽晚渡（一）　　劉維清

春山如笑晚涼天，攜幼扶筇鴨水邊。

遙指半江橫渡處，斜陽明滅數風帆。

夕陽晚渡（二）　　王英璽

漁樵商旅少知音，秋日斜陽緩緩沉。

饒有乘風破浪願，空懷攬轡澄清心。

櫓搖人影同顛倒，水起煙波記淺深。

未幾輕舟飄一葉，誰家燈火又遙臨。

理寺晨鐘（一）　　劉維清

高臥南軒夜已央，疏櫳奄奄度晨光。

忽聞理寺鐘聲動，驚醒人間夢一場。

理寺晨鐘（二）　　王英璽

何處鐘鳴到者邊，驚回曉夢尚鏗然。

似非凡響來僧院，倏爾晨光送客船。

萬籟空虛清淨地，一聲繚繞太和天。

耳根證人知多少，嘆息紅塵未了緣。

▲ 鴨綠江春色

▲ 聳翠貓耳山

第五章

——

文化產品

豐富的自然資源、厚重的文化積澱、多元化的創作形式，為臨江市文化產品的開發提供了豐富的素材。以鴨綠江邊的松花石、火山礫、浮石為原料製作成工藝品擺件、創意禮品；以森林中的樹根、樹皮、樹杈，江河中的浪木為原料製作成根雕、根藝等具有地域特色的工藝品；彪哥大煎餅、還陽參酒製作工藝、玉米皮編織、滿族剪紙等一批各具特色的文化產品被列入省、市級非物質文化遺產名錄；眾多的攝影、繪畫、書法、文學創作作品在世界及國內舉辦的大型賽事上屢屢獲得獎項。這些都極大豐富了臨江市的文化產品寶庫。

長篇紀實文學——《陳雲在東北》

　　二〇一二年，為紀念陳雲同志誕辰一〇五週年，由作家李藕堂創作的長篇紀實文學《陳雲在東北》出版發行。該書以紀實手法，全方位記述了陳雲同志解放戰爭期間在東北特別是在臨江期間的政治、經濟、軍事生活。二〇一二年五月，在長春舉行首發儀式。

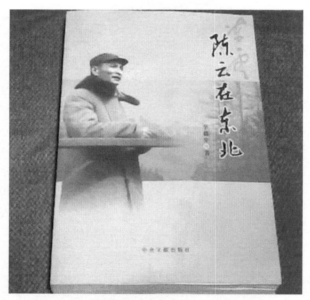

▲ 長篇紀實小說《陳雲在東北》

再現「四保臨江」戰役的力作 ——《紅雪白山》

　　《紅雪白山》是臨江市作家王樹明的力作，該書反映了1946年10月到1947年3月，東北民主聯軍在極為艱苦的條件下，擊退國民黨軍四次進攻，勝利堅持南滿根據地的歷史事件。著力塑造了陳雲臨危受命，在東北戰場錯綜複雜的形勢下，在國民黨軍隊大軍壓境的危難面前，所表現出的高瞻遠矚的指揮才能和冷靜果敢的鮮明個性，對人民、對戰友情同手足、親如一家的豐富情感以及縝密思考、幽默風趣的人格魅力。同時，該書還塑造了蕭勁光等我軍一批高級將領各具性格的藝術形象。

▲ 長篇歷史小說《紅雪白山》

　　1946年5月，四平保衛戰失利後，我軍主力撤退至北滿休整，國民黨杜聿明集團軍向我北滿根據地節節進逼。為解決後顧之憂，切斷我東北與華北的連繫，他們又制定了「南攻北守，先南後北」的作戰方針，於1946年10月中旬，集中10萬兵力向我南滿根據地大舉進攻。當時，南滿我軍只有3縱、4縱兩個軍，另有兩個獨立師，總共不到4萬人，雖然奮起抵抗，並取得了消滅敵人一個整師的新開嶺戰鬥的勝利，但終因敵我力量相差懸殊還是被迫放棄了安東、通化、輯安等城鎮，到11月下旬，根據地只剩下以臨江為中心，包括撫松、濛江、長白三縣在內的狹小地域，人口22萬，形勢岌岌可危。

正在這時，中共中央東北局做出決定並經黨中央批准，派中央書記處候補書記、東北局副書記、東北民主聯軍副政委陳雲和東北民主聯軍副司令員蕭勁光前往南滿，組成以陳雲為書記，蕭勁光、肖華為副書記的中共南滿分局；以蕭勁光為司令員、陳雲為政委、肖華為副司令員兼副政委的遼東軍區。12月中旬，在著名的七道江會議上，陳雲分析利弊得失，統一大家的思想，做出堅持南滿的決策，並確定以四縱為主力和地方武裝挺進敵後開展游擊戰，以三縱和其餘部隊抗擊敵人正面進攻的具體方針。1947年1月，1縱、2縱、6縱和三個獨立師一下江南，殲滅新一軍兩個主力團，4縱主力在敵後方「做手腳」「鬧天宮」，大打運動戰，攻城奪地，迫使鄭洞國部隊頻頻調動，無力再進。在北滿主力三下江南的配合下，陳雲、蕭勁光、肖華領導南滿軍民，克服種種困難，浴血奮戰108天，擊退敵人四次進攻，終於在1947年4月3日贏得了「四保臨江」戰役的最後勝利。這一勝利扭轉了東北戰局，改變了敵進我退的態勢，使東北戰場上出現了戰略性轉折，為我軍隨後進行的全面反攻和遼瀋戰役奠定了堅實的基礎。該書是這段歷史的真實再現。

三十五集電視劇本——《知青樹》

三十五集電視劇本《知青樹》是臨江市作家王樹明根據他的長篇小說《同學・戰友・兩口子》改編而成。《吉林視聽導報》曾在二〇〇三年春節前後連載過這部近四十萬字的長篇小說中的部分章節。該劇是王樹明根據自身人生閱歷和對生活的深刻感悟，歷時近十年，幾易其稿，精心打造的又一部具有長白山地域特色的長篇電視劇文學劇本。這是一部主旋律作品，也是一部反映長白山區平民生活和生存心態的當代「情感戲」。

全劇故事發生在長白山地區，生動展示了改革開放三十年來長白山人民生活發生的巨大變化。劇情橫跨中國「文革」

▲ 電視劇本《知青樹》獲獎

到「改革」的兩個政治時代，從長白山區的林場到省城、市區乃至部隊營房、平民家庭的大小白山地域背景，同時隨著劇情的發展不斷展現奇麗的長白山西坡和南坡旅遊風光以及白山市市情風貌。

此劇本是作者通過曾是中學同窗、上山知青、部隊戰友和同學夫妻間的人物關係，以及他們在當今社會中的真實生活狀態，並通過發生在他們之間的親情、愛情和友情故事來演繹的一場別具風格的「情感大戲」。作者還試圖以他們的命運、愛情、事業為主線，全方位地展現長白山區老百姓的世風、世俗、世故，全劇以事業、愛情、家庭為視角謳歌了漢、朝兩個民族間血濃於水的親情團結，多側面多角度地塑造了一大群性格各異、血肉豐滿的藝術形象。該劇情節曲折生動，內容真實感人，具有較強的藝術衝擊力，尤其是劇中朴英慧、

高強、朱春生、王玉娟、洪玉林、馬雯雯等男女主人公的愛情與家庭糾葛和朴日成人生的傳奇經歷，那種大悲大喜、大開大合、苦澀辛酸、催人淚下的矛盾衝突，伴隨著劇情的發展和人物關係的裂變及有意味的重新組合，使全劇充滿了深厚的長白山文化底蘊和對人性、人情、人格這一永恆主題的張揚。

正如作者在本劇主題歌的歌詞中寫的那樣：「好過、親過也愛過；打過、罵過也恨過；也哭過、也笑過，過不完的日子天天過。中國人口十三億，有緣分的沒幾個；都有兩隻看事的眼，可淚水咋有甜也有澀？長嘴不是為吃飯，該說的時候就得說。人生得失你要看腳印兒，天亮起來還得忙忙碌碌去奔波。想過、盼過也得過；忘過、沒過也丟過；也聚過、也離過，過不完的日子還得過。身邊的親友都不少，誰還把你惦記著？都有兩隻做事的手，該做的時候別不做。別說活著都挺累，這腦瓜子就得別閒著。人間真情，是那幾輩子也唱不完的歌；有情有愛，才有那過不完的好生活！」

長篇小說——《陳雲在臨江》

　　《陳雲在臨江》是由作家李藕堂撰寫的又一部長篇小說，故事主要描寫一九四五年八月，日寇投降後，國共兩黨對東北的戰略地位都十分重視，國民黨倚仗有美國的支持和援助，仰仗有強大的軍事力量，悍然對我東北民主聯軍（原東北民主自治軍）發起了猖狂進攻，妄圖在五個月內殲滅我軍，獨霸東北。

　　一九四六年秋，我軍在戰略撤退後處於守勢，並處於北滿和南滿的格局。

杜聿明統率的東北國民黨軍一時氣焰囂張，採取「先南後北，南攻北守」的戰略方針，想在短期內殲滅我南滿軍隊，然後再揮師北上實現獨霸東北的夢想。於是，國民黨大軍壓境，欲進犯我南滿根據地臨江。南滿根據地當時只有四個小縣，人口僅有二十二萬。我南滿部隊只有不足四萬人，又缺衣缺糧，形勢異常嚴峻。此時，陳雲、蕭勁光主動請纓到南滿工作。林彪當即批准，並讓他們不用等中央批覆就動身，還親自到車站送行。

▲ 長篇小說《陳雲在臨江》

　　途中，一路風險，在路經朝鮮去臨江時，他們遇到四縱隊副司令韓先楚。從他那裡瞭解到南滿的民情、軍情和敵情，形勢比他們所預料的還要嚴重，使他們更感到肩負責任的重大。抵達臨江後，他們立即深入基層搞調查、開座談會，進一步認清面對強敵最大的危險：一是軍心不穩，遼東軍區大部分領導主張保存實力撤到北滿，只有少數領導堅持南滿鬥爭；二是民心不穩，群眾沒有

發動起來。陳、蕭為了統一認識，迎戰進犯之敵，及時召開了著名的七道江會議，在充分發揚民主的基礎上，陳雲一鎚定音，部隊一個人也不走了，留在長白山打紅旗。同時，制定了正確的軍事行動方針，派四縱隊挺進敵後，實行運動戰與游擊戰相結合的戰略戰術。在四次保衛臨江的戰役中，陳雲數次及時解決南滿黨政軍領導人的思想問題，充分放手讓蕭勁光指揮戰鬥。同時，他又不顧個人安危，在敵人暗殺團、政治土匪活動猖獗的情況下，幾次深入基層搞調研，及時發現和解決了土改中的「夾生飯」問題、幹部隊伍中的腐化問題，極大地調動了翻身農民的政治熱情和積極性，把群眾充

▲ 電視劇《陳雲在臨江》海報

分發動起來，保衛勝利果實支援前線，從而把土改這一場單純的經濟鬥爭，提升到政治鬥爭層面，為「四保臨江」戰役，提供了物質上、思想上強有力的保證。在將群眾發動起來後，他又充分保護群眾利益，加強幹部隊伍、區縣武裝的教育與調整。另外，他還在掌握全局、參與指揮戰事的時候，深入連隊抓典型、推廣典型，提高廣大指戰員的政治覺悟和戰鬥力。他大抓財經工作，發展經濟，促進物資交流，保證戰爭和人民生活的需求，特別是他高屋建瓴，從南滿、從東北乃至全國的大局考慮而提出的大配合論（如東南西北滿的配合，東北與全國解放區的配合），促成了「三下江南，四保臨江」的整體構思，實現了「南打北拉，北打南拉」的戰略方針，有力地推動了東北解放戰爭的進程。

另外，陳雲在生活中，始終以一個共產黨人的標準要求自己，艱苦奮鬥，嚴於律己，從不搞一點特殊。他胸懷大局，處處以人民的利益為重、夜以繼日地帶病堅持工作，有力地促進了幹部隊伍建設，並極大地鼓舞了南滿部隊的士

氣和人民群眾的政治熱情。

在「四保臨江」戰役中，我軍將士在陳雲、蕭勁光的統領下，頑強作戰，特別是在極端困難的情況下，始終以飽滿的政治熱情英勇殺敵。挺進敵後的四縱隊指戰員，條件更為艱苦危險，他們也始終以大局為重，在人民群眾的支援下，不怕犧牲，堅持敵後游擊戰，消滅敵人。就這樣，三下江南「四保臨江」的戰役終於獲得了偉大的勝利，使我軍由守勢轉為攻勢，為遼瀋戰役拉開了序幕，也為全國的解放戰爭加快了進程。另外，該書還表現了國民黨內、軍人派系山頭林立所編成的大網，以及他們為私利而相互傾軋、鉤心鬥角，不僅削弱了他們的軍事力量，也成為他們四犯臨江必然失敗的重要原因之一。

▲ 電視劇《陳雲在臨江》劇照

著名作曲家呂遠譜曲的《英雄的臨江》《滿江紅・鴨綠江上》

二〇〇一年，為加強臨江的對外宣傳，擴大臨江在省內外的知名度，臨江市委計劃創作一首臨江市歌進行傳唱。臨江市領導趕赴北京，找到曾在臨江學習工作過的中國著名作曲家呂遠。呂遠熱情地接待了臨江的同志，並在百忙中瞭解了臨江市的創作意圖，對創作臨江市歌給予充分肯定和支持。在綜合考慮多方因素後，呂遠建議，歌詞由林青春負責撰寫，歌唱演員由呂遠負責邀請選定。為全面準確地反映出臨江歷史名城、革命老區的精神風貌，林青春廢寢忘食，很快就完成了《英雄的臨江》《滿江紅・鴨綠江上》兩首歌詞的創作。「巍巍長白山林海茫茫，邊陲臨江在你身旁。同仇敵愾抗擊侵略，拒日設領舉世讚揚。滔滔鴨綠江碧波蕩漾，邊陲臨江在你身旁。戰略轉折從此起步，『四保臨江』戰績輝煌。白山為證綠水情長，邊陲臨江在你身旁。革命傳統代代傳頌，老區人民奮發圖強。這是英雄的臨江，這是難忘的故鄉……」《英雄的臨江》氣勢磅礴，「排山倒海，鴨綠江上競漂流，如仙境，風光旖旎，碧水清幽。恰逢木排擦肩過，又逢村姑坐船頭。長川古渡今何往，仙人遊，妙語難收。異國風情醉望眼，兩岸美景似錦繡……」《滿江紅・鴨綠江上》蕩氣迴腸。

呂遠在認真看完兩首歌詞後，欣然表示願為其譜曲，以此回報臨江老區人民。兩首歌詞譜曲完成後，在呂遠的邀請下，中國著名歌唱家楊洪基演唱錄製了《英雄的臨江》這首歌。著名歌唱演員牟玄甫、張曉瑩在全國政協教科文衛體藝術團赴臨江老區慰問演出時合唱了《滿江紅・鴨綠江上》這首歌，贏得了臨江老區人民的熱烈掌聲。

英雄的临江

1=C 4/4 ♩=96
深情、有力地

林青春 词
吕 远 曲

（独唱 合唱）

（独）巍 巍 长白山 林海茫 茫， 边陲临江
滔 滔 鸭绿江 碧波荡 漾， 边陲临江
白 山 为 证 绿水情 长， 边陲临江

在你身 旁 同仇 敌忾 抗击侵 略
在你身 旁 战略 转折 从此起 步
在你身 旁 革命 传统 代代传 颂

S. | A.

在 你身旁
啊 抗击侵略
从此起步
代代传颂

T. | B. （合）

拒日 设领 举世赞 扬，这是 胜利的沃 土，这是
四保 临江 战绩辉 煌，这是 难忘的故 乡，这是
老区 人民 奋发图 强，这是 北国的骄 傲，这是

S. | 0 0 0 0 | 0 0 0 3 | 33 32 1 0 | 0 0 0 0 |

A. | 0 0 0 0 | 0 0 0 1 | 11 17 1 0 | 0 0 0 0 |

啊　　　举世赞扬
　　　　战绩辉煌
　　　　奋发图强

T. | 5 - - - | 5 5 5 3 0 |

B. | 1 - - - | 1 1 1 5 1 0 |

| 6 5.i 4 3.2 | 5 - - 5 5 | i - 5.5 i2i2 3 | 2 3 | 2 6.i 7656 i - - - |

英雄的临　江。　这是　胜利的沃　土，这是　英雄的临　江
英雄的临　江。　这是　难忘的故　乡，这是　英雄的临　江
英雄的临　江。　这是　北国的骄　傲，这是　英雄的临　江

S. | | | | S. 5 5

A. | | | | A. 3 3

这是
这是
这是

T. | | | | T. 5 5

B. i 0 0 0 | 0 0 0 0 | 0 0 0 0 | B. 3 3

S. | i 56 17.i | 2 - - i 7 | 6 5.i 4 3.2 | 5 - - 5 5 | i 5.5 i2i2 | 3 - - 2 3 |

A. | 3 33 32.3 | 5 - - 3 4 | 3 33.3 21.7 | 7 - - 3 3 | 3 33 3#4 | #5 - - 1 6 |

胜利的沃　土，这是　英雄的临 江，这是　胜利的沃　土，这是
难忘的故　乡，　　　　　　　　难忘的故　乡，
北国的骄　傲，　　　　　　　　北国的骄　傲，

T. | 5 5.5 5 5 | 7 - - 5 5 | 5 5.6 5 3 | 5 - - 5 5 | 5 5.5 5 6 | 7 - - 5 6 |

B. | 1 1.1 1 2 | 5 - - 3 2 | 1 5.1 7 1 | 2 - - 3 3 | 3 1.1 1 6 | 3 - - 2 1 |

S. | 5 5.4 3 2 3 | i - - - : | i - - - | i 0 0 0 |

A. | 7 7.7 5 5 | 3 - - - : | 3 - - - | 3 0 0 0 |

英 雄 的 临　　江。
英 雄 的 临　　江。
英 雄 的 临　　江。

T. | 5 5.5 7 - | 5 - - - : | 5 - - - | 5 0 0 0 |

B. | 2 2.2 5 - | 1 - - - : | 1 - - - | 1 0 0 0 |

满江红，鸭绿江上

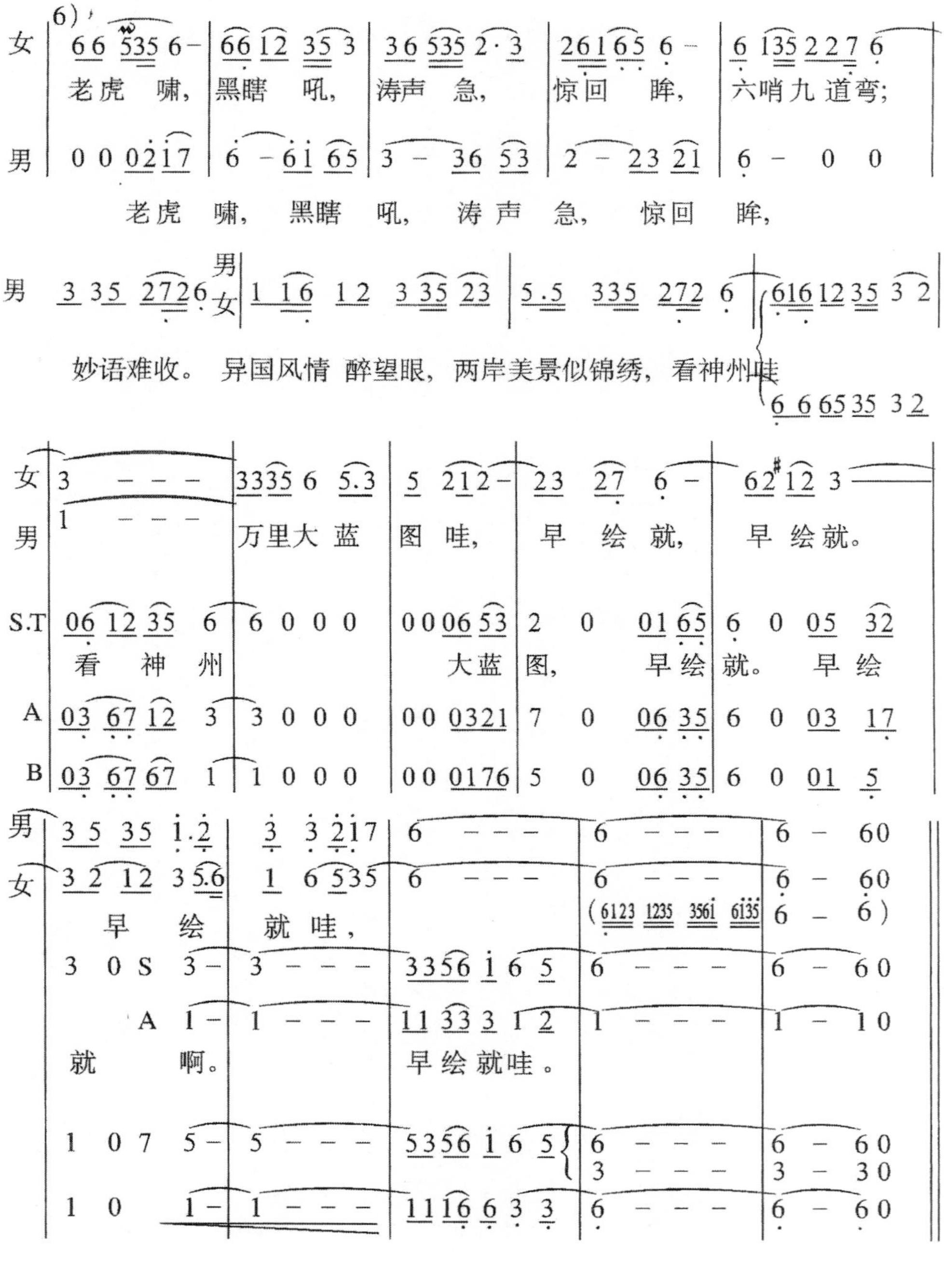
女
男
老虎 啸，黑瞎 吼，涛声 急，惊回 眸，六哨九道弯；
老虎 啸，黑瞎 吼，涛 声 急，惊回 眸，
妙语难收。异国风情 醉望眼，两岸美景似锦绣，看神州哇
万里大蓝 图 哇，早 绘 就，早 绘 就。
S.T
看 神 州 大蓝 图，早绘 就。早 绘
A
B
早 绘 就 哇，
就 啊。早 绘 就 哇 。

《鴨綠江文藝》

一九四六年秋，遼東軍區主力部隊進駐臨江。為活躍部隊和當地人民的文化生活，隨軍而至的文化工作者們於一九四七年春在臨江縣創辦《鴨綠江文藝》。《鴨綠江文藝》為十六開版本，由當時遷至臨江的《遼東日報》社編輯、印刷、出版發行。但由於當時紙張缺乏，發行量很小，不定期出版。一九四七年四月，「四保臨江」戰役勝利後，隨著中國人民解放軍的節節勝利，《遼東日報》社和許多文化名人相繼離開臨江，《鴨綠江文藝》停刊，共出版三期，每期發行量三百至五百本不等。

一九五八年「大躍進」期間，臨江縣文化館又再辦《鴨綠江文藝》，其封面裝幀為原版式，不定期出版，由文化館文學創作組主編，由臨江林業局印刷廠印刷。一九五九年三月，臨江縣改設為渾江市後，縣文化館改為渾江市文化館遷至八道江，《鴨綠江文藝》停辦。

《臨江文史資料》

一九八五年九月，臨江區政協創辦《臨江文史資料》，為不定期出版刊物，由原政協文史委員會主辦，文史委主任任主編，三十二開版本，封面題字由全國政協副秘書長、中國書法家協會理事、書法家孫軼清題寫，封面由中國美術家協會會員、吉林省美術家協會理事、時為吉林省政協委員的渾江市一中（現臨江市一中）教師孫澤孚設計、鉛印。由臨江區建國印刷廠印刷，發行量一千至一千五百本，由臨江區政協發行，每期字數不等，少則五六萬字，多則十萬餘字。一九八五年至一九九一年出版四輯，約三十萬字，收集編寫了臨江

▲《臨江文史資料》

前四十餘年的重大歷史事件和有關史料。其中第一輯中《偽滿皇帝逃亡到臨江始末》一文，被收錄《吉林百年》一書中，並列為要目。第二輯為臨江人民「拒日設領」專輯，一九八八年，被評為吉林省優秀文史書刊（全省共評出十六本），榮獲三等獎。其中《臨江官民拒日設領鬥爭始末》一文，在國家級刊物《縱橫》雜誌一九八七年第三期上發表。使這沉默了六十年之久，在全國民眾自發的反侵略鬥爭中，唯一取得勝利的歷史事件，得以向全國乃至全世界公布，並被全國各大學編入近代史講義中。第三輯刊載了由當事人張治華老人口述而整理的《中共（臨江）地下聯絡站》，反映了一九三四年楊靖宇親自派身邊戰友張佐漢在臨江建立地下聯絡站和其抗日鬥爭的史實，填補了臨江在解放前無中共組織和活動的歷史空白。第四輯《貓耳山上中華魂》《鴨

綠江邊群英譜》兩篇史料，分別反映了一九〇〇至一九〇一年，忠義軍、六合拳匯聚臨江進行「反清抗俄」的鬥爭史及一九三二年六月，臨江大刀會、自衛軍阻擊日寇入侵臨江的戰鬥史，反映了臨江人民反侵略鬥爭的愛國主義精神。以後又陸續出版第五輯，介紹了中國共產黨在臨江的早期活動情況及臨江水路運輸興衰史。為紀念臨江人民拒日設領鬥爭勝利八十週年，臨江市政協文史委出版第七輯專輯史料，詳細介紹了一九二七年臨江官民拒絕日本在臨江設立領事館，並最終取得勝利的過程；第八輯從革命史實篇——英雄臨江、自然風光篇——美麗臨江、景觀傳說篇——神奇臨江、歷史遺跡篇——厚重臨江四個篇章，介紹了臨江歷史和山水風光。二〇一二年，為紀念「四保臨江」戰役勝利六十五週年，臨江政協文史委資料委員會，組織人員編輯出版了共四十餘萬字的《「四保臨江」戰役史實》。該書編者深入大江南北，進京走訪「四保臨江」戰役參戰部隊時期的老將軍、老戰士以及革命先烈的子女親屬，將採訪查找的資料分成概況綜述、戰役期間的主要電文、函件、報刊摘錄、戰例選輯、英烈篇、老區人民擁軍支前、講話總結及回憶錄、訪問記、大事記、緬懷篇共十一個部分，完整記述了「四保臨江」戰役過程，充分展示了老一輩無產階級革命家陳雲、蕭勁光、肖華高超的領導藝術和卓越的軍事指揮才能，深切緬懷那些在「四保臨江」戰役犧牲的革命烈士，大力弘揚臨江人民同仇敵愾、踴躍參軍、全力支前的革命精神，用全新的視角，謳歌那一代人不畏艱險、勇於犧牲的革命精神和英雄氣概。

枝丫工藝製品風靡歐美

長白山莽莽林海之中，漫山遍野的枝丫、樹皮等林業剩餘物及毛毛蟲蒿草等廢棄物為工藝品製作加工生產提供了取之不盡、種類豐富的原料。臨江市東江工藝製品有限公司自成立以來，本著「自然、完美、誠信、創新」的經營理

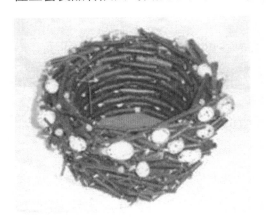

▲ 東江工藝製品廠產品之一

▲ 東江工藝製品廠產品之二

念，把「讓客戶滿意」作為企業宗旨，把「傳承歷史文化、親近自然生態」作為社會使命，組織科技研發人員，開拓創新，大膽實踐，引進國外先進的設計理念，依靠先進的工藝流程，拓寬國內外工藝品市場，並不斷擴大市場銷售份額，努力實現產品的升級換代。在十餘年技術積澱的基礎上，公司融合現代製作工藝，選用原生態材料，經能工巧匠純手工製作的工藝品，自然生態、低碳環保、典雅精美、健康高雅，別具特色，讓客戶在親近自然生態，體驗健康高雅生活中，感受大自然的無窮魅力。一批深受歐美市場歡迎、綠色環保的新產品不斷推向市場，牢牢站穩了歐美的工藝品市場。

目前，該公司所設計的聖誕禮品、復活節禮品、家居、園藝共四

大類一千餘種自然材質的工藝裝飾品，主要銷往荷蘭、德國、美國、比利時等國家和地區，深受國內外客商和消費者的歡迎和喜愛，既為企業創造出了可觀的經濟效益，又名副其實地成為臨江地區乃至全省知名的現代化工藝製品企業。

▲ 東江工藝製品廠產品之三

▲ 東江工藝製品廠產品之四

▲ 東江工藝製品廠產品之五

▲ 東江工藝製品廠產品之六

深受百姓喜愛的玉米皮編織品

　　臨江從清朝時期就有人開始玉米皮編織工藝，主要是農民在秋收農閒後，看著遍地的玉米皮，覺得可以做一些小東西，就根據編織涼蓆和背簍的編織方法編織出小筐、小簍、小坐墊等，雖然看起來很粗糙，沒有什麼花樣，但比較實用。二十世紀九〇年代開始，臨江市職業技術學校的工藝美術教師李世霞通過實踐和學習，在原有比較粗糙的玉米皮編織工藝基礎上進行研發與改進，編織出五顏六色、形狀各異的玉米皮坐墊、花籃、蒲團等漂亮實用的玉米皮工藝品。同時，開辦玉米皮編織培訓班，傳授技藝，首批就有三百多人參加培訓，使玉米皮編製技術得到了充分的發揚和傳承。在省、市舉辦的民間工藝品展覽和展銷會上，臨江市玉米皮編織工藝品受到了專家和社會極高的認同率。李世霞被白山市評定為市級民間玉米皮編織工藝品傳承人。

　　玉米皮編製工具主要有紡車、模具、剪子、尺子、錐子、鉤子、鉤針等，編織工藝流程主要是將挑選出來的大而長，色白柔軟且厚薄適宜、不發霉的玉米皮，經曬乾、熏白、選料、染色、紡經、掛經、編底、編幫、收邊、掛裡、上把、

▲ 東江工藝製品廠產品之二

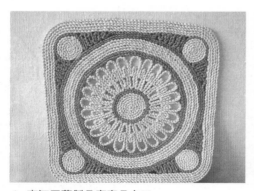

▲ 東江工藝製品廠產品之二

裝飾等多道工藝，採用挑壓法、絞編法、編辮法、收邊法、盤花法等多種編織技法，把這些不值錢的玉米皮編織成深受國內外各界喜歡的精美工藝品。在染色時，要選擇皮質細嫩、長而大的柔軟玉米皮，將其曬乾後噴灑少量清水，以手摸感到濕潤為適度，鬆散地放在密封的屋裡，取一耐火的容器盛裝硫黃（每5公斤玉米皮用硫黃100-200克左右），放在遠離玉米皮的門口處，點燃後，關門封

▲ 玉米皮編織的花籃

閉，熏三小時後即可用於染色。用化工材料染成各種顏色。以綠色為例，根據玉米皮數量的多少，首先稱取適量的品綠、杏黃，放入適量的水中攪拌均勻並煮開後，放進玉米皮，並勤翻動，以使玉米皮著色均勻，煮二十分鐘左右即可撈出，用冷水沖一下，晾乾後備用。

目前，所編製的玉米皮工藝品，主要是簍、筐、盒、盤、箱等生活用品類、草帽、草鞋、蓑衣等衣著類、草屏風等家具類、草地毯、燈傘、草牆紙等建築和室內裝飾類四大類幾十個品種。由於玉米皮編織投資小、成本低、利潤高、價格低、用途廣泛，經濟耐用，既具有家具的實用價值，還具有藝術品的觀賞、收藏價值，所以深受消費者喜愛。

▲ 玉米皮編織的花籃

▲ 玉米皮編織的花籃

藝術魅力獨特的民間剪紙

▲ 剪紙藝人進行剪紙創作

剪紙是一種傳統民間工藝，那些質樸、生動有趣的藝術造型，有著獨特的藝術魅力。過去，民間剪紙主要是將五彩紙剪成各種花紋和穗子，形似流蘇，掛於屋外大門、屋內房梁、門窗、祖宗影像等處，俗稱掛簽，也稱門簽、掛錢等。古時常見的掛簽為長約一尺，寬約七寸的長方形，四周鏤有圖案，中間為「五穀豐登」「吉慶有餘」等字樣，下邊呈穗狀，作為節日吉祥物。掛簽這種民間工藝品，表達了民眾的

▲ 剪紙作品《龍騰盛世》

祈福消災願望。同時掛簽又是「掛錢」的諧音，有發福生財之意，所以每到春節等重要節日或喜慶日時，婦女們都要剪貼掛簽。但是，隨著社會的進步和生活的改善，剪貼掛簽的習俗在農村中仍不時可見，城區中卻很難見到。臨江市民間文藝家協會組織民間剪紙藝人，把繼承和弘揚剪紙藝術作為己任，在傳統掛簽的基礎上，不斷創新，利用陽刻、陰刻和陽陰刻結合等多種手法，用剪刀和刻刀把長白山地區民間故事中的人物和大森林風光以及時政事件通過剪紙的

方式，活靈活現地表現出來，使這一傳統技藝不斷發揚光大。《東北三大怪》《抬花轎》《放山》《東北三寶》《五穀豐登》等剪紙作品相繼參加了國家、省、市級展覽和大賽，都取得了較高榮譽，並應邀到韓國參加中韓民間文化作品交流會和民間藝術作品展覽。臨江市民間文藝家協會主席、國家級剪紙協會會員陳喜紅被中國民間文藝家協會剪紙藝術委員會吸納為全國會員，成為長白山民間剪紙藝術傳承人。

▲ 剪紙作品《中國雪村》

▲ 剪紙作品《十二生肖》

巧工天成的浪木根雕

　　臨江市莽莽大森林中的樹根、樹盤、樹皮、樹掛、樹舌等，鴨綠江中大量的枯枝浪木，為製作多姿多彩的鴨綠江浪木根雕作品提供了取之不盡的天然材料。

▲ 根雕作品

料。根雕即是利用樹根的天然形態來進行創作的造型藝術。枯木樹根在自然界的多種作用下，鬼斧神工地呈現出妙趣橫生、千姿百態的各種形狀：有的像鳥類，有的似動物，有的如人形，更有的如騰龍。這些造型奇特，形態各異的材料通過雕刻師豐富的想像力，依形度勢，巧妙利用，將自然美的「奇」與人工的「巧」天然地融合起來，經過精雕細琢，恰到好處地表現創作意圖，並以誇張、變形、朦朧的形態體現樹根的天然特徵，就變成了栩栩如生的木雕作品，使枯木殘根重新煥發出神韻。

　　完成一件根雕作品，需要根據樹根的材質、形態，先構思，然後根據構思，用電鋸等鋸出大概形狀，用鉛筆畫出大概的輪廓，用圓刀、方刀、角刀等十餘種刀具進行雕刻。隨著科技的發展和時代的進步，雕刻工具也在不斷地更新，專門用於根雕加工的車床、手電鑽、打磨機等新工具大大減輕了雕刻師的勞動強度。雕刻完成後，用打磨機進行初步打磨，再手工拋光，上工藝蠟，再次進行拋光，直至完成整件作品。

　　在創作者的工作室裡，一堆堆枯根朽木都是創作者眼中的「寶貝」。不同材質的樹根有不同的形態，經過創作者獨具匠心的創意、構思，精雕細琢，化

腐朽為神奇，使這些普普通通的木頭疙瘩就變成了一件件藝術精品：身穿袈裟、雙耳垂肩、慈眉善目、樂樂呵呵的彌勒佛作品，能讓觀者深受感染；天庭飽滿、長髯飄逸、手拄龍頭枴杖的老壽星，讓人感到喜慶吉祥；口吐金錢、腳踩元寶、形象逼真、生動可愛的招財金蟾以及鷹、虎等根雕作品出神入化、千奇百態、引人入勝。雕刻師將根雕藝術融書法、繪畫、雕塑技藝於一體，手藝越學越精、技法越來越熟，產品深受國內外遊客的喜愛。

　　長白山原生態根雕藝術，會讓你在喧囂的都市中回歸自然，感受到濃厚的長白山文化氣息以及神奇、原始、自然樸實的藝術魅力。根藝精髓源於生活，只要得到人們的認可，它就有永久的生命力。來自臨江市民間藝術家的根雕作品已經進入韓國、日本等國家，並且多次參加國家、省級工藝美術作品展覽和展銷會，獲得了許多榮譽和獎項。

▲ 根雕作品

琥珀木雕刻成新寵

近年來，長白山區大量存在的長期被當作引火用的松樹明子（又稱琥珀木）受到百姓的極大關注，其雕刻作品深受百姓喜愛。琥珀木，是生長於長白山的珍貴樹種紅松，受自然界地理氣象變化影響，被埋於地表層中達千年之久，經大自然的侵蝕造化形成不朽的精華部分。它具有木的古雅和石的神韻，其質地厚重，色澤華貴，神奇的紋理，奧妙的韻律結構渾然天成，是現代化家居的鎮宅、淨化環境的傳家之物，更具有「泥潭不損錚錚骨，進入華室光照局」的高貴品位。琥珀木繼承了紅松材質不腐爛、不怕潮濕、不怕浸泡、有松脂香味而且材質堅硬的優點。琥珀木透明似水晶，光亮如珍珠，色澤像瑪瑙，

▲ 根雕作品

呈不透明狀或半不透明狀的琥珀也被稱作蜜蠟。因琥珀凝結著千萬年的日月精華，而顯得有非同尋常的意義。現代醫學證明，琥珀木所散發著的淡淡的松香氣息，會藉著體溫由毛細孔滲入，能安神定神，安五臟六腑，利腦益智，防機能衰退，同時還是很好的美容佳品，特別是對現代化電器如電腦、電視及精密儀表所散發的一些有害射線，有很好的吸收作用，非常適合常使用電腦工作的人群。琥珀木的產量稀缺，唯長白山所獨有，具有極高的藝術觀賞價值和收藏價值，是不可多得的珍貴藝術品。所以，用琥珀木製作的茶盤等工藝品及手鏈、項鏈等首飾，既代表了祝福、祈福的美好願望，又堪稱大自然的巔峰傑作，豐富了臨江市的旅遊文化產品。

吉祥如意的葫蘆畫

　　葫蘆畫是一種古老的民間工藝美術品。起源於宋代，到清朝康熙年間已很興盛。在中國民間，葫蘆與「福祿」諧音，素有「寶葫蘆」的美譽，一直被視為吉祥物，以葫蘆為題材的漢族民間故事不勝枚舉。在葫蘆上賦詩作畫被稱為「葫藝」，是人們喜聞樂見的形式。

　　製作葫蘆畫工藝品，首先，要選擇外形好，上下兩肚大小比例協調，曲面圓潤周正，不能有過多的棱線的葫蘆。葫蘆表面要光滑乾淨，不能有過多的髒斑和凹凸，否則會影響作畫的效果。其次，要保留連接葫蘆的一段枝蔓，最好還要有分叉，這樣的葫蘆才完整美觀。第三，要葫蘆成熟，成熟的葫蘆其表皮質地硬，飽滿

▲ 根雕作品

光滑，給人以挺拔的感覺，還利於保存。在烙畫的工具使用上，一些專業葫蘆烙畫者使用的是特製的電烙鐵，其「筆尖」離握筆處很近，使用起來非常方便，但價格很貴。因為成本太高，一般作畫使用二十瓦的普通電烙鐵，把電絡鐵的尖用剉剉成需要的尖或扁片的形狀。扁片的不能出現過分的棱角，要圓潤點兒，這樣使用起來比較方便。用尖的畫線，扁片的畫面，用這種電烙鐵便宜實惠，操作方便靈活。這種工具的缺點是「筆尖」離握「筆」處較遠，不利於作畫，初學時很不適應，只有經過勤學苦練，方能得心應手。

　　在葫蘆上作畫，首先要把葫蘆的表面用二三十號的砂紙打磨一遍，（不要太用勁，以免把葫蘆的光面破壞），目的是使葫蘆表面更光滑，去掉浮皮，用電烙鐵作畫關鍵是手勁要掌握好，顏色深的用勁大些，烙筆在葫蘆表面停留時

▲ 葫蘆畫作品

間長些，但以不使葫蘆表面焦烟為限。相反，淺的就要用勁小些。另外烙不同的畫，手法也不同，如畫貓，要三四遍才能畫出毛茸茸的效果來，需要自己在實踐中細心體會。臨江市葫蘆畫傳承人吳長權，是吉林省工藝美術協會會員，經他刻畫的風景、花卉、吉祥物等富有長白山民間風情特色的葫蘆圖畫，每一個都鮮活靈動，得到了專家們的認同與好評，其作品數次參加吉林省工藝美術作品展覽會和展銷會，並多次舉辦過葫藝刻畫培訓班，向家鄉喜愛葫蘆藝術的愛好者們傳授技藝，成為臨江市民間葫蘆畫的首位傳承人。

▌獨特的長白山浮石工藝品

石頭比水沉，入水即沉入水底，這似乎是天經地義。然而來到長白山天池邊上的遊人會發現這樣一種石頭：遍身是氣孔，看上去滿目瘡痍，似經歷了無數風霜，它入水不沉，可浮在水面，這就是著名的長白山浮石。

長白山浮石是幾百年前長白山火山噴發後岩漿冷卻形成的一種非金屬礦產，主要成分是氧化硅，它全身是孔，孔中灌滿了空氣，無論多大的浮石，都能漂浮於水面，故稱浮石，又叫蜂窩石、江沫石（因形得名）。

▲ 長白山浮石

長白山浮石多呈白、灰白、乳白、淺黃等色，由於用途廣泛，深受國內外研究學者的青睞。浮石由於體積輕，保暖性能好，防火作用強，在製作空心磚、裝飾板等建材上被廣泛使用。浮石還被廣泛應用於紡織業、製衣廠、服裝及牛仔服裝洗水廠、洗漂廠等行業，國內外一些服裝廠大量購進這種浮石，用以磨製牛仔服、水洗服等服裝加工。浮石還是護膚、護足的佳品，可以有效地去除皮膚上殘留的角質層。不少人特別是老年人喜歡

▲ 浮石工藝品

在洗澡時用浮石磨除腳垢。浮石還是製作假山盆景的主要原料，由於石體吸水性很強，易長苔蘚，可雕琢加工，是適宜製作盆景的山石之一。浮石上空隙九曲迴環，似人狀物，形態奇特，時有山峰峻峭，懸崖驚險之態深得園藝工藝師的喜愛。近年來，由於加大對長白山生態環境的保護力度，對浮石開採進行嚴格限制，使浮石的產量大幅減少，大塊浮石更是很難見到。

製作者從江邊或山上採回浮石後，根據浮石的形狀、大小，單塊或多塊黏接起來製作工藝品。臨江市內用浮石製作的假山工藝品，體積大的達六七米高、十幾米長。工藝師用多塊浮石按照設計的圖形，用水泥砂漿相互黏接而成，擺放在庭院的一側。浮石作品大都是安放在水族箱內或盆景中。水族箱內的浮石工藝品，利用浮石天然形成的孔洞，再經人工雕琢，形成魚兒能自由穿梭的山石效果。由於浮石易漂浮於水面，很難沉入箱底，所以在製作浮石工藝品時，必須用水泥製作一個底座，以確保浮石不漂浮，沉水底。還有的喜歡把浮石工藝品做成假山狀放在水族箱的上方，假山上栽種松樹、垂柳等綠植，擺放釣翁、小橋、涼亭等插件，用水泵將缸內的水引至假山中，形成瀑布流入水族箱中，既美化了缸體，又起到為水族箱加氧的作用。還有的把浮石做成小景，安放在盆景中。因浮石吸水功能強，所以盆景中栽植的草木一般都生長良好，深受百姓喜愛。

▲ 浮石假山作品

省級非物質文化遺產——彪哥大煎餅

　　臨江市彪哥食品有限責任公司坐落於青山綠水、風景秀麗的臨江市老三隊溫泉度假村。公司利用當地優質豐富的地下礦泉水資源，結合現代經營和管理理念生產的傳統食品——東北大煎餅，使這一民間手工技藝得到了傳承和發揚。二〇〇八年，臨江市彪哥食品有限責任公司生產的「彪哥東北大煎餅」系列產品工藝被正式列入「吉林省（省級）非物質文化遺產名錄」。

　　遼闊神祕的關東大地自古以來就是人們嚮往探索的地方。一個多世紀前，以山東人為主的「闖關東」大潮不僅為這塊富饒的土地帶來了蓬勃生機，也帶來了一種傳統的手工技藝——煎餅的生產製作。

　　煎餅外形如滿月、薄如紙張，新烙的煎餅酥脆香甜，用水潤濕再吃，卻又綿甜香軟別有一番風味。它的由來歷史悠久，相傳是三國時期的諸葛亮發明的：諸葛亮輔佐劉備之初，兵微將寡，常被曹兵追殺，一次被圍在沂河、濟河之間，鍋灶盡失，而將士飢餓睏乏，又無法做飯，諸葛亮便讓伙伕以水和玉米麵為漿，將銅鑼置火上，用木棍將米漿攤平，煎出香噴噴的薄餅，將士食後士氣大振，殺出重圍，當

▲ 臨江彪哥大煎餅製作現場

▲ 臨江彪哥大煎餅製作現場

地人也習得此法，但銅鑼昂貴，且易開裂，人們便以鐵製成鑼的形狀烙製煎餅，從此煎餅的製作廣為流傳。

煎餅在過去年代，基本每個家庭都會烙製，是家庭中必不可少的生活主食。在抗日戰爭、解放戰爭中，煎餅是老百姓送給子弟兵最好的禮物。在和平建設時期，老百姓逢年過節和農忙季節前，家家都要烙好一大箱子煎餅，作為招待客人或串門攜帶的禮物。可見煎餅的產生是我們祖先勤勞智慧的結果，它見證了歷史的興衰，傳遞著團圓美滿的祝福。

由於城市化建設的快速發展，使得傳統手工製作的煎餅越來越缺少空間，緊張的快節奏生活也讓人們失去了自己動手製作煎餅的慾望，隨著時間的推移，掌握這門發酵和烙製工藝的人群越來越少，流傳了幾千年的傳統手工技藝的美食正在淡出人們的視線。然而粗糧細作的煎餅香甜的口味、豐富的營養、攜帶儲存的方便，都會時時勾起人們的回憶，所以拯救和保護好這些歷史文化遺產就是對古老文明的傳承和延續。

▲ 臨江彪哥大煎餅製作現場

為了繼承和發揚這一傳統手工技藝，吉林省臨江市彪哥食品有限責任公司總結了傳統的生產工藝和烙製設備的特點，對傳統的發酵工藝予以了保留。但在糧食配方上進行了科學合理的改進和大膽嘗試，利用當地優質豐富的地下礦泉水資源，結合現代經營和管理理念生產出了「彪哥大煎餅」，使這一傳統的食品走上了產業化規模化生產的道路，手工技藝得到了保留和發揚。煎餅的製作工藝流程主要是：浸泡、蒸煮熟飯、研磨、發酵、烙製五大部分。糧食的選擇要精，根據不同的品種選擇當年的新糧在山泉水中淘洗、浸泡

二十四小時，使糧食顆粒充分吸收水分後膨脹，然後將同一品種平均分為兩份，一份繼續換水浸泡，另一份則進入蒸箱進行加熱，俗稱「打熟飯」。研磨時要把同一品種的兩份原料混合在一起同時加入黃豆，先在打碎機內進行充分的攪拌，使生熟原料搭配均勻，然後在研磨機或水磨上磨成米漿。將研磨好的米漿盛入桶內進行發酵，發酵室要做到恆溫、無菌，確保同一原料米漿發酵的時間一致，不會受到季節和環境的變化影響。隨著人民生活水平的不斷提高，講究綠色、吃出健康越來越成為時尚。「彪哥大煎餅」正是看好這一市場，在小雜糧、粗糧細作、糧藥兼用上做文章，在吉林省內營養學專家和吉林農大教授的幫助指導下，在總結吸取全國各地煎餅生產企業生產方式、工藝、設備等基礎上，對傳統的糧食配方進行科

▲ 臨江彪哥大煎餅

▲ 臨江彪哥大煎餅

學改進和大膽嘗試，把不同的小雜糧加入煎餅中，並在熟飯的比例、發酵的時間、生產的設備、烙製的溫度、產品的包裝等環節制訂出一套科學合理的工藝技術。在原玉米、大米兩個品種的基礎上，目前公司已先後研製出花生、大棗、燕麥、松仁、蕎麥、黑米、核桃仁、南瓜、紅薯、靛棗、人參等四大類三十幾個品種，擁有自主品牌四個，其中省著名商標一個，有專利技術三項，不但豐富了煎餅的品種，更增加了產品的營養價值。經過科研人員反複試驗和不

斷改進工藝，在不添加任何防腐劑和人工色素的前提下，使純手工烙製的煎餅保質期達到了八十天以上，而且，「彪哥」研製的專用椒鹽配料，使煎餅實現「開袋即食」，並全部達到國家食品安全標準。

傳統烙煎餅用木材、鋸末為燃料，用柴火烙煎餅，既浪費木材資源，又煙熏火燎不衛生，更主要的是工人勞動強度大，達不到產業化生產的標準。「彪哥」獨具匠心，投入幾十萬元對傳統的生產設備進行了改造和創新，獨創了自動旋轉式鏊子和加熱燃料。鏊子從傳統的鐵板一張變成了上下兩層；燃料從木材、鋸末變成了熱導油循環加熱；加熱方式從直接加熱變成了鏊子和火源分離，管道統一配送熱能。加熱爐在樓下，通過管道向鏊子輸送熱源，使生產車間和加熱設備徹底分離，衛生標準大大提高；熱導油循環使用，節省了木材資源；工人不用自己看火，勞動強度大大降低，徹底解決了煎餅企業生產中衛生環境差、無法規模化和現代化生產的難題。現在，用「彪哥」自己研發的專利鏊子，一人一天的生產能力提高百分之八十多，實現了真正意義上的產業化生產，新型設備在同行業中現已被廣泛推廣使用。

二〇〇五年四月，公司先後申請了以「彪哥」為主的系列商標註冊，並不斷在生產工藝和產品包裝上增加文化含量，提高商品的附加值。二〇〇八年，臨江市彪哥食品有限責任公司被吉林省營養學會吸納為理事單位，其「彪哥東北大煎餅」被列為「吉林省營養學會推薦產品」。二〇〇九年，在吉林省商務廳舉辦的「地方名優特產品及進出口產品展銷會」上，彪哥大煎餅獲得了「最暢銷產品」殊榮。二〇一〇年，臨江市彪哥食品有限責任公司的「彪嫂‧岡岡好吃」產品品牌被評為白山市知名商標，二〇一一年又被評為「吉林省著名商標」。

彪哥品牌的大煎餅，經過原料選購、浸泡、研磨、發酵、烙製、包裝等十幾道嚴謹而科學的工藝，最終成為高品質的綠色食品。這一切無不體現出彪哥產品異於其他產品的優良品質和考究工藝。多年來，一群腳踏實地、勤勞樸實的「彪哥」人，恪守「先做有良心的人，再做高品質的餅」的準則，傳承千百

年來老百姓一輩輩流傳下來的煎餅文化，結合現代工藝，秉承健康、環保、綠色的理念，堅定於為百姓創造最健康、最環保的綠色傳統食品，以最真情懷和最誠熱情投入到產品的研發和生產過程中，以綠色環保無污染的純天然原料和優質礦泉水，以「彪哥」獨有的優良品質，展現健康、生態的煎餅文化藝術魅力，用「彪哥」人的真誠、善良、勤奮，演繹著彪哥大煎餅的精彩和傳奇。

利生源山珍

　　吉林省利生源生物製品有限公司是一家集種植、研發、生產加工為一體的民營科技型企業。公司秉承傳承祖國傳統中藥文化，開發利用長白山藥物資源的宗旨，以創新現代健康產業為發展理念，歷經數十年的發展壯大，「長白山人」牌系列保健品生產技術達到國內領先水平，獲得吉林省科技成果獎，獲國家發明專利，「長白山人」牌商標被吉林省工商局認定為吉林省著名商標。長白山人參軟蜜片、西洋參蜜片、人參露等多個產品被評為「吉林省名牌產品」，被吉林省政府評為農業產業化省級重點龍頭企業，被省科技廳授予「吉林省高新技術企業」稱號。公司已通過ISO9001:2000國際質量體系認證及中國有機

▲ 利生源紅景天顆粒

食品「有機農場」「有機加工者」雙認證。公司董事長、中國康龍參發明人柳忠潤因在人參栽培和加工方面的突出貢獻，而成為臨江市唯一享受國務院特殊津貼的高級知識分子。

　　臨江市被稱為中國高山紅景天之鄉。然而如何讓紅景天造福人類卻一直是一個空白。公司請來吉林農大中藥材學院、東北師大、瀋陽藥科大學等院校的專家教授一同公關，經過無數次的研製，利生源高山紅景天顆粒沖劑終於研製成功，填補了吉林省乃至國內保健品的空白，榮獲國家科技部和省科技成果獎。在此基礎上，靈芝孢子粉軟膠囊、中華參鹿軟膠囊、林蛙油軟膠囊、蜂王漿活性軟膠囊……一個個經國家科研部門檢驗認證達到國內同行業領先水平的保健飲品、一個個產銷額傲視全國同行的知名品牌，鋪就了利生源強大的發展

之基。利生源公司歷經八年研發生產的完全可與「鐵觀音」相媲美的刺五加茶，結束了中國北方不產茶葉的歷史。經吉林省營養學會專家論證，該茶不僅具有普通茶葉的口感和提神解乏作用，又具有普通茶葉所沒有的延緩衰老、健脾補腎、改善睡眠等保健功能，填補了國內外茶葉歷史上的一項空白。利生源系列保健品，以其獨特的抗病毒、抗衰老、抗疲勞和固發、安神、補腎等功效，得到了美國、日本、韓國、香港等十幾個國家和地區客戶的認可。近年來，利生源系列保健品多次參加國內、國際大型展銷會，深得專家和消費者好評，一舉奪

▲ 利生源產品製作現場

▲ 利生源中藥材種植基地

得二〇〇五年東北亞高新技術博覽會金獎。中國著名營養學家、陳雲夫人于若木親筆為利生源保健品題詞：「利生源，人類生命之源。」目前，利生源的「長白山人」商標已成為東北地區開髮長白山藥物資源的一張名片，極大地豐富了長白山人參文化的內涵。

▲ 利生源晾茶基地

▲ 利生源刺五加茶

六道溝夾皮溝黃煙

　　臨江市六道溝鎮位於長白山腹地，其夾皮溝村及鎮域內的十七個行政村是吉林省唯一的關東煙產區。六道溝夾皮溝黃煙已有一百多年栽培歷史。據一九三四年出版的《臨江縣志》表述：「黃煙：俗名葉子煙，一名淡色菇。幼青、熟黃、實似棗、種子似芝麻。採其葉曬之，味濃厚，遠勝於內地所產，土人多嗜之。為本縣出口貨之一宗。」六道溝夾皮溝黃煙以其良好的自然條件、獨特的種植及晾曬技術，使黃煙產品質量享譽省內外，是消費者心目中的知名品牌。六道溝夾皮溝黃煙已成為公認具有獨特地域優勢的臨江市地理標誌性品牌

▲ 夾皮溝黃煙晾曬現場

作物。

　　六道溝夾皮溝黃煙又稱關東煙，經濟價值很高，素有「黃金莊稼」之稱。六道溝是臨江唯一的黃煙區，已有一百多年栽培歷史。據《臨江縣志》記載，六道溝夾皮溝黃煙以六道溝鎮夾皮溝栽培最早，曾經作為皇帝的貢菸，被清朝

皇帝命名為「黃煙」。

六道溝夾皮溝地處歐亞大陸東，瀕臨黃海、渤海、日本海，氣候具有海洋型（濕潤型）北溫帶大陸性季風氣候，具有四季分明，春風早度，秋霜晚至特點。年平均氣溫5.3℃，年平均日照2236小時，年平均有效積溫2757℃，年均無霜期145天，年降雨量793.5毫米，5-9月份平均降水量483毫米。7月中旬至8月上旬，氣溫最高，降雨量最多，有利於黃煙生長。六道溝鎮與全省其他地區冷暖轉換時

▲ 包裝好的夾皮溝黃煙

差十至十五天以上，春季低溫上升快，植物發芽早，植物生長良好。9月天氣轉涼，雨量相應減少，日暖夜涼，晝夜溫差大，有利於黃煙的生長及黃煙的放露，形成了適於黃煙植物生長的氣候條件，具有種植黃煙得天獨厚的氣候優勢。

六道溝夾皮溝黃煙種植過程中，嚴格執行無公害農產品標準，從品種的

▲ 包裝好的夾皮溝黃煙

選擇到採收與加工有嚴格的篩選制度，對種子質量、環境質量、種苗選擇、移栽技術、田間管理都有嚴格的要求。六道溝夾皮溝黃煙，菸葉主要化學成分含量適中，餘味較舒適，雜氣較輕，氣味醇和、香氣濃郁、燃燒性強、煙灰灰白，被譽為菸中

上品。在六道溝鎮特有氣候條件下生產的六道溝夾皮溝黃煙品質具有唯一特性，是其他地區氣候條件下所生產的黃煙品質所不能比擬的。

在長期的種植過程中，六道溝夾皮溝菸農積累了豐富的栽培、管理經驗。煙農使用的「大白花、小白花」種苗在當地培育延續有百多年歷史，小白花品種口感平和，大白花品種口感較衝。黃煙肥料以農家肥特別是花生麩、豆粕、蘇子餅等為主，嚴禁使用未經國家或省農業部門登記的化學和生物肥料。對農藥使用制定嚴格規定，科學合理施用，輪換交替使用。黃煙從種植到採收需要三個月左右時間，收割後及時打架晾曬。一般在原黃煙栽植地就地支架，將黃煙紮成小把，用繩索穿起，一串串掛在煙架上晾曬。沿鴨綠江河谷地帶是晾曬六道溝夾皮溝黃煙的極佳場地，菸架下有河卵石的烘烤，上面有太陽的暴曬，加上鴨綠江清晨籠罩的水蒸氣，使菸草的異味盡除，黃煙的品質更好，口感更醇香。

目前，成立了六道溝夾皮溝黃煙種植協會，與吉林農大的專家教授建立了長期的合作關係，由省專家對黃煙種植、施肥、病蟲害防治、晾曬、收穫、加工進行一條龍管理服務，全程跟蹤指導。黃煙生產銷售實行統一種植技術、統一管理、統一加工、統一銷售、統一價格的「五統一」。註冊了「六道溝夾皮溝黃煙」商標，並加大商標品牌的宣傳和保護力度，從產品的包裝、產品的介紹等方面加大產品的文化含量，提高了商品的附加值。

▲ 包裝好的夾皮溝旱煙

省級非物質文化遺產——還陽參酒

　　臨江市新城還陽參酒業有限責任公司位於長白山下、鴨綠江邊的臨江市大湖街道臨城村域內。

　　人參是東北的特產，長白山區是人參的故鄉，人參是名貴的中藥材，富含人參皂苷和人參多糖，具有抗腫瘤、抗氧化、改善心臟功能、調節中樞神經、降血糖、提高記憶力等作用。除了傳統的食用方法外，當地居民自古就有把出土的人參浸泡在酒裡飲用或觀賞的習慣。臨江市新城還陽參酒業有限責任公司生產的一種白酒，能使出土多日的人參浸泡其中後慢

▲ 還陽參酒

慢復活，並長出潔白的芽鬚來，甚是神奇，因此，該酒取名還陽參酒。目前，該公司生產的還陽參酒走俏於國內外，在北京、深圳、營口等多個城市設立分公司和營銷點，頗受消費者青睞。還陽參酒的生產工藝被吉林省人民政府正式列入「吉林省（省級）非物質遺產名錄」。還陽參酒的製備工藝及還陽參酒屬於生物化學及酒精飲料的技術領域。它採用長白山下優質礦泉水和含澱粉高的糧食、人參為原料，通過酒麴的培養、酵母的培養、還陽酒的釀造、人參培育出芽、還陽參酒的製備等過程釀造出含有還陽酒、發芽人參、人參皂甙、微量元素、游離氨基酸、可溶性糖類、揮發性成分的還陽參酒。經藥理分析表明，該酒有較強的滋陰壯陽、強身健體、延年益壽的作用。

　　還陽參酒在第一步製麴時，用精選的大麥、小米、麩皮等加入優質礦泉水攪拌均勻，上蒸鍋蒸製後出鍋攤涼，而後加入麴種並繼續攪拌，然後裝入用椴木製成的容器內，在適宜的溫度下，經三十六小時後成麴。第二步配料時，選

用不黴不爛的玉米、高粱、大米、稻殼加入水攪拌均勻後，不蓋鍋蓋蒸四十餘分鐘，溫度達100℃時，撤氣悶十分鐘後出鍋，出鍋後過篩加工，待溫度降到32℃時加成麴攪拌均勻，待溫度降到18℃-21℃時，入池發酵七天，在適宜的溫度下，出池上蒸鍋釀酒。出酒後，去掉酒頭和酒尾，製成酒度在65°-70°之間的基酒，裝入瓷缸。第三步在酒入缸36-38小時內，加入由五加參，蝸牛酶，天麻加水熬製的液體等，過濾後密封六十天，最終製成還陽參酒。「繼承傳統工藝，發展現代產業，生產綠色食品，引領健康生活」，在這個企業宗旨的指引下，臨江市還陽參酒業有限責任公司將進一步發展和壯大。

▲ 還陽參酒

長白山鹿文化——梅花鹿系列產品

　　臨江長白山鹿業有限公司是集生產、加工、銷售於一體的股份製鹿業生產企業。公司地處臨江市樺樹鎮，現有職工九十八人、科技人員十人，是白山市最大的梅花鹿養殖繁育基地和農業產業化龍頭企業，也是吉林省最大的鹿業生產企業之一。

　　公司所在地臨江市樺樹鎮森林資源豐富，尤其是各類雜木闊葉樹資源極其充足，樹木枝丫、樹芽、葉等天然無污染，是梅花鹿上好的飼料來源。同時，該鎮盛產玉米、大豆等作物，糧食副產品秸稈資源充足。這些都為長白山梅花鹿的規模化養殖繁育提供了優越的條件，保證了公司鹿產品的品質。

　　目前，公司建築面積達二點六萬平方米，飼料種植基地一千二百畝，標準化苗圃基地二百畝，現存欄梅花鹿一千二百頭，馬鹿三百頭，有小型冷凍庫一座。公司採用「龍頭企業＋核心基地＋合作社＋農戶」的經營管理運行模式，以合作社帶動周邊農民大力發展梅花鹿等特色養殖業，已形成了養殖、生產、銷售體系，年產梅花鹿茸及鹿副產品三十噸。目前主要產品有鹿茸、鹿鞭、鹿尾、鹿胎盤、鹿茸粉、鹿血粉、鹿血酒、鹿鞭酒、鹿尾酒等梅花鹿系列產品，產品遠銷港、澳、台和東南亞等地，得到了業內人士的廣泛認可及讚譽。

　　二〇〇九年，公司被吉林省林業廳命名為吉林省林業產業基地；二〇一一年，被吉林省政府命名為農業產業化省級重點龍頭企業；二〇一四年，公司生產的「臨秀」牌鹿茸獲「吉林省名牌產品」稱號。

▲ 長白山鹿業養殖的梅花鹿

▲ 長白山鹿業生產的梅花鹿產品

第六章——

文化風俗

文化和習俗密不可分，習俗是文化的載體，文化是習俗的靈魂。在漫長歲月中，臨江各民族在文化不斷滲透、長期碰撞、互相融合中所積澱形成的豐富多彩的獨具特色的風土人情、傳統民族習俗、生活方式、行為規範、語言習慣等民俗文化，展現了臨江市各族群眾的精神面貌和智慧結晶，構成了鴨綠江文化的重要內容，成為中華文化的重要組成部分。

年俗

　　臨江地區的年俗與東北其他地區大同小異，但也有著與眾不同的特點。臨江地區的年俗從一進臘月，年味就日漸濃厚。喝過臘八粥，頓覺年風比粥濃。趕年集，辦年貨，十分熱鬧。

　　春節一般從臘月二十三俗稱「小年」這天拉開序幕。民謠中有「二十三，糖瓜黏」，指的就是每年臘月二十三祭灶，同時也有「官三民四」的說法。祭灶，是一項在民間影響很大，流傳極廣的習俗。舊時，差不多家家灶間都設有「灶王爺」神位，人們稱這尊神為「司命菩薩」或「灶君司命」。傳說他是玉皇大帝封的「九天東廚司命灶王府君」，負責管理各家的灶火，被作為一家的保護神而受到人們的尊崇。灶王龕大都設在灶房的北面或東面，中間供上灶王爺的神像。沒有灶王龕的人家，也有將神像直接貼在牆上的。有的神像只畫灶王爺一人，有的則有男女兩人，女神被稱為「灶王奶奶」，這大概是模仿人間夫妻的形象。灶王爺像上大都印有這一年的日曆，上書「東廚司命主」「人間監察神」「一家之主」等文字，以表明灶王爺的地位。兩旁貼有「上天言好事，下界保平安」的對聯，以保佑全家老少的平安。灶王爺自上一年的除夕以來就一直留在家中，以保佑和監察這家。到了臘月二十三，灶王爺便要升天去向玉皇大帝匯報這一家人的善行或惡行，送灶神的儀式稱為「送灶」或「辭灶」。這一家一年中的吉祥善惡，只有聽完灶王爺的匯報後，玉皇大帝才能來裁定，並將這一家在新的一年中應該得到的吉凶禍福的命運交於灶王爺之手，因此，對這一家來說，灶王爺的匯報具有重大的利害關係。送灶的儀式一般安排在黃昏之時進行。「小年」這天傍晚，老人們向灶王爺焚香三柱，供上玉米糖、紙馬等，帶領全家人磕頭拜辭灶王爺後，將供奉了一年的灶王爺畫像揭下來在灶坑前焚燒，並念道：「灶王爺本姓張，做好事保安康；上天堂見玉皇，說好話別告狀；過年回來坐高堂，全家給你多上香。」祈盼灶王爺「上天言好事，下

界保平安」。臘月二十三祭灶與過年有密切的關係。因為一週後的大年三十晚上，灶王爺便會帶著一家人應該得到的吉凶禍福來到人間，並長久地留在人家的廚房內。迎接灶神的儀式稱為「接灶」。接灶一般在除夕夜，儀式要簡單得多，到時只要換上新灶燈，在灶龕前燃香就算完成儀式。

祭過灶神後，忙年的日子就越來越紅紅火火：「二十四掃房日（收拾庭內外衛生），二十五做豆腐，二十六買魚肉，二十七殺年雞，二十八把麵發（蒸饅頭、年糕等），二十九去打酒，三十晚上守一宿。」春節是一家人大團圓的日子，無論你平時身在何處，過年前都要趕回家中，「吃了臘八粥，趕緊往家溜」，和一家人團團圓圓在一起。在家的人都要為過年做著準備：婦女們忙著烙煎餅、烙黏火燒、做豆腐、蒸年糕、蒸饅頭、蒸包子、蒸豆包、炸丸子、做新衣服等；男人們忙著買年貨、鍘草、劈柴、殺豬、殺雞、宰鵝、扎紅燈、樹燈籠桿、貼對聯、貼年畫等。有民謠唱道：「老頭子盼年，燒酒兩壇；老太太盼年，飯菜解饞；小媳婦盼年，花朵燦爛；小孩子盼年，鞭炮兩籃；小孩小孩你別哭，過了臘八就殺豬，小孩小孩你別饞，過了小年過大年。」

春節又稱「過大年」，這是中華民族特有的、最重要的一個傳統節日。除夕這天，大人小孩都換上新衣服、新襪子。家家戶戶貼對聯、福字，農家院落幾乎有門就有對聯，大門外還貼門神、黏掛錢。牛棚、豬圈、雞窩、車庫、玉米倉等都有相應內容的對聯。每家還要上墳祭祖。

年夜飯是一家人大團圓的宴會。為了這個團圓，外出的家人從千里萬里外趕在除夕前回家。如屆時未歸，對全家人來說是個遺憾，對父母來說是件心事。除夕晚上，大人們圍在一起包餃子。餃子包好後，擺放餃子也很有講究。要橫豎成行，不可雜亂無章，以示新年財路井井有條；忌擺圓圈，認為這是像蠶一樣作繭自縛，在人際交往上是個「死門子」。年夜餃子忌諱捏成光邊的「和尚頭」，怕日子過得像老和尚的帽子——平沓沓，毫無起色，或像和尚頭一樣，日子過「禿」了。只有捏出褶，日子才過得牢靠。餃子餡忌用酸菜，怕日子過得酸苦。用蘿蔔、白菜做餃子餡，取「羅福」與「百財」之意。餃子裡還

一般包上五個硬幣和幾塊糖果，因「五」與「捂」諧音，意在把錢捂住，吃到硬幣預示來年發財有錢花。五個錢餃子，象徵福祿壽喜財一起到家來；吃到糖果則預示著來年生活甜蜜。

除夕夜全家人要「守歲」，直到午夜十二點後。晚輩要給長輩拜年，長輩要給晚輩「壓歲錢」。給完「壓歲錢」，大人孩子各找各的玩法，通宵達旦，徹夜不眠。年夜飯的菜餚是一年中最為豐盛、最為講究的，一般十道、十二道菜不等。要有整雞（預示吉祥）、整魚（連年有餘）、白菜（百財）、粉條（順順溜溜），後來又增加了雞爪、豬蹄（預示摟錢耙）等等。

大年初一到破五（正月初五），民間禁忌眾多：不說不吉利的話；不許小孩吵架哭鬧；不要打碎盆碗等家具，認為打碎家具是破產的預兆。如果發生打碎現象，得趕快說「歲歲（碎碎）平安」，及時破解；不准動刀（主凶殺）、針（主長針眼）、剪（主口舌之爭）；不准看病吃藥，否則這一年到頭都會生病；忌掃地、倒垃圾、往外潑水，但要抱一抱柴火進家。見家人抱一抱柴火進家，一家人要馬上打開大門，一連聲地叫道：「柴（財）來家啦！柴（財）來家啦！」於是全家歡喜。「柴」與「財」諧音，祈願來年財源滾滾。

▲ 臨江市春節燈展

婚俗

臨江地區各民族的婚嫁習俗經過多年的相互融合，基本上大同小異。解放前，男女訂婚須有父母之命、媒妁之言，先由媒人到男女雙方的家中介紹對方本人及家庭情況，並為他們提親。雙方父母同意兒女婚事後，由男方選定吉日，邀請媒人和主要親友一起到女方家送「聘禮」，俗稱「定親」，也叫「相媳婦」。解放後，實行婚姻自主，提倡自由戀愛。男女青年通過自由戀愛，建立感情，在徵得雙方父母的意見後，兩個人照結婚照，便為訂婚，再經過一段時間相處後，便可決定結婚。漢族的婚俗認親是不可缺少的一個重要環節。在結婚的前一個月左右，男方要在準備完婚房、家具、家用電器等大件物品後，與父母等主要親屬一起攜帶酒、粉條、豬肉、明子四色禮，並帶著給女方的三金或四金（金耳環、金戒指、金項鏈、金手鐲）及定親錢（20世紀70年代，認親要給女方定親錢為666元、999元不等，現在普遍為10001元，寓意萬里挑一、萬無一失）到女方家。帶去的四色禮女方家留一半，其餘男方家再帶回。首飾及訂婚錢交予女方，女方改口稱男方父母為爸媽。結婚前幾天，新郎要到祖墳塋地上墳燒紙，告知祖先，俗稱「上喜墳」。結婚迎娶的形式，因貧富差異，簡繁各異。過去貧苦人家的婚禮相對簡單，有的男方家去人將新娘接到婆家，也有的是女方娘家人將姑娘送到婆家。新郎新娘在灶王爺的牌位前跪拜禱告後，就算完成結婚的儀式。「文革」時期，婚禮形式較為簡單，跪拜等形式被取消。一對新人面對毛澤東主席畫像三鞠躬，完成結婚儀式。改革開放後，隨著人民生活水平的提高，結婚迎娶的形式變得越來越隆重、豪華、熱鬧。結婚前，男方家提前半年左右就要預定好酒店。結婚前月餘，就要定下婚禮主持人（司儀）和大總管，並與司儀、大總管商定好結婚當日的接親車輛、行車路線等所有事宜。迎娶當日，男方家長輩或大總管帶領新郎、伴郎伴娘及部分親屬，帶著兩個紅盆，一盆裝化妝洗漱用品，一盆裝「離娘肉」（帶四根肋骨的

▲ 婚禮車隊

腰條豬肉、四棵去皮大蔥、一捆明子。大蔥、明子寓意婚後生下後代「聰明」），按商定的時間、路線，組成浩浩蕩蕩的迎親車隊（車隊順序依次為鼓樂車、錄像車、新郎新娘婚車、數輛轎車、大客車等。新郎新娘乘坐的婚車檔次最高，一般到花店裝成花車，其餘的轎車車頭拴紅花，車門掛綵色氣球），一路上吹吹打打，鼓樂喧天，直奔女方家。在女方家新郎新娘換好服裝、紮好紅布腰帶後，吃女方家準備的喜麵、荷包蛋。新郎新娘互相餵食，以示親熱美滿。新郎要由新娘的弟弟給穿新鞋，新郎要發給紅包。新娘由家兄（弟）背上車，同娘家客一起到新房。新房內要準備一把用紅布包好的斧子，放在新人的新被縟下。被縟的上面放一些糖果、大紅棗、栗子、花生（意喻新人婚後甜蜜幸福、早生貴子）。新郎新娘入新房後坐在放著斧子的炕上或床上，俗稱「坐福」。坐福及完成在新房的所有程序後，在家或乘車到酒店舉行婚禮。婚禮一般安排在酒店舉行。有司儀主持，主婚人致辭，證婚人證婚，雙方老人講話，新郎新娘交換結婚信物（一般新郎為新娘送戒指，新娘為新郎送手錶），拜高堂，夫妻對拜，答謝來賓等環節。婚禮結束後，婚宴開始。席間，新郎父母和新郎新娘分別向來賓敬酒。偏遠農村在家舉辦婚宴的，在結婚的前幾天，新郎家就開始殺豬、宰雞、做豆腐、採購物資、聘請廚師、準備宴席。新人拜天地結束後，大擺宴席，宴請賓朋。宴席的地點除在自家放桌外，還在左鄰右舍家放置喜桌，請幾個年輕人幫著上菜。所有參加婚禮的來賓都要「趕禮」，在禮單上籤上名字和趕禮的數額。二十世紀八〇年代左右，禮金一般二十至五十元左右，還有的送鏡子、暖瓶、盆、座鐘、被面等物品。九〇年代後，大部分都是送禮金，數額

也增加到一百元左右，送物品的較少。二十一世紀後，禮金也增加到一百至二百元。婚日當晚，還有「鬧洞房」的習俗。哥哥姐姐不參加鬧洞房，平輩的街坊鄰

▲ 朝鮮族婚禮現場

居、同學好友參加，姐夫、小姑子、小叔子鬧得最歡。進入二十一世紀，百姓的婚禮越發隆重、講究：婚禮全部在酒店舉行，用電子大屏幕播放新人的結婚照片或遠方親人的祝福，婚禮全過程都錄製並刻成光盤，成為歷史的記憶。

　　朝鮮族的婚俗特色明顯。男女雙方確定婚姻關係後，便可訂婚。訂婚時，男方陪同父母一起到女方家中，宴請女方家長和親朋鄰里。席間將訂婚之事公布於眾，跟大家一起唱歌跳舞直到午夜。

　　結婚前，男方要到女方家裡送禮妝，主要有姑娘四季服裝及內衣、頭巾、鞋、襪子、手帕、針線、剪刀、繡花撐子等，很重要的是還要帶一些糖果和酒，這些物品要用皮箱裝或包袱包。無論是「裝」還是「包」，都要在物品的最下面墊一張紙，紙上放一層大紅棗（早生貴子的意思），再放物品；還要將這些物品寫在一張大紅紙上（禮單），放在物品的最上面。這些物品送到女方家裡後，女方家長要向前來賀喜的親友及鄰里當眾公布禮單，並分發糖果。結婚前一天，新郎到女方家，女方家擺酒席，邀請親朋好友，歌舞至半夜。新郎當晚返回。

　　結婚當天早上，新郎乘車去女方家裡接娶新娘。到女方家後，新郎被讓到炕上，坐到「大桌」前，桌上放有糖果、打糕、油炸果子、去殼雞蛋、豬肉塊、雞蛋餅、魚、大紅棗等；還有一隻蒸熟的大公雞，雞嘴裡叼一個紅辣椒，象徵吉祥如意，多子多孫。新郎只能吃一個雞蛋。其他食品要帶給新郎的長輩品嚐。「大桌」只招待新郎一個人，另外還要安排兩桌（沒有大公雞），招待

陪同新郎來的客人和接待新郎的客人。在新娘家儀式結束後，新郎新娘向老人行跪拜禮，以謝玉成。然後新娘戴上妝奩，上車與新郎回家（新娘家只有哥哥或弟弟陪同前往，父母不陪同）。到新郎家後，公婆要載歌載舞出門迎接（如不載歌載舞，新娘可不下車）。然後，按當地習俗舉行婚禮，儀式與女方家基本相同，但更隆重。儀式後，在場男女老幼載歌載舞慶賀。婚禮當天，新郎新娘必須住在男方父母家。晚上鬧洞房，與漢族習俗大同小異。第二天早上，新娘用從娘家帶來的大米（新娘結婚時，必須帶一個裝著大米的枕頭），給公公婆婆做一頓米飯。在公公婆婆家住滿兩天后，第三天早上，新郎新娘回娘家，俗稱「回門」。晚飯後，新郎新娘返回到自己新房居住。

在朝鮮族的婚俗中，最隆重的當屬「回婚節」，亦稱「歸婚節」，即結婚六十週年紀念日。舉行回婚節必須具備三個條件：一是老兩口都健在，二是親生子女都在世，三是孫子孫女無夭折。一條不符都不可舉行「回婚節」。一對老人穿上年輕時的結婚禮服，相互攙扶著入席，大家頻頻舉杯祝福，比年輕人的婚禮更為莊嚴隆重。因此，誰家能辦「回婚節」，親朋好友都要前來祝賀，是種榮耀之事。

▲ 滿族婚禮現場

滿族的婚嫁習俗既帶有本民族濃厚的特點，又融合了不少漢族的風俗禮節，一場婚禮大體有「問門戶」「換盅」「放定」「打下發」「去煞」「拜北斗」「撒盞」「跨馬鞍」「鬧洞房」等構成。問門戶即滿族青年男女訂婚的前奏曲，是互相瞭解的過程。一般有兩種形式：一種是男女青年的家長是熟人或朋友，相互瞭解，有意做親，便托媒人給子女許定終身。有的是男方向女方求婚，有的是女方向男方

求婚。另一種是男女雙方互
不相識，托媒人為子女求
婚，並有媒人轉交雙方的
「門戶貼」，互相檢驗對方
的生辰八字。正式訂婚稱
「換盅」。屆時男方父輩在
媒人的帶領下攜帶酒肉到女
方家，女方以此酒肉設宴招
待。炕上放一小桌，兩親家

▲ 滿族婚禮現場

對坐，兩個人把肥大的旗袍衣襟鋪在桌上，接著上菜，菜盤要壓住衣襟，兩親
家往酒杯倒好酒，端起來，互相換盅，一飲而盡，謂之「認親家」。「放定」
即遞彩禮，分放大定和放小定兩種。放小定是未來的兒媳婦拜見姑母兄嫂等男
方家至親時，得到財物；放大定叫作「過大禮」，就是選擇吉日，男方將聘禮
送到女方家。結婚前一日，送親的要喝「迎風酒」。新娘則離家到男方借好的
寓所住宿，走時要留壓炕錢，俗稱「打下發」。女方家用彩車送親，尤其哥哥
護送。彩車到新郎家時，新房門前的地上放一火盆，讓喜轎抬著新娘從火盆上
經過，俗稱「過火避邪」。新郎要向轎門虛射三箭，意為趕走或殺死隨轎而來
的鬼怪，俗稱「去煞」。新娘被扶出轎來到天地前，同新郎一起向北三叩首，
俗稱「拜北斗」。撒盞是新郎和頭戴紅蓋頭的新娘一起，面朝南跪在神桌前，
桌上供豬肘一方、酒三盅、尖刀一把，薩滿單腿跪在桌前，一面用滿語唸經，
一面用尖刀把肉割成片拋向空中，同時端酒盅把酒潑在地上，意在祈求上蒼保
佑新婚夫婦，使他們子孫滿堂，白頭偕老。跨馬鞍要求新娘由全和人（即父母
子女俱全的人）攙向洞房。新娘過門檻時，在門檻上放有一副馬鞍，新娘必須
從馬鞍上跨過去。鬧洞房時，新房的床鋪必須由全和人鋪設，洞房鋪好後要在
房內奏樂，稱「響房」。新娘入洞房時，一個小女孩手拿兩面銅鏡，對新娘照
一下，然後把銅鏡掛在新娘的前胸後背。接著，另一個女孩遞過兩隻錫壺，裡

面盛有米、錢等，新娘要抱在懷裡，俗稱「抱寶瓶」，暗示新娘今後如何做人，如何安排新生活。當新娘在床上坐穩後，新郎用秤桿把罩在新娘頭上的紅蓋頭挑去，叫作「揭蓋頭」，接下來便是夫妻喝交杯酒，吃合喜麵、長壽麵、子孫餑餑等，到此滿族婚禮方告結束。現在，多實行婚事新辦，煩瑣禮節多被革除，程序日趨簡化。

壽誕

漢族的壽誕習俗是：當一個小生命誕生後，親朋好友都要上門賀喜，俗稱「看歡喜」。婦女生產，俗稱「坐月子」「貓月子」。孩子滿月，要宴請親朋好友喝「滿月酒」，來賓要出資趨禮。孩子滿月當日，姥姥家要來人接回母子，俗稱「躲臊窩」。姥姥給孩子掛線拴錢，以祈求孩子長命百歲。孩子出生百日時，俗稱過「百歲」。孩子滿月和百日，不少家庭還到影樓為孩子照相、做腳印、手印、胎毛筆等留念。漢族人過生日，吃長壽麵是老習俗。只有過了五十歲以後，過生日才稱為「祝壽」。臨江人普遍重視六十歲花甲大壽，整整活過一個甲子，一般都要大擺筵席祝壽。以前生活困難，條件不允許，祝壽程序相對簡單，一般一家人圍坐在一起，炒上幾個菜，兒女一起為老人祝壽。現在條件好了，生日宴席也十分講究，一般都在酒店安排，廣邀親朋好友，壽桌上除了擺放壽桃、果品、鮮花外，一般都要買一個大蛋糕，蛋糕上點燃蠟燭，壽星要吹蠟燭、許願、切蛋糕。二十世紀九〇年代後，效仿西方國家習俗，為老人祝壽時，子女和來賓要唱「生日快樂」歌，洋為中用，其樂融融。漢族人家有女兒的老人過六十六歲生日的也頗多。壽宴盛況不遜花甲大壽。因為有句俗話「六十六，不死掉塊肉」，給人造成心理影響。為預防六十六歲一年可能發生的不測，女兒要給父母買「一刀肉」（一刀切下的，可多可少，一般為3根肋骨大的一塊肉），包六十八個小餃子，一個敬天，一個敬地，給壽者六十六個。或買六兩肉，用六兩麵包六十六個餃子。六十六個餃子表示兒女為老人祈壽的一種方式。歷史上兩位聖人，孔子七十三而終，孟子八十四而去，聖人都不過如此，何況常人？所以，民間又有「七十三，八十四，閻王不請自己去」的俗說，更給一些老人造成心理壓力。為忌諱此俗，老人往往多說一歲或少說一歲，以祛災。百歲老人也總是迴避「百」字，到了百歲，往往都說九十九。

朝鮮族特別看重兩個生日，即嬰兒生日節和父母六十歲花甲節。嬰兒週歲

▲ 朝鮮族老人過生日

生日到來之際，媽媽們會給孩子穿上一件精心縫製的朝鮮民族服裝，把孩子抱到準備好的生日桌前，讓嬰兒「過目」專門為他擺設的打糕、糖果、食品、筆、書、針線、玩具槍等帶有像徵意義的各類物品。客人到齊後，媽媽就會引導嬰兒抓出一件中意之物。當孩子抓到一件物品時，來賓們就會歡騰雀躍，說些即興的祝福話。還有的朝鮮族老人給孩子脖子套上一團白色素線的習俗，希望孩子像雪白的線團一樣做個清爽潔白的人，像長長的線那樣長壽延年。朝鮮族對父母親花甲之日的「花甲節」大壽特別看重。並把每年的八月十五日定為「老人節」。每當花甲節來臨之時，子女們都會早早準備好，擺壽席，設酒宴，廣邀親朋好友和鄰居歡聚一堂，感謝父母的養育之恩，祈願老人健康長壽。在花甲儀式中，晚輩們按子女長幼、親戚遠近及賓客身分依次向老人敬酒跪拜，敬獻壽禮。獻禮後，老人和婦女們把壽席上的食品分給在場的年輕人和小孩，據說吃長壽老人席上的東西會使人健康長壽。由許東哲作詞、方哲龍作曲、閻維文演唱的朝鮮族歌曲《祝媽媽健康長壽》，以優美的旋律記錄了朝鮮族過花甲節獻壽的全過程。

▍冰雪游藝

　　臨江地處長白山下，冬季寒冷漫長。在長達六個月的銀裝素裹、冰封雪裹的生活環境裡，臨江人民自有因冰而嬉、以雪為趣的生活習俗，主要形式有玩冰鞋、放爬犁、抽陀螺、滑高麗爬犁、拉爬犁等，既可以通過冰上運動增強體質，又為漫長的冬季生活增添了情趣。

玩冰鞋

　　由於冬季雪厚冰滑，行走很不方便，一些兒童開始用鋼筋對折後，再彎成一個彎形，套在一隻腳上，靠另一隻腳蹬地給力向前滑行。後在此基礎上，改變成冰鞋。冰鞋的製作方法簡單，取一塊二釐米厚、

▲ 滑冰

比腳型稍大一點的木板，在木板前用燒紅的鐵絲鑽上兩個小眼兒後，將兩根粗鐵絲（也有用鐵片）固定在冰鞋的底下，木板兩側釘上橡皮筋或結實布條作為鞋帶固定在雙腳上。玩冰鞋的對象主要是學生，不少學生上下學及平時上街都穿著冰鞋。冰鞋在冰雪上滑行速度極快，所以很受青少年的喜愛，成為二十世紀七〇年代青少年特別是男孩子的最愛。

放爬犁

　　放爬犁是臨江地區青少年冬季經常參加的一項冰雪運動項目。爬犁一般用木板、木方、鋼筋、鐵條製作，開始用的爬犁比較簡單，用木板、木方做成一米左右的長方形，底下穿上鐵條或鋼筋即成。後改進為拐頭爬犁，即在原爬犁的基礎上，在爬犁的前方做成一個能用腳自由控制的爬犁頭，坐在爬犁上，用腳控制爬犁的行進方向，並在爬犁的兩側各安裝一個用手控制的手閘，以控制

▲ 放爬犁

▲ 放爬犁

爬犁的行進速度。放爬犁時，選擇一處斜坡路面，人坐上爬犁後，靠山坡形成的自然慣性，向下滑放爬犁，爬犁越滑越快，風馳電掣，稍有不慎或控制不好，極易發生翻扣甚至發生事故，所以放爬犁十分刺激。過去，臨江市烈士塔西側的一段坡路曾是學生放爬犁的主要地點。由於此段路面坡陡彎急路線長且行人少，爬犁一旦下滑很難中途停下來，風馳電掣猶如脫韁的野馬，一路狂奔。而山下就是兩條鐵路道口，有時遇上列車進出站，攔截行人和車輛通行的欄杆已經放下，但狂奔的爬犁衝下山後，根本無法控制住爬犁的速度，有的乾脆就直接從欄杆下衝到臨江大街附近，經常發生事故。但儘管如此，放爬犁仍是七〇年代青少年十分喜愛的一項冰雪運動項目。每到大雪封山時，經常有人相邀到城區附近的幾個主要坡路上放爬犁。現在，城區內已看不到這一活動。但在鄉鎮，有時還能看到放爬犁的兒童，不過在原爬犁的基礎上，不少孩子使用的是從市場上直接購買的塑料滑板，還有的乾脆找一塊塑料薄膜墊在屁股底下向坡下滑行。

抽陀螺

　　抽陀螺是冬季兒童常玩的一種遊戲，陀螺下尖上圓呈圓錐狀，一般圓木直

徑不超過十釐米，高不過十釐米。尖部一般鑲嵌鋼珠，也有的直接釘上圖釘使用。玩時，用鞭繩纏繞陀螺中間，在冰上猛然用力撒開，使之旋轉於冰面之上，並不斷用鞭子抽打陀螺，使其始終保持快速旋轉不倒的狀態。為使陀螺更加美觀好看，一些人在陀螺頂部或周

▲ 抽陀螺

邊用色彩豔麗的油漆或顏料畫上精美的線條，旋轉起來猶如絢麗的萬花筒，十分美觀喜慶。還有的在陀螺邊上刻上幾個小孔，陀螺高速旋轉起來後發出嗡嗡的響聲，猶如笛音或哨音。有時幾個人相邀抽陀螺比賽。幾個人把自己的陀螺抽得飛轉後，用鞭子抽打陀螺和別人的陀螺進行撞擊，誰的陀螺先被撞翻倒下，誰就是輸家。贏者繼續和其他的人比賽直到最後仍旋轉不倒的為贏家。

滑高麗爬犁

二十世紀八〇年代中期前，由於鴨綠江為中朝兩國共有，人在水中就不算出國越境，所以每到冬季，鴨綠江冰封雪凍後，就成了兩國群眾進行冰上活動的共同場所。高麗爬犁就是臨江兒童模仿朝方兒童而製成的一種爬犁，故名「高麗爬犁」。高麗爬犁比較

▲ 滑高麗爬犁

矮小，通常只有三十釐米左右高，在底部的木方上鑲上帶鋸條，如同一隻冰刀狀，同時，用兩根結實的細木棍做支撐，木棍頭釘上釘子，接觸冰面處打磨成

尖狀、兩根木棍既是平衡身體的支撐物，又是推動爬犁快速前行的動力器。滑高麗爬犁需要較高熟練程度和掌握平衡的技巧，因為爬犁只有一個幾毫米的立面與冰面接觸，初學者摔倒是經常的事。滑爬犁時，玩者只能蹲在爬犁上，用兩根木棍支撐平衡。熟練者能操縱爬犁行走如飛，速度極快。除兒童玩耍外，高麗爬犁也成了不少中青年人喜愛的項目。每到鴨綠江冰封時，不少人都自發地選擇一處江面，清掃掉冰上覆蓋的積雪後，在冰上滑高麗爬犁。

拉爬犁

爬犁是早年臨江人民冬季出行的主要交通運輸工具。《吉林鄉土志》記載：「清初，有所謂使犬部者。如今臨江等處，每當冬季江面結冰，用狗拉爬犁。」臨江一年中有近二分之一的時間處於冰雪期，而戶外山川溝野之間雪特大，往往填沒了「道眼」，只有爬犁可以不分道路，有冰、有雪，便可在其上行走。爬犁輕便精巧，用同等粗細的木桿，經火熏烤發軟，然後削兩轅前半翹起，後半貼地，上支四根柱，柱周鑲四框，覆以板，引以繩，載重則駕馬車，載人則覆席，置火盆，呼為暖爬犁，駛行雪中，速逾於車。爬犁主要是用人拖，用於趕集、運糧或砍柴。還有一種

▲ 狗拉爬犁

跑長途的重載爬犁，用粗木鑿鉚鑲死。鉚不用釘子，榫對準鉚後用水泡浸。木頭一漲比釘子釘的還結實。這種爬犁往往是拉重載、跑長途，爬犁架子也大，最大的有兩頂小轎那麼大。拉客的爬犁支上「睡棚」，這種「睡棚」又叫「暖棚」，也稱「皮棚」，是用各種動物的皮子搭好，左右各留個小窗，裡面有火盆、腳爐等，長途在外可過夜和抵擋風雪。《黑龍江外集·卷四》中稱爬犁「製如凌床，而不施鐵條，屈木為轅，駕二馬，行雪上疾於飛鳥」。有馬拉爬

犁、牛拉爬犁、狗拉爬犁，還有人自己拉的爬犁。過去城鄉居民買糧、買菜及運送大宗物品大都使用人拉爬犁，運送一二百斤物品，一般成年人一隻手即可輕鬆拉動，既輕快，又省勁。現在，狗拉爬犁、馬拉爬犁主要用於旅遊項目上。農村群眾冬季上山撿拾燒柴，仍有不少使用牛拉爬犁。

冬季雪大冰厚，時間長，為臨江地區群眾特別是兒童戶外冰雪運動提供了方便條件。除上述幾種外，打滑溜、堆雪人、打雪仗、滾雪球及做冰燈等活動都是群眾所愛。

木把文化

臨江位於長白山腹地，鴨綠江中上游，是長白山木把文化的發祥地，二〇一三年木把文化已被列入白山市級非物質文化遺產名錄。「木把文化」產生於民間，在長白山林區具有廣泛的影響力。木把們在長期從事木材生產過程中，積累了一些豐富經驗，在木材生產的伐木、打枝、集材、造材、歸楞、裝車、運材、貯木等流程中，都有獨到的做法。過去交通不便，大山裡的木材運出山外實屬不易。木把們冬季伐木，將所伐木材集入溝底，春季冰雪消融時，用木板將溪水擋住，使集聚在溝裡的木材漂浮在溪水當中，當蓄水量達到一定程度時，突然把水放掉，使木材順水頭而下，放到山外，木把們給他起了一個形象的名字——「趕羊」。

長白山一帶伐木放排的歷史，最早可以追溯到唐朝末期。一九〇二年建縣時，臨江縣四萬多人口中，大多數從事木材行業或從事木材產業相關的工作，鴨綠江上曾有過「日過千帆，排過百張」的繁忙景象。清朝末年，以孫良為代表的關內農民，跋山涉水，千里迢迢踏入長白山茫茫林海中，成為近代第一批木把人。他們以林海為家，天當房，地當床，吃山菜、野果和極少的糧食，過著飢寒交迫的日子。那時，在林區流行著這樣一首歌謠：

好他爹，日他娘，啥人留下這一行。

五方六月在水裡，十冬臘月在山上。

好他爹，日他娘，千萬別幹這一行。

親娘老婆難見面，孤苦伶仃在山上。

好他爹，日他娘，餓子裡面拔拔涼。

深山老林是俺家，天當被來地當床。

「木把」一詞原指木材把頭。木把是對在森林中從事採伐和流送（放排）作業勞動者的統稱。林區工人都自稱是木把，久而久之「木把」已成為林業工

▲ 放排工人在鴨綠江放木排

人的代名詞。從事木材採伐、流送行業的往往是一些人結成幫伙,形成排群往下漂流。負責採伐的稱「木把」,負責放排的叫「木幫」。木把和木幫們的工作也稱作山場子和水場子。山場子活都在冬季大雪封山時進行,木把們每年農曆九月末十月初進山,到來年的農曆三月結束出山,這段時間是森林採伐的黃金季節。木把們一冬天都在伐木,大樹伐完運下山,山場子活就結束了。山場子活結束叫「掐套」,掐套儀式要買紅紙、鞭炮、豬頭再去祭奠山神爺老把頭,到廟前擺供上香。掐套一結束,水場子活就開始了。水場子活首先要穿排,從排頭開始最寬處八米左右,全長在六十五米左右。穿完後就開始了漫長的放排時間。放排的總大把頭為「頭棹」,頭棹又叫「老卯子」,是放排過程中說了算的頭號人物。「頭棹」要對山水之中的各種幫規習俗瞭如指掌,特別是江風、水勢、天氣、鳥獸、地俗、人情等都要有足夠的瞭解。俗話說:「頭棹忙,二棹穩,幫棹尾棹要拿準。」就是指排上人員的分工和職責規範。

▲ 採伐作業

木材的採伐和流送是同殘酷的大自然進行殊死搏鬥的過程。木把們大多是山東一帶闖關東來東北謀生幹這玩命活的農民。他們背井離鄉，為生計所迫，來當牛馬不如的木把，生活艱苦、病困潦倒，木把流行著「木把苦，木把累，木把受盡牛馬罪，吊死鬼砸頭沒人管，大山深處把狼餵」。放木排是很苦的，春天春寒料峭、夏天蚊蟲叮咬、秋天秋風寒涼、冬天江水刺骨。從臨江到丹東

▲ 拉木頭用的牛爬犁

放一趟排來回要走兩個來月，出發前帶上兩個月的乾糧。上游放小木排，每排四十至六十立方米，兩三個人就可以放，中游合併成大木排，每張大木排有二百多立方米，排上十多個人。排頭排尾插著彩旗，中間立著伐木公司的旗子。排夫們在排上紮起的花棚子裡燒火做飯，吃著大煎餅、苞米餅子，喝著高麗大醬燉的魚湯。那時鴨綠江魚特別多，一網下去十斤八斤的江鯉魚就能打上來，吃不完的江魚就曬成乾帶回來冬天再吃。吃飽喝足，脫光衣服赤條條地跳入江中洗個浪裡白條痛快澡，上排後有的也不穿衣服，被稱為光　排夫，渾身曬成古銅色，立在排頭紋絲不動，像雕塑一樣，喊著放木排的勞動號子：「吆喝嘿，浪裡滾吆，江中穿吆喝，把好柁棒，猛扳棹吆，激流暗礁，快蹬桿吆，俺

▲ 放排工人在鴨綠江放木排

是大山神呀，上山風雪打虎狼，下山跳江鬥龍蛟，闖過一關又一關，放眼一馬海平川，吆喝嘿吆喝嘿！」真是苦中有樂。

　　山場子的嚴冬很難熬，水場子的活兒更是置身於風口浪尖。從鴨綠江源頭到丹東過去有九九八十一個險灘哨口，比如門檻哨、大閻王鼻子、小閻王石、

秧歌汀、王八背、關門砬子、滿天星、老道洞、奶頭礁、老牛槽、馬面溝、龍王廟、鬼見愁等多道險關、急流、漩渦、險灘。弄不好木排「起垛」，就會葬身江底。有一首《放排苦》的歌謠真實地反映了木幫們的放排生活：

▲ 紅松林木

雨打木排起白煙，望不到後啊看不見前，前呼後應聲聲傳。

頭往右啊尾向左偏，小心順拐撞著山。

岸上野獸叫聲慘呐，鬼哭狼嚎心膽寒！

長期以來，臨江林區活躍著一批木材把頭。這些木把們在鴨綠江流域長期開發利用森林資源的實踐活動中，逐步總結提煉並形成了具有鮮明行業特色和地域特點的木把文化。木把和木把文化，是以長白山為中心的長白山腹地和鴨綠江中上游地區的獨有稱謂和特色文化，是長白山文化的重要組成部分。臨江因地處長白山腹地和鴨綠江上游水陸交通要沖（道），是長白山木把文化的發祥地。

木把節　木把文化最具代表性的是長白山林區的「木把節」，也稱老把頭節或山神節，它產生於民間，在長白山林區具有廣泛的影響力。每年農曆三月十六日，是木把們祭祀山神爺老把頭的日子，也是木把們最隆重的節日，是木把們一年中的狂歡節，它與元宵節、端午節、中秋節等中華民族的傳統節日相提並論。一九三四年出版的《臨江縣志》記載，「每年三月十六日家家治席焚香設奠」，過木把節，紀念山神爺老把頭。

「木把節」是長白山林區特有的、重大的民間節日，這是長白山林區其他行業不可企及的，也是全國乃至世界所不多見的。「木把節」作為特有的一個行業節日，足以說明它已形成自己特有的文化體系，具有豐富的文化內涵和巨大的開發價值。

「木把節」是為紀念採參伐木人的「祖師神老把頭」而設。據伐木工人世代相傳，老把頭為山東萊陽人孫良。孫良於清同治年間獨闖關東，冒險入林謀生，為後人開闢了生路。《臨江縣志》記有孫良的

▲ 長白山木把

一首自述詩：「家住萊陽本姓孫，翻江過海來挖參。三天吃個蝲蝲蛄，教我傷心不傷心！嗣後有人來找我，順著古河往上尋。入山再有迷路者，我當作為引路人。」因木把們多為生活所迫而闖關東的山東移民，與孫良有著相同的經歷和遭遇，所以孫良被木把們視為放山英雄，不但敬仰和緬懷他，而且還將他視為勇敢和善良的神靈進行崇拜。

木把節的來歷有兩種說法：一說孫良餓死的祭日，二說孫良死後被發現的日子。雖歷史久遠無從考證，但都與孫良其人有關。每當木把節來臨之時，木把們都要停止山林作業，用最隆重的儀式祭奠山神爺老把頭。在祭祀活動前，木把們往往要尋找一個向陽的山坡，再挑選一棵參天的古樹，用四塊一米長、半米寬的木板或四塊石板搭成一座小廟，名曰「老爺廟」或「山神廟」。然後殺豬備酒與各種野果作為祭品，同時，在祭品前插上三根艾蒿草象徵香火，艾草旁還要擺放一棵「六品葉」（即大棒槌），最後再插上一根二米長的索撥棍。一切準備完畢後，木把們恭敬地焚香祭拜並虔誠地齊聲禱告：「山神爺老把頭，今天我們來供奉你。」然後是唸誦祭文，請求山神爺老把頭保佑木把們平安順利、人財兩旺。據《臨江縣志》記載：祭祀儀式「雖疊石為廟，以草莖代香，木葉為紙，老把頭亦必領受」。

木把舞　「木把舞」主要流傳在長白山林區一帶，是解放前伐木工人表演的一種獨特舞蹈，當時人們將從事採伐和放排的伐木工人視為「木把」，所以，舞蹈也被稱為木把舞。

木把節祭祀儀式後，神祕、肅穆的祭拜場地瞬間變成了享用貢品的野餐場所。大碗喝酒，大塊吃肉是木把們性格的體現。異常興奮的木把們經過幾杯烈酒的刺激，抑制不住亢奮的情緒。他們說笑著相互撞擊著酒碗，開心地敲打著身邊一切可以作響的器物，盡情地宣洩著在深山密林中憋於心中的寂寞、伐木的勞累和生活的磨難。興奮之餘，他們拍手擊掌，呼叫吶喊，齊聲高唱《木把神歌》。激發著人們的情緒，粗獷豪放的歌聲此起彼伏，牽動著人們的慾望，在空曠的山野中迴蕩。木把舞的道具主要是木杈。木杈是用帶有三個等距枝丫

▲ 伐木工人抬木頭

的一根較粗的樹枝經過消磨、摳琢、修刻而成。三個枝丫下端的主幹修刻、摳磨出三個疊放的木環，為了防止木環掉下來，主幹上細下粗，上下抖動木杈時，木環能發出啪、啪的響聲。木把們圍成一個圓圈，中間是表演的舞台，群情激昂縱情地跳起「木把舞」。舞者們身穿白布汗衫或赤裸上身，手持木杈從四面八方高喊著衝向場地中央。舞蹈的內容表現了木把人「採伐」和「流伐」的勞動場景。舞蹈的風格突出表現了木把人的精神氣質，完全是伐木和放排動作的藝術再現，反映了木把們沉穩剛健、淳樸豪爽和虔誠憨厚的性格特點。舞蹈沒有音樂伴奏，表演者手持木杈，模仿著流伐的動作，象徵著木把們翻江鬥浪、勇往直前的精神氣概。頗具長白山風俗特色的祭奠儀式，充分體現了木把們虔誠、質樸的性格特徵。

木杈是放排時的「木棹」在舞蹈中的重現，是舞蹈表演的主要道具，也是形成舞蹈風格特色的重要因素。由於木杈是舞蹈表演的核心，所以，舞蹈的動作基本是為表現木杈而舞。動作的韻律以「開」「顫」為明顯特徵。大起大落的起伏動作是舞蹈時所遵循的「法兒」，要求表演者上身端直，富有剛勁，四肢舒展，起落明顯，好似衝破浪尖，穿過浪谷的木排激流勇進。這種動律是木把們流伐時身體動態的真實寫照，也是形成木把舞風格的主要動作特徵。舞蹈的基本步伐比較簡單，一般以「顫步」「十字步」「橫跨步」「跳轉步」為主。無論進與退，都要有較大的顫動，以突出波浪起伏的狀態，充分體現木把們不畏艱險，乘風破浪的豪邁氣概。隨著步伐的不斷變化，木杈也在表演者的周身上下翻滾舞動。手、臂、腿、腳、腹、背、肩、頭等身體各部位都是舞杈表演的動力。飛舞的木杈頗像雜技藝術中的「耍杈」表演，令人眼花繚亂，目不暇接，加之木杈擊打的啪、啪聲和周圍觀眾（圍觀的木把們）的伴唱聲和呼喊

聲，更增加了木把舞的活躍氣氛，將木把舞表演推向高潮。此時，根據表演者各自的特長，場上不斷出現騰空跳躍、拿頂倒立、翻觔斗等技巧動作，使這一多姿多態的民間舞蹈更加豐富多彩。

　　木把號子　「木把號子」是木把文化的又一大特色。過去到林區讓人最難忘的是「木把號子」。「木把號子」遍布林區木材生產的每一個流程。譬如：伐木號子、喊山號子、抬木號子等等。「木把號子」隨意、貼切、幽默、逗人，往往是即時即景現編，把工作現場的環境、人物編進號子裡，讓周邊的人忍俊不禁。「木把號子」是木把們創造的號令，木把們的一切行動和指令都蘊藏在「木把號子」裡。「木把號子」響起，木把們步調一致，既省力也安全。如今在林區購買的每一根木材都「打鎚」（用鐵鎚給木材打上號），以此來標記是哪位檢尺員檢的尺。其實，這最早出於木把們的「義」字。過去木材把頭生產規模較小，又是手工作業，往往在一條溝裡聚集許多木材把頭。在集運過程中，免不了這些木材會混在一起，為了區別木材的歸屬，木把們採取了做記號的方式，在各自的木材上標上自己特定的標號。這樣，既恪守了「老把頭」留下的不貪不義之財的山禮山規，也避免了不必要的糾紛。木把們所具有的聰明智慧、堅韌意志、開拓意識、奉獻精神，都體現在「木把文化」當中，因此對木把文化的保護與傳承至關重要。

　　「木把文化」是由從事木材生產的林業工人創造的，它來自於木把們的勞動實踐。同時，它又在木把中間傳播、流行、應用。應該說，木把既是「木把文化」的創造者，也是「木把文化」的傳承者，更是「木把文化」的受益者。因此，「木把文化」具有廣泛的群眾基礎。在鴨綠江流域，木把在長期的木材生產實踐中創造了豐富多彩的「木把文化」，它承載著木把們的歡樂、幸福，也承載著木把們的悲傷、痛苦。木把們有共同的語言，這些語言浸滿了他們真實情感；木把們有相通的知識，這些知識沉澱了他們血淚教訓。

　　木把們的生活苦也好、樂也好，都已成為過去。新中國成立後，隨著時代的前進、科技的進步和交通事業的發展，林業工人的生產生活條件得到極大改

善：原始的手工冬採季節性作業已發展到現在的機械化常年流水作業，採伐工具由傳統的大肚子鋸、彎把子鋸發展到現在的油鋸作業，木材運輸由過去的編排流放、森鐵運輸發展到現在的公路運輸，到上個世紀末，鴨綠江放排職業正式退出歷史舞台。如今，朝鮮民主主義人民共和國仍在利用鴨綠江進行木排流放，放排這一古老的景觀仍可在鴨綠江邊看到。

漁獵文化

　　鴨綠江魚類資源豐富。早年從關內來到這裡的流民曾這樣描繪：「關東山真富裕，棒打狍子瓢舀魚，野雞飛進飯鍋裡。」雖說「野雞飛進飯鍋裡」有些誇張，但當年人們用叉子叉魚，用水瓢舀魚還是不足為奇。在鴨綠江及其主要支流裡，野生水產資源更為豐富，魚類就有細鱗魚、花羔紅點鮭、鴨綠江茴魚、鰲花魚、七彩鮭、哲羅鮭、鯰魚、鮠魚（黃岡子）、船釘子、馬口魚、沙包魚、鯉魚、鯽魚、滑皮勞子、紅翅子、麥穗子、重唇魚、嘎牙子、白鰱、花

▲ 漁民打魚

鱅、泥鰍、池沼公魚（春生子）等幾十種。傳統的漁獵文化有著豐富的內容，既包括由獵人、獵物、漁獵工具、漁獵方式、獵物分配、獵物貯存與加工等組成的物質文化，又包括由漁獵禁忌、宗教風俗、思想觀念、文學藝術等組成的精神文化，在促進人類社會文明發展中具有重要的作用。對漁獵文化的研究不

僅是對人與自然和諧發展的積極倡導，同時也是對人類文化遺產保護和發展的積極倡導。

▲ 漁民打魚

　　地處鴨綠江沿岸的臨江漁民的漁獵活動隨著時代的進步不斷改進和完善。早在遼代時，臨江漁民就把用鐵製作的有倒鬚鉤的叉頭，固定在長短不一的木製細桿上用來叉魚。叉魚可在白日或黑夜進行。白天，有經驗的叉魚手選擇有水草的甩灣子和深水流，根據水浪和水裡冒出的各種水泡，來判斷魚的種類、大小、走向、深淺，然後果斷飛叉，百發百中。黑夜，叉魚則需要兩到三人協力配合。一人掌舵，一人點火把，一人叉魚。點火把的人蹲在木排上，用火把的亮光引誘魚上浮，叉魚的人看準了即可投叉。到唐朝時，有的漁民開始出現用鸕鷀捕魚。漁民用船隻載著馴化好的鸕鷀，每個鸕鷀的脖子上都戴上一個脖套，當漁民發現魚時，一聲口哨，鸕鷀便紛紛躍入水中捕魚，鸕鷀們在水中鑽進鑽出，一會兒潛入水底，一會兒鑽出水面，還有的鸕鷀躥出水面，撲扇著翅膀拍打水面騰空而起。漁民劃著漁船在後面跟著，微笑地看著水面上的鸕鷀

們，默默地等待收穫的到來。由於戴著脖套，鸕鶿捕到魚卻無法吞嚥下去，它們只好叼著魚返回船邊。主人把魚取下後，鸕鶿又再次下潛去捕魚。遇到十餘斤的鴨綠江大鯉魚，幾隻鸕鶿會合力捕捉。它們有的啄魚眼、有的咬魚尾、有的叼魚鰭，配合得非常默契。漁民伸出竹竿接應鸕鶿們上船，又摘下鸕鶿的脖套，把準備好的小魚給它們吃，算作是對它們辛勤勞動的獎勵。到清朝時，由於長白山區被作為滿清王朝的發祥地遭封禁後，鴨綠江沿岸的居民被遣散，鴨綠江流域的漁獵習俗也停止達二百年之久。一九〇二年臨江建縣後到上世紀五六十年代前後，當地漁民利用漁網、漁鉤為漁獵的主要方式，用藥藥魚、用電電魚、用炸藥炸魚等破壞漁業資源的現象也不時出現。進入八〇年代以來，隨著國家對野生漁業資源保護的力度不斷加大和人們環保意識的增強，電魚、炸魚、藥魚等滅絕性的捕魚方式已被明令禁止嚴厲查處和打擊，漁獵文化更加文明和可持續。臨江漁民一般避開夏季魚類繁殖期，只在春秋兩季捕魚。同時，為保護野生水產資源，臨江市採取「休漁期」等多項措施，在利用鴨綠江水域和山溪水開展人工養殖的同時，還將人工繁育成功的一些珍稀魚苗，投放於江河湖泊之中，為野生魚類的繁衍生息提供了保證。

▲ 漁民撒網打魚

人參文化

　　臨江地處長白山腹地，森林資源豐富，為人參的生長和繁育提供了絕佳的天然條件。遠在一千多年前，臨江先民便廣泛應用人參。唐時期，為了朝貢包括人參在內的大量東北貢品，渤海國還開拓了一條經由神州臨江俗稱老道槽子的東朝貢道。為向唐朝貢送個頭大、分量重的人參，臨江先民已採取了移植「秧參」的辦法，使小野山參長大。大規模的普遍野山參馴化、栽培始自清前期。由於清廷將吉林人參列入主要貢送品，交納數量累年遞增，採辦貢品的衙門和地方官吏即使向民間把頭搜刮以及「官雇刨夫」採挖也難以如數交差，於是以園參馴化野山參的歷程便應運而生，稱為「秧參」。清政府對山參的馴化和培育開始是反對和限制的。他們認為用「秧參」（放山人把小野山參移至園內栽種）進貢是欺君行為。乾隆四十二年（1779年）清廷申令：「收買秧參栽種，以及偷刨參秧貨賣，即將此等人犯嚴拿究辦，一律治罪。」但是，隨著清廷不斷地調查、研究、考證，他們也漸漸地認識到由野山參而轉化成園參的培馴確實是保護自然和認知自然的一種良法，而且園參那時已逐漸地具備了與野山參同樣的功效，於是，清廷於光緒七年（1881年），由吉林將軍銘安上奏朝廷：「弛禁秧參，與諸草藥分別抽收稅課……」至此，臨江長白山人參開始了大規模的野山參馴化的歷史。

清中期，臨江野山參向園參轉化的過程已初步完成，並積累了豐富的人參培育、栽種和採挖山參的經驗。

　　臨江地區的勞動人民在近千年採挖山參的過程中形成了一整套獨特的民間習俗，口傳

▲ 參農採參

心授，世代相傳，早已成為長白山放山人共同遵守的習慣和規則，由此產生的信仰、思想品德、道德規範、環境意識、價值認同和傳統技藝，極大地影響著當地人們的精神境界和文化理念，形成了較為完整的習俗理念並昇華為一種獨特的人參文化，具有鮮明的地方特色。

人參，百草之王，中藥之首，是關東三寶的中的第一寶。長白山人把山參稱為「棒槌」，把進山採挖山參稱為「放山」。人參根據生長年頭分為「三花兒」「巴掌（五葉兒）」「二角子」「燈檯子」「四匹葉」「五匹葉」「六匹葉」，最

▲ 參農採參

大的是「八匹葉」。八匹葉人參主莖長兩層葉子，稱二層樓，每層四個叉——四匹葉，兩層四匹葉相加成為「兩層樓八匹葉」，極其罕見。五匹葉以上即為大棒槌。

在人參文化長期的演變過程中，形成了一些獨有的人參文化習俗，包括專用語言、行為規範、挖參技術、各種禁忌、專用工具等。採參工具有鹿骨釺子、索拔棍、快當刀、快當斧子、紅絨繩、油布、銅錢等。入山時，採參人都

帶著小米、鹹菜和炊具。祭山是山裡人進山採參活動必備的一種祭祀儀式。在長白山放山的人，對老把頭處處尊崇，事事不忘。放山前要拜把頭廟或把頭墳，進山後，放山人首先壓好「餃子」（窩棚），安排好自己的臨時住所，然後就要安

▲ 剛出土的野山參

排「老把頭」的位置，即用三塊大石頭，在大樹跟前搭個小廟，沒有石頭的地方，用大塊燒柴柈子或是樹皮搭小廟，放山人稱之為「老爺府」，老爺府即老

▲ 參把頭祭祀地

把頭祠。立好老爺府，再砍幾個明角（松樹明子塊），插在廟旁兩邊當蠟燭，上香升紙馬。或以草為香祈求老把頭孫良保佑，人們往往要在木板或紙張上畫出「關老爺」的頭像或寫上大名，摟土為爐，插草為香，以示敬意。開山時，把頭帶領大夥叩頭禱告，祈求老把頭保佑大家放山挖到「大貨」（大山參），並許願如拿到「大貨」，回家給老把頭上大供。「山神廟」不僅是放山人祭山的重要場所，也是其他林區活動祭祀的重要場所，有些林區其他活動也常以此進行祭祀，既體現了林區人們崇拜神靈驅凶納福的一種信仰，同時也瀰漫著神祕色彩。如今，隨著林區建設的開發和對野生動植物保護的深入落實，「山神廟」這一古老的場所幾乎已盡絕跡，但在林區遺產文化的發展史上，仍有濃重的一筆。在臨江地區，挖參通常在穀雨後、白露前這段時間進行。

挖參人進山之前首先要組織拉幫，拉幫由把頭負責，把頭是一夥放山人的領導者和組織者。把頭必須具備豐富的放山經驗，懂山規，有挖參技術，能看出哪座山有人參，進山後不會迷路。一般放山者大多為三人、五人、七人或九人，忌二人（怕見財起歹意）、四人（與死諧音）。講究「去單回雙」（回來加上人參成雙數），但也有一個人進山採參的，即「單棍撮」。

▲ 參把頭拜山祭祀

採參人放山時橫排前進，彼此距離約一棍，稱為「排棍」；排中間的人叫「挑桿的」；第一次放山的採參人（稱「初把」）在邊棍和挑桿的中間，也稱之為「壓趟子」。放山時不准亂喊話，即使看見蛇也不例外，怕分心和迷路。林子密

了，幾步之外可能就看不見人影，又不許亂喊，因此要用索撥棍敲擊樹幹的方法保持連繫。放山人絕對不准坐樹墩，傳說樹墩是山神老把頭的座位；放山人抽菸稱「拿煙」，休息稱「拿蹲兒」，吃飯稱「拿飯」，睡覺稱「拿覺」，改變住處稱「拿房子」，意思都是為了拿到人參。

放山人如果發現了人參叫「開眼兒」，要大聲喊：「棒槌！」，這叫「喊山」。把頭接問「什麼貨？」發現人瞄準以後就要立即回答，說出幾品葉，然後大夥接著說「快當！快當！」（滿語，麻利、順利、吉祥和祝賀的意思），這叫「接山」。如果喊錯了，發現的是一棵草而不

▲ 參把頭採參

是人參，也要挖出來拿著，這叫「喊炸山」了。有時發現的不是一棵人參，而是一片或一簇，就按打頭的一棵是幾品葉來回答。人參要由把頭挖，先用栓有銅錢的紅絨繩套在參葉上，為的是給人參帶上籠頭，怕它逃跑了。也有用草帽蓋住人參的。接著，把頭要在人參周圍的地上劃一米見方的框框，四角插上四個人的索拔棍，稱之為「固寶」。其他人點燃蒿草熏蚊蟲，以便把頭集中精力挖參。挖參時先破土，然後用光滑的鹿骨釺子慢慢地一根一根地挖參鬚子。把參鬚周圍的土摳淨後，再用青苔茅子將參拉出來。隨後，用青苔茅子、樺樹葉摻上一些原土，把人參包起來，用草繩打成「參包子」，或起一塊青苔包在人參上，以保持漿氣，撒些起參的原土，外面包上樺樹皮。大的參包子由把頭拿著。挖完參要砍「照頭」，即由把頭在附近選一棵紅松樹，朝著挖參的方向，從樹幹上剝下一塊樹皮後，在白茬樹幹上用刀刻槓。放山的人數刻在左邊，有幾個人就刻幾道槓；右邊刻的是幾品葉參，幾品葉就刻幾道槓，這是為了使大家知道這個地方曾經挖過人參，是人參生長區。古老的長白山採參習俗，一直沿襲至今。放山非常辛苦，露水濕、蚊蟲咬、荊棘劃臉。發財者固然有之，

「趟草」者（未放著參）也不乏其人。儘管如此，由於人參價值昂貴，每到放山季節，三五成群進山者有增無減。

在長期的放山過程中形成的採參（放山）習俗，如拉幫、進山、抬參、下山、還願等習俗，成為最初的人參文化的主要內容。同時，在艱苦的放山過程中產生的野山參故事、傳說、歌謠等民間藝術形式，如人參故事《棒槌姑娘》《參王與老把頭的傳說》、歌謠《採人參》等，構成了獨特的採參習俗文化。這些採參文化習俗具有極高的開發利用價值。「長白山採參習俗」已被列為國家級非物質文化遺產。

▲ 參農採挖山參

太平鼓舞

太平鼓又名「單鼓」「腰鈴鼓」，屬於滿族的一種祭祀舞蹈，是解放前本地農村的主要文化活動之一。

臨江的太平鼓舞可上溯到唐代。一九八四年九月，在松樹鎮永安遺址（渤海時期）出土的一種鈴，其形制、功能與今太平鼓基本相同，可見當時這種民間舞已十分流行。從清末到東北淪陷時期，本地太平鼓盛行一時，主要流行在鴨綠江沿岸的大栗子、小栗子、葦沙河、下三道溝、大滴水台、錯草溝、黑松溝等地。太平鼓在滿族傳統文化的基礎上，又融合了漢族、朝鮮族文化，保持了滿族簡潔、明快、粗獷的特點，又揉進漢族文化豐富多彩、細膩的特色。太平鼓表演者多為農民，農閒時二至八人結夥，自帶道具，走村串屯，為人祭祀祖先或燒香還願，慶祝太平等，其表演形式簡便靈活，有一整套程序。解放前，本地太平鼓主要是燒香、還願祭祀亡靈而為之，因而蒙上了迷信色彩。解放後反對迷信活動，使其瀕於絕跡。新中國成立初期，興隆街王延斌、王延成兄弟把太平鼓填上反映抗美援朝內容的新詞，在群眾中演出很受歡迎。後來改為今用，「打單鼓」填新詞，跳新舞步，穿新服裝，樂器伴奏，成為表演的小節目，在群眾會演中時常演出。

秧歌舞

扭秧歌原是節慶日裡人民群眾的一種主要娛樂活動形式。1945年12月臨江城解放，翻身群眾扭起秧歌歡慶臨江解放。1946年冬天，魯藝文工團來臨江，在各區（鄉鎮）演出《李小二參軍》等小型秧歌劇，同時組織群眾學演秧歌劇。從而形成城區扭秧歌，農村扭秧歌，老人扭、中青年、少年、兒童也參加扭的局面和群眾性體育活動的氛圍和局面。

▲ 秧歌舞

1985年，臨江建區後，秧歌舞（地蹦子）成為人們集體健身的主要活動形式，1990年成立的夕陽紅秧歌隊是臨江市最早自發組建起來的第一支中老年秧歌隊，參加秧歌隊的群眾多為老年婦女，發展隊員達一百多人，平均年齡六十六歲，最大的已年愈八旬。健身強體，愉悅身心是老年人活動的宗旨。在「夕陽紅」的帶動下，只幾年時間，市區內自發組織起來的中老年文藝團體就達十幾個。每天清晨和黃昏，臨江市的江心島公園、政府廣場、社區街道、臥虎山上，到處可見一隊隊或舞或操，或劍或拳的健身隊伍。在每支秧歌隊中，有專人負責教練或編排秧歌舞節目的老師，有統一製作的演出和排練服裝，有自己動手製作或自己出資購買的大頭人、旱船等演出排練道具。每天早晚時間，各支秧歌隊都活動在江心島、政府廣場等地及社區、農村小文化廣場上，場面十分活躍。每年春節期間，臨江市舉辦由市直各系統、駐臨國省營大企業參加的秧歌比賽，從初一到十五，各秧歌隊輪番上街

表演，舞獅子、跑旱船、跑驢、大頭娃娃等雜耍俱全，應有盡有。扭秧歌原是在節慶日裡人民群眾的娛樂活動形式，現已發展為不踩高蹺、平步的大秧歌、秧歌舞，成為人們鍛鍊身體的體育活動。特別是臨江城區的江心島公園、政府廣場及各居民小區內的小廣場上，十幾隻秧歌隊扭的熱火朝天，圍觀的群眾擠滿公園和廣場，場面十分火爆。2000年，臨江市樺樹鎮年近七旬的家庭婦女王雪梅看到附近的一些老姊妹因沒有場所活動而著急的樣子，王雪梅買回鑼鼓拉起了秧歌隊的架子，全部由個人出資建立起來樺樹鎮棲霞秧歌隊，並為六十多名隊員每人做了三套秧歌服。每天傍晚，她家門前就成了樺樹鎮人氣最旺的地方，鑼鼓聲、歡笑聲把一條不長的街道舞得熱熱鬧鬧。她多次帶領秧歌隊參加市裡的各種比賽，並拿回多個獎旗、獎狀。王雪梅也被大夥親切地稱為「大山深處的領舞人」。近年來，臨江市秧歌舞參與者逐年增多，秧歌隊也由社區擴展到村鎮，表演形式更是不斷變換更新，扇子舞、花棍舞、絨球舞、雙球舞等健身舞花樣百出。政府部門每年都在重陽節等節日裡，組織開展秧歌舞會演或比賽，推動秧歌活動不斷提升檔次。在活動現場看到，一些中老年朋友們掌聲、笑聲不絕於耳。一些老年朋友高興地說，現在不愁吃、不愁穿、不愁花，不樂樂哈哈，高高興興地過晚年，還幹啥？通過秧歌舞活動，讓老年人真正活出了精彩，使生命質量更有價值。臨江林業局秧歌隊、興隆街道秧歌隊等多支秧歌隊還都曾在國家級舉辦的中老年秧歌大賽上獲得過大獎。

▲ 扭秧歌

手工作業時期的林業術語

大把頭——專業或兼業經營木材生意的商人或財東。

頂房把頭——大把頭僱用掌管木場子的頭目。

山把頭——負責木材採運的頭目。

開山——開始伐木，把頭率眾人帶上香紙和供品，到「老爺府」磕頭上供，祈禱山神保佑，然後便開始伐樹。

叫樹——伐樹前，先用斧子敲擊樹幹，根據響聲辨別是否空心樹。

打楞子——被伐的樹幹在伐倒前，突然從已伐鋸口的中間或三分之二處劈成兩半。

坐殿——被伐的樹站立不倒。

砍下頦——在樹倒的方向處先砍一個三角豁口，讓樹按指定的方向倒下。

拔大毛——挑選最好的樹採伐。

喊山——樹將被伐倒時，喊樹倒的方向。

橫山倒——樹倒向橫山坡。

順山倒——樹倒向山下坡。

逆山倒——樹倒向山上坡。

站桿——枯死的站立木。

吊死鬼——懸掛在樹上的枝丫或棍棒。

盤絲頭——木頭紋理極度紊亂，不規整。

吊卯——理順散亂在山場的原木，讓其小頭朝向運材道。

開套——大雪封地，牛馬爬犁開始運材。

掐套——春暖雪融，採運停止作業。

拉吊子——原木兩頭掏成透孔，用鐵鏈相連，用牲口拖下山。

疙瘩爬犁——將十釐米左右粗的樺樹連根拔起，削去梢頭和鬚根，留其根

部疙瘩，製成爬犁，是牛運木材的工具。

串坡——藉助山的坡度和雪的滑力，把木材放到山下。

放冰溝——從山上到山下修一雪槽，澆水凍冰，把木材順槽放下。

叉楞——流送的木材放橫或被障礙物阻攔，使許多木材叉在一起。

挑楞——有經驗者在叉楞的木材中找出關鍵木，並將其疏通，危險性極大。

水閘——用原木築的攔水壩，以提高水位，增強流速，進行單根式流送，也稱趕羊。

堆河——將堆積河岸的木頭，滾進河水中。

出河——單根流送的木材到達出河地點，人抬或用牲畜拖出河。

趕河——利用河水單根流送木材，也稱趕羊或流送。

修邊閘——在河道彎曲處，用木頭攔水成直流，避免流送的木材叉楞。

騎水馬——趕河工人站在或坐在漂流的木頭上。

排窩子——編排或存放木材的地方，水深而平穩。

硬吊子——用小桿把木頭橫串豎連起來的排。

軟吊子——用捻木串聯起來的排。

耍龍——抬木頭的最後一幅槓的代稱。

雛把——初進木場子，對一切都不懂的新木把。

哈要掛——抬木頭時眾人哈下腰，把掐鉤掐在原木上時的動作，也是勞動號子中的一句。

▌民間故事及傳說

　　鴨綠江的傳說　鴨綠江發源於長白山主峰白頭山南麓。流經吉林省的長白縣、臨江市、集安市及遼寧省的寬甸縣、桓仁縣、丹東市，由丹東市入黃海。鴨綠江是中國與朝鮮民主主義共和國的天然界江。其名稱經歷了數千年的發展變更。據臨江縣志記載，鴨綠江，在漢代初期稱為忽本江；晉文公來江觀水時，見水流如箭，故又稱為箭川江，後改為劍川江；唐太宗率軍親征高句麗凱旋路過此江時，因在江上洗過戰袍，故更名為洗袍江；清初鴨綠江取名於水色，據《通典》記載：鴨綠江「水色如鴨頭，故名。也做鴨綠」，故又取名鴨綠江，一直到今。

　　相傳，鴨綠江在歷史上曾有好幾個名字，晉文公視察到這裡時，曾親賜鴨綠江為箭川江。

▲ 鴨綠江（局部）

史載晉文公喜歡周遊，無論何處，只要有奇觀異景，他都想去看看，因此一些大臣投其所好，經常蒐集這樣的信息。一天，一近臣進諫說：「長白山有個天池，景觀奇特，是天上仙女洗澡的地方，主公可否到那裡一遊」。另一近臣又趕忙補充說：「長白山有很多人參，聽說新出土的人參吃了補身要比乾了的人參強十倍，到那裡可吃上新鮮人參，能保主公長生不老。」看仙女洗澡的地方和吃鮮人參這兩條對晉文公都具有很強的吸引力，於是便下旨出遊長白山。然而，出關後方知景好看，路難走，但事已至此，只好橫下心來走下去。當時從關裡到長白山最捷路是在鴨綠江乘船上行，於是晉文公便從安東乘船沿鴨綠江往長白山天池走，開始時由於是下游，水面寬闊且穩，還算好走，可越走水越急，逆水行舟，水急阻力大，縴夫格外費力，當時船舶只通到臨江，這對船伕來說本是輕車熟路，可這次是晉文公坐的船，船又大人又多，格外費力不說，還得備加小心。船到臨江時，縴繩已不知拉斷了幾根，縴夫艄公們也都很累了，晉文公也頗感疲乏，他見臨江地面風景優美，便決定在此休息一下。

再說晉文公在臨江住了幾日後，吃好了鴨綠江的鯉魚和鰲花，因此，必須天天保證供應，這樣打魚者冒死捕魚，格外忙，格外急，天天忙個不停，好奇心較強的晉文公卻要看漁夫們如何捕魚，當他來到江邊，看到漁夫們在江中乘舟自如，在江水急流中行走如飛，一眨眼小船就不見了的情景，頗為驚奇，感嘆地說：「飛舟如箭」，話音剛落，一近臣忙諂媚地說：「主公何不讓舟箭比試比試，一觀其果。」晉文公頗感興趣，便命漁夫從中選出一人，準備好，又命一名箭手拉滿弓。一聲令下，箭飛舟馳，結果是箭落船到，晉文公感慨地說：「真是水流如箭，本公賜此江為箭川江。」箭川江之名便由此而得，不過後來有人就將箭寫為劍，歷史上也有劍川江之說。

貓耳山的傳說　貓耳山位於臨江市西北，由老嶺山脈延伸而來，海拔一〇六九米。因山上雙峰對峙，形如貓耳而得名。（摘自臨江地名志）

相傳，很早以前，天地展開了一場惡戰。天要懲地，於是施展淫威，風雨雷交加，雨不停地下，風不停地刮，雷不停地鳴。地為了自衛就堆起了座座大

▲ 貓耳山

山，阻住了水，擋住了風，抵住了雷。雨越下越大，山就越長越高，大有頂破天之勢，不知戰了多長時間，反正到了雙方都感到精疲力竭，天上無水再作雨，地上也不能把土全作山，雙方才就此講和。從此，地上形成了大山和海洋，同時也出現了「天上無水地上取」的現象。但是這一戰卻給人間帶來了很大災難，由於過度潮濕以及戰後大旱，人間發生了瘟疫，人不斷地死去，到處一片淒涼。怎樣防止瘟疫流行，當時人們一籌莫展，這一現象被天上負責看管「百草園」的花貓仙子看在眼裡，心地善良富有同情心的她心想：「百草園」草藥豐富齊全，可治人間瘟疫，為何不送些仙草到人間，為人治病呢？於是她就去朝見玉皇大帝，跪拜在玉帝面前，述說了人間的苦難，提出把「百草園」的仙草送些到人間去，為人治病的想法。玉皇大帝因與地之戰未能取勝，反而賠上了水，讓地得益而大為惱火。當聽了花貓仙子要為地上人間辦事時，就暴跳如雷，大罵：「畜生，你怎麼能把天上的寶物往人間送，你若敢胡來，我就割了你的舌頭，扒了你的皮！」花貓仙子被轟了出來。

▲ 貓耳山

　　花貓仙子受了委屈後，並沒有灰心，善良的心促使她決心要把仙草送往人間。於是她決定在奉玉皇大帝聖旨採挖仙草時，鋌而走險，妙計盜藥。這種機會雖不多，但還是有的，因為每逢眾仙大型聚會時，玉皇大帝都要派人到「百草園」採挖許多仙草，配製成名菜，招待眾仙，而每次奉旨前來採挖者恰恰是花貓仙子的得意門徒玉虎星，她決計利用這層關係，把一些仙草送到人間。

　　過了幾日，巧逢玉皇大帝的壽辰，眾仙都來拜壽。玉虎星奉旨前來「百草園」採草挖寶。花貓仙子便陪同到了園裡，並與玉虎星一同採挖，她把各種能治病使人長壽的仙草偷偷留下一些。玉虎星專挑好的挖，幾棵白胖胖的人參娃娃被挖了出來。這幾棵人參娃娃都是頭頂一簇紅籽，花貓仙子看在眼裡，計上心頭，便上前親暱地說：「玉虎，咱們師徒相處了多年，你說師傅怎麼樣？」玉虎星趕忙畢恭畢敬地說：「師傅好！師傅心地善良，除惡行善是著稱於眾仙之中的，我十分崇拜。」花貓仙子見時機成熟便說：「那好，你是我最得意的

徒弟，我和你無話不說，現在有件事請你幫忙，你幫不幫？」玉虎星一聽，心想師傅今天怎麼了，可嘴上卻說：「師傅有啥事，儘管吩咐，徒弟一定儘力而為。」於是花貓仙子就照直說了：「現在人間流行瘟疫，災難深重，我想給他們送點仙草治病，造福於人間。你若還認我這個師傅，就請你把這幾棵人參娃娃頭上的籽給我幾顆，不然，你就別認我這個師傅。」玉虎星聽了師傅的話很受感動，也想學師傅行善積德，於是就順便摘下數顆參籽交給了師傅。

花貓仙子得了參籽，又藉機偷了一些仙草，非常高興，趕忙送往人間。她在各座大山上撒了一些仙草，這些仙草在各山上紮根繁殖，就成為人間的中草藥。唯獨人參籽，她不肯亂撒，專門撒向了長白山。這是為什麼呢？原來花貓仙子同眾仙女經常到長白山天池洗澡，清澈的天池水，使她們洗得十分舒服，也使她們的皮膚保養的又白又嫩。她們每次來到長白山天池都是浴罷了又歌又舞，高興了還要遊覽長白山，寂寞的天宮生活讓她們把到長白山天池洗澡當成了唯一的快事，而且每次都是流連忘返，只是怕違犯天規，才不得不按時返回。因此，花貓仙子對長白山有特殊的感情，所以這次來到人間撒仙草，她就決定把最珍貴的參籽撒到長白山上。花貓仙子來到長白山，一邊遊覽，一邊撒籽，十分愉快。可是萬萬沒有想到偷仙草的事被玉皇大帝得知，玉帝大怒，派托塔李天王速將花貓仙子緝拿歸案，此時李天王正在捉拿她。玉虎星一看事不好，述說了此事，讓其趕快歸天想辦法。花貓仙子還有一顆籽未撒，她想撒完再歸，可玉虎星著急，拽著花貓仙子就升天，花貓仙子無奈在升天時將最後一顆參籽撒向地面，本欲撒在長白山，不料一陣風將這一顆參籽吹到了朝鮮，後來就成了高麗參。撒向長白山的參籽，很快長成白胖胖的人參，就是後來的長白山人參，成為人間的一寶。

花貓仙子和玉虎星回到「百草園」，李天王率兵剛走出百草園，到人間去緝拿花貓仙子去了。其實托塔李天王也無真心捉拿花貓仙子，由於花貓仙子心善，眾仙都對她好，在這個時候都想幫她一把，一些平時與花貓仙子過密的仙人都幫助出招，讓花貓仙子下凡避難，以後再幫助求情，請求玉皇大帝開恩。

花貓仙子心裡非常難過，心想我為人間做善事，落到這樣一個下場。她恨天宮，想下凡到人間，也遂心願，於是花貓仙子向眾仙揮淚告別，又到她精心耕耘的心愛的「百草園」裡轉了一圈，一狠心就下凡到人間，直奔長白山而來。

在長白山她按下雲頭，首先查看了她撒下人參籽的地方，一看這些人參長得很好，都開了花。原來這些參籽都是花貓仙子用了仙氣，並責成長白山土地爺供足養分，所以這些參長得又快又好，足見花貓仙子的良苦用心。花貓仙子看到這一切，心花怒放，把在天宮的一切煩惱全忘了，高高興興地在長白山住下來，她仍像在天上「百草園」一樣，照看長白山上的仙草和人參。所以，長白山人參和長白山草藥又好又管用，受到世人的喜愛。

一天，黃昏時分，花貓仙子閒來無事，出來遊玩，看到山林中飄出一股青煙，她好生奇怪，這深山老林又在傍晚，怎麼會有煙呢，難道會有人？她尋煙找去，看到了一個「小窩棚」，裡面有個小夥子正在生火做飯，原來這是放山人馬林。

馬林二十四五歲，孤身一人，長得憨厚、結實、英俊，為人善良。馬林的父母都是在瘟疫中死去，儘管馬林十分孝順，但卻只能眼睜睜地看著父母死去而毫無辦法，他恨自己不能救父母，他安葬了父母后，便決心學醫治病。此次上山就是要挖參採藥，好為人治病的。花貓仙子看到這一切，便產生了愛慕之心，但花貓仙子不能馬上表示，她還要試一試這個小夥子。於是第二天便施展法術，幫助馬林找到了許多中草藥和好參。小夥子樂得直蹦高，就連夜趕下山，將採的藥和人參進行配製，為鄉里人們治病，治好了好多人的病，受到鄉里人的尊敬和愛戴。他的名聲越傳越遠，找上門看病的人越來越多，小夥子十分理解病人的痛苦，以及病人親屬的焦急心情，不管颳風下雨，深更半夜，他是有求必應。一直跟隨馬林的花貓仙子偷偷地看到這一切，感到十分甜蜜，心想能和這個小夥子生活在一起該多幸福啊，一起行醫為民治病，又是多麼好啊！她想啊，想啊，終於想出來一條妙計。

馬林由於給好多人治病，所以，他採的藥很快用完了，馬林就又不辭辛苦

地趕到長白山採藥。這次花貓仙子可想好了，決不錯過良機。當馬林採了一天的藥，渾身累得筋疲力盡，顧不上做飯吃就躺在窩棚裡睡著了的時候，花貓仙子看在眼裡，疼在心上。怎麼把他弄醒呢？於是她把土地爺拘來，讓他偷偷地把馬林弄醒。土地一看就明白了花貓仙子的心思，故意逗她說：「我變個大蟲咬他一口。」花貓仙子趕忙說：「不成，不成，那會咬壞的。」土地爺見狀捣著嘴樂，又說：「那我變個老虎到他跟前去大吼一聲，保證能把他叫醒。」花貓仙子又趕快擺手，說：「不行，不行，那會把他嚇壞的。」土地爺皺起臉來，把兩手一攤，說：「那怎麼辦哪？又怕咬，又怕嚇的。」花貓仙子撒嬌地靠到土地爺身旁，用手輕輕地推動著土地爺的肩膀，說：「土地爺爺，你就幫幫我嘛！」土地爺哈哈大笑，羞得花貓仙子臉紅紅的，趕快把臉捂上。土地爺捋著鬍子說：「好吧，那就成全你們吧。」土地爺說著就走進了窩棚，花貓仙子趕快爬上一棵大樹，變成一個美貌的大姑娘。土地爺用一根草在馬林的臉上一拂，小夥子立即醒來，點上燈，看看天已大黑，這時他就聽著有個女人的聲音在喊：「救命啊，救命啊！」馬林聽到喊聲，心想這深山老林黑燈瞎火的哪來的女人呢，莫非是鬼？不管是鬼還是人都去看看，是鬼就與鬼鬥，是人就救她一救。於是他隨著喊聲走到樹下，大聲問：「你是鬼，還是人？」樹上的姑娘回答說：「是人，不是鬼！大哥，你別害怕，快救救我。」馬林又問：「這麼黑了你跑到這深山老林來幹什麼？」花貓仙子早已準備好，就說：「我是上山來採藥的，我爹爹病重，想弄點草藥給他老人家治治病，不想走迷了路，天黑又害怕野獸，就爬到樹上暫避一時。剛才看到你屋裡燈光，知道有人在裡面，就喊救命。」馬林信以為真，又見是個孝順的姑娘，就決定救她。就對姑娘說：「別著急，你等著我來救你。」姑娘聽了甜甜的一笑。馬林跑回窩棚拿了繩子，點了火把，趕快回到樹下，把繩子一頭扔給姑娘，讓其繫在樹枝上，另一頭小夥子拽著，用火把照著亮，姑娘順著繩子溜下來，一下子撲到馬林懷裡，暈了過去。馬林見姑娘又累又怕暈了過去，只好把她抱到窩棚裡，放在熱炕上，不顧一天的疲勞，給姑娘燒水、煎藥，又小心翼翼地給姑娘飲了熱水，

當姑娘甦醒過來時，他又雙手端著藥碗，讓姑娘喝了藥，又讓她躺下休息。姑娘躺了一會漸漸好起來，就急忙起來表示感謝，她向馬林道了個萬福，說：「謝謝大哥救了我，我要一輩子報答你。不知大哥貴姓大名，家住在哪裡？」小夥子這才抬頭仔細看了看姑娘，只見這姑娘長著一雙水靈靈的大眼睛，彎彎的兩道細眉，瓜子臉蛋，櫻桃小嘴，楊柳細腰；衣服得體，就像下凡的仙女，美麗動人，世上無雙。小夥子看傻了眼，直到與姑娘對了眼，才不好意思的回過神來，說：「我姓馬，單名林，家住山下臥虎村，自幼喪失父母，現獨身一人。」接著又問姑娘的情況，姑娘說：「家住百草村，與父親相依為命，不料前些日子父親染病，越來越重，我沒法只好上山採藥，不料迷了路。」油燈下兩個人各自敘述著自己的身世，越談越覺得投緣，便相互產生了愛慕之情。漸漸地天晚了，姑娘趕忙去做飯，一會香噴噴的飯菜做好了。小夥子一看這麼快就做好了這麼些好吃的，十分喜歡。見了飯小夥子覺得餓得不行了，就狼吞虎嚥地吃起來，姑娘在一旁看在眼裡喜在心上。小夥子吃得差不多了，發現姑娘還站在那裡，就不好意思的過來拉著姑娘的手讓她過來一起吃飯，姑娘順勢倒在小夥子的懷裡，兩顆心相通了。於是他們拜了天地。吃了飯他們上山採了好多好多的草藥和人參，就一起下山。小夥子堅持先到姑娘家，給岳父治病，姑娘見狀不好阻攔，只好同意帶小夥子回家。她領著馬林左拐右轉，當轉過一個山彎時，姑娘用用一指，前面便出現了幾戶人家，姑娘趕忙說：「到了。」領著小夥子到一座草房前，急忙喊：「爹爹，爹爹！」可是沒有回音，兩人進屋一看，哪還有人，姑娘急得哭了起來，小夥子就出去找。這時，花貓仙子又把土地爺招呼來，讓他幫助想辦法。土地爺變成一位村翁，待馬林來時，土地爺來到姑娘家，告訴說她爹死了，就埋在村頭。於是姑娘到村頭一個土堆前哭了一頓，就跟著馬林來到了臥虎村馬林的家。鄉親們聽說後，都來祝賀。從此，姑娘在家做家務，還幫助丈夫配藥、製藥。馬林用媳婦配製的藥外出為人治病，特別好使，不久，馬林成了遠近聞名的名醫。村裡人都誇獎這「小兩口」，都說馬林找了個美麗賢惠的好媳婦，小夫妻倆聽了非常高興，日子過得甜甜蜜

蜜。

日復一日地過了幾年，不料好景不長，天上黑狗星偷吃了仙果，被貶下界，讓他吃屎，他到處找屎吃，吃壞了肚子，想找大夫給治病，便變成一個老翁，來到臥虎村找馬林看病，好心的花貓仙子為他熬了藥，馬林給他服下。當他睜開他那雙發著藍光的尖銳的狗眼時，發現在旁邊幫助侍候的女人是花貓仙子。他知道花貓仙子逃到人間的事，於是這個喪盡天良的狗東西，病好時連聲謝謝都沒說，就一打滾不見了。黑狗星回天宮告了密，玉皇大帝一聽暴跳如雷，他赦免了黑狗星的罪，讓他帶路，派李天王率領天兵天將速將花貓仙子緝拿歸案。花貓仙子聽到天兵天將的吶喊聲，知道大事不好，出來跪在李天王面前，述說與馬林的情義和為人間行善治病的事，一再說明沒作惡事，願意退去千年道數，請求放了她。托塔李天王也深表同情，但又不敢違旨，只好說：「花貓仙子，你別說了，還是隨我回天宮與玉皇大帝說去吧，這次放了你是辦不到的！」黑狗星在一旁急於請功就狐假虎威地說：「你不趕快回天認罪，就讓雷公劈死馬林。」花貓仙子一聽要劈死心愛的丈夫，心如火燒，她知道，他們是能辦得到做得出的，於是她求天兵天將不要傷害馬林，她願意回天認罪。她哭求讓她與馬林再見一面，但沒有獲准。於是花貓仙子只好留下一首詩：

偷撒仙草到人間，觸犯天規死不冤。只恨玉帝心太狠，棒打鴛鴦兩分散。今朝回宮去受刑，來日情逢貓耳山。

花貓仙子為了不連累丈夫，只好回到天宮受罰去了。她回到天宮後，被除去千年道行，恢復原形後，又處以極刑，被鎚擊而死。玉虎星按照師傅的遺囑，將花貓仙子的遺體安葬於玉虎星的修練之地——臥虎山旁，這就形成了貓耳山。這座山在臨江城裡只看見貓頭部分，如果在五道陽岔一帶觀看，此山恰似一隻側頭向東爬著的貓，其身子一直到青溝子，甚至連尾巴都看得出來，像極了。

再說馬林在一場狂風暴雨之後，不見了媳婦，就急忙屋裡屋外的找，可怎麼也找不到，鄰里也幫著找，也找不到，馬林急得哭了起來。說也奇怪，待鄰

里安慰了一番，陸陸續續地走了以後，馬林呆呆地對著牆發愣，突然他看到牆上有字，而且越來越清楚，原來是花貓仙子留下的那首詩。他一看全明白了，就再也控制不住自己了，大哭一場後，就急不可待地奔貓耳山而來。他走啊，走啊，終於找到了貓耳山。於是他就在貓耳山西側的一座山上住下來，架起了一個窩棚，開荒種地，從此他寸步不離貓耳山，日夜伴隨在花貓仙子身旁，每天晚上都到貓耳山上，在雙峰中間的一塊大石頭上坐下來，對著貓耳山說說心裡話，每每說到思念之情時，馬林都流下了成串的眼淚，長此以往在這雙峰之間形成了一個水泡子，登上貓耳山的人都見過這個水泡子，相傳是馬林眼淚形成的。後人把馬林住過的山叫作馬家崗。

臨江山水四獸圖的故事

臨江三面環山，一面臨水，東為龍爪山，西為貓耳山，北為臥虎山，南為鴨綠江，龍、虎、貓、鴨分把四方，構成一幅美麗的圖畫。這其中還有一段美麗的傳說。

相傳很久以前，虎跟貓在這裡學徒，龍和鴨在江中生活，他們互不相擾，和睦相處，感情篤深，成為好朋友，他們都為生活在這裡而感到幸福。

忽一日，土地佬來告知他們一個祕密，說是本月十五日正晌午時，這裡將要天塌地陷，讓其趕快搬家。可他們愛這片熱土，喜歡這裡的一切，誰也捨不得離開這裡，誰也不願這裡遭到毀壞。於是，他們決定死也要保護這方天地，以感謝養育之恩，土地爺被他們的這份真情所感動，便授意他們按玄武排列，各守一方，只要挨過兩個時辰，就可以保住這方天和地，但也告之有生命危險，讓他們自己拿主意。為了這方天地，他們決定以死抗爭。於是到了十五這天將近中午時分，他們擺開陣式，龍居東，用龍爪抓住東方的土地，龍尾甩向北，頭頂著天；貓居西，四爪插入土抱住地，仰起頭，貓耳衝天；虎居北，臥地護住地面，尾直插天空，如擎天柱；鴨居南，頭插入江中吸住水，兩翅張開撐向天。不久，突然天昏地暗，電閃雷鳴，飛沙走石，暴風驟雨，向這方天地襲來，同時也不斷地襲著他們，他們知道這就要天塌地陷了，於是他們雷打不

動，各就各位，忠於職守，視死如歸，終於挨過了兩個時辰。時辰一過，立時天亮地明，明媚的陽光又灑向這片土地，這方天地終於保住了，一切恢復了正常。可這四獸卻為了這方天地，獻出了自己的生命，他們依舊頂天立地，龍爪便形成龍爪山屹立於東，其龍尾則形成了老龍崗；貓形成貓耳山聳立於西，其身向北形成了貓耳山後山；虎形成了臥虎山橫臥於北，其尾被雷電擊成五截，形成了五台山；鴨頭仍插入江中，其毛將江水染綠，鴨綠江便以此而得名。

據說一九○二年臨江設縣時，爭議縣衙究竟設在臨江還是八道江？就請了陰陽先生測算。陰陽先生說：「這裡有四獸把門，少戰禍騷擾，百姓定會安居樂業，縣衙應設於臨江。」為了證實，又在臥虎山挖了一斗土，同時也在八道江東崗取了一斗土，一秤，臨江臥虎山之土重於八道江東崗之土，故此縣衙便設臨江，臨江也就成為白山市周圍最早的縣城，歷史也證明了臨江確實很少戰事騷擾。

葦沙河的傳說

很久很久以前，葦沙河可不像現在這麼好，滿山都是荒草、野獸，沒有人願意到這兒住。一天突然來了兄弟倆，哥哥叫張葦，弟弟叫張沙，哥倆長得像一個模子鑄出來的一樣，甭提多像了。

他們搭了一個草房，就住了下來，不分黑白地幹活。用鋤頭一下子一下子刨地，然後就種上莊稼。一年又一年，這裡到處都是田地，到處都是莊稼了。他們想，沒有肉吃也不行啊。於是就到山上去獵野獸。獵了許多，吃也吃不完。他們就把活的養起來。漸漸地，他倆就有了一群群的豬、一群群的羊、一群群的牛。

後來，許多外地人看這地方這麼好，也就陸續地搬遷到這裡居住了。這裡的人也漸漸地多起來。

又過了幾年，哥倆已成了滿頭白髮的老人。這一天，他們把鄉親們叫到跟前，對他們說：「我們活了一輩子也沒有個兒女，我們哥倆快不行了，這個地方就交給你們了。」說完倆人就閉上眼睛。

▲ 葦沙河景區

▲ 葦沙河景區

▲ 葦沙河景區

　　鄉親們哭了三天三夜，眼淚落到地上，流成一條小河。後來河裡生出了很多很多的魚，人們說這是兩位老人變化的。

　　人們為了能永遠記住這兩位為後人造福的老人，就把這個地方取名叫葦沙河，一直叫到今天。

臨江的三個「葫蘆套」

　　相傳八仙東遊時，曾在鴨綠江邊落過腳。這裡有兩樣東西吸引著他們：一是還陽酒，酒力可把乾參泡生芽；二是當刀石，能磨出世間最鋒利的刀。八仙也想見識見識，於是在東遊之時便順著鴨綠江，向上遊走來。

　　這一日他們走得又飢又渴，看見江邊不遠處有十幾戶人家，準備停下來歇歇腳吃點東西。正好村邊有一個小酒鋪，進去叫了點酒菜，就有滋有味地喝了起來。

　　這八仙對酒都有愛好，但不是那麼太講究。平時喝慣了低度酒，今天一喝

上這農家的地瓜燒，覺得勁兒挺衝，於是你一杯我一盅，不一會都有些醉意。問老闆還有沒有更好的酒，偏偏這老闆愛說大話，一看這幾個人挺有意思，就口無遮攔地胡說起來：「這方圓百里，數我這酒最好。泰山不是土堆的，牛胖不是氣吹的，船行不是人推的，丫腰葫蘆不是繩勒的。就是神仙喝了我這酒，也得叫個好。」八仙中數呂洞賓好捉弄人，一聽店家吹牛，就接過老闆的話頭說：「你說的前三條我不和你犟，這丫腰葫蘆不是繩勒的我倒要領教領教。」老闆一聽這話是要找碴兒，就說：「客官，我屋後有現成的葫蘆，您老要是能勒一個，這桌酒錢我就不要了，另外再奉送十壇陳釀。」

呂洞賓一聽來勁兒了：「那好，勞店家把葫蘆拿來，再取根麻繩，我勒給你看。」店老闆到後院摘了一個葫蘆，又找了根舊麻繩交給呂洞賓。呂洞賓把麻繩打個結，往葫蘆中間一套，吹口氣，說聲「收」，眼見著這個葫蘆就變成丫腰形狀。店老闆一下傻了眼，四周看了看，又指著鐵枴李的大酒葫蘆說：「您老勒的是鮮葫蘆，要是勒這位客官的乾葫蘆，恐怕不行吧？」呂洞賓也不說話，拿過鐵枴李的酒葫蘆再用麻繩一套，又大喝一聲「收」，這葫蘆也成了丫腰形。

店老闆知道今天遇上了高人，趕忙吆喝小二上十壇陳釀，又對呂洞賓等人說：「我今天真正開了眼，這桌酒錢我就不要了，客官們還想吃點什麼，儘管上」。呂洞賓說：「我們也不白吃你的，我這個打了結的麻繩叫『葫蘆套』，你留著，今後買賣會更興隆。」

此後，店老闆憑著這根麻繩，真的賺了不少錢。這個不知名的村子從此被人稱作「葫蘆套」，這就是現在大栗子鎮轄區下游的葫蘆套村。

卻說這店老闆用呂洞賓套葫蘆的葫蘆套十幾年來賺了許多錢，就視這根葫蘆套為珍寶，白天黑天拴在腰間，從不輕易示人。他有個兒子，是呂洞賓套葫蘆那年生的，取名「小套兒」。這小套兒整天吃喝玩樂不務正業。一日，小套兒賭輸了錢，溜回家去翻箱倒櫃想找點銀兩再去翻本。到後屋一看，他老爸趕巧正在洗澡，衣褲搭在炕沿上。小套兒眼睛一眨，上前翻出了那根葫蘆套，塞

進腰中就走。出門以後一想不好，讓老爹知道了這還了得。這時，正趕上有一條船到下游運貨，他也沒多想就跳上了船。待船快到葦沙河的白馬浪，見前面有十幾戶人家，小套兒對船家說有件急事要辦，船家把船靠岸後，他下船上了岸。

岸邊有一個小酒鋪，酒鋪的老闆認出這是葫蘆套酒店老闆的兒子小套兒，忙招呼讓座上酒。幾杯下肚，小套兒招搖撞騙的本性就顯露出來，他對這家老闆說：「您老不是總想看看我老爹套葫蘆的葫蘆套嗎？今天我帶來了，給你套幾個葫蘆，這酒錢就免了吧。」老闆雖然心疼酒菜錢，但一想開開眼界也好，就點頭答應了。

取來葫蘆，這小套兒從腰間摸出葫蘆套，套在了葫蘆中間，學著父親的樣兒高呼一聲「收」。只見這葫蘆立時就變成了丫腰形。老闆看得呆了，剛說聲「好」，沒想到這葫蘆套就像長在葫蘆上一樣，怎麼也解不開了。小套兒氣得抓起葫蘆就往地上摔，接著又找了把斧頭砸，這葫蘆卻像鐵鑄就的一般，紋絲不動，葫蘆套再也拿不下來了。小套兒一氣之下，扔下葫蘆奔出屋外不知去向。村裡人聽了這個稀奇事兒，都湧到酒鋪看熱鬧。老闆拿著這個套著葫蘆套的葫蘆對人們講了事情的經過，大家都說這小套兒是個敗家子兒，老天報應。此事傳揚出去，十里八村的人都紛紛到這裡來看稀罕，並試著拿下葫蘆套，但誰也拿不下。這酒鋪老闆又憑這個套著葫蘆套的葫蘆賺了不少錢。人們乾脆稱這個村子為「下葫蘆套」。也就是現在葦沙河鎮轄區白馬浪上游的下葫蘆套村。

卻說那年八仙們在葫蘆套喝得很是暢快，乘著酒勁兒向上游奔來，在當年薛禮磨刀的巨石旁轉了一圈兒。呂洞賓一看這方巨石端莊凝重，顯現一派祥和之氣，就打消了磨劍的念頭，提議一同到長白山天池一遊，另外六仙連聲附和。唯有這張果老還惦記著那還陽酒，又怕說出來讓七仙取笑，就婉轉著說：「好，就遊長白山。不過我這驢兒腳力不穩，我暫在此磨磨驢掌，你們先行，我隨後就到。」於是七仙就駕起雲頭向長白山飛去。

張果老一看七仙飛去，騎上毛驢兒一搖一晃地沿江向上遊走來。到了縣城一打聽，產還陽酒的作坊還需往東行七八里路，雖然已是掌燈時分，張果老為過酒癮，還是晃晃悠悠地沿著江邊趕去了。走到了鴨綠江拐彎處，見一小村莊，村口一家門外掛著一盞燈籠，上面有一個「酒」字。張果老下了驢，臨近一看，酒店牌匾上書「醉仙居」三字。把驢往門前椿柱上一拴閃身進屋。老闆迎了上來，熱情地說：「客官裡面請。」張果老說：「你店名醉仙居，想必是開著什麼還陽酒作坊？」老闆忙說：「還陽酒作坊在小店北邊三餘里處，不過小店裡備的也是這種酒」。張果老又問：「這還陽酒還真能醉仙嗎？」老闆答道：「叫醉仙居只不過是個名稱罷了，但這酒能使浸泡的乾參發芽，其力量可想而知，喝了一定大補元氣增加體能。」張果老要了三壇，慢悠悠地喝了起來。

喝著喝著，張果老覺得這酒還真有點意思，又要了三壇放開量喝了起來。三壇下肚，覺得還不夠勁，又要了三壇。店家一看這老者如此海量，就來到張果老身邊勸道：「老人家，酒還是悠著點喝，我不是心疼酒，是怕您老人家傷身。」張果老藉著酒勁兒，大聲對店老闆說：「多喝多給酒錢，我今天倒要看看這酒怎樣醉仙。」

沒想到又喝了兩壇之後，張果老就覺得天旋地轉，剩下的一壇是怎麼也喝不下去啦。閉目一想，我已喝了八壇，再喝下去萬一醉了就要壞了名聲，還是三十六計走為上策。就裝著小解出門騎上毛驢走了。

再說店家左等右等也不見老客官回來，出門一看，毛驢也不見了，知道這老者已去，回屋一看，剛才老者喝酒的桌子腿兒旁倚著個丫腰葫蘆，知是老者所遺。這店家是個厚道誠實之人，看著老客官遺下之物，就讓小二把這個丫腰葫蘆高高地套在屋外酒幌的橫桿上，以便老者日後來尋。

沒想到這一下酒店的生意倒出奇地興隆起來。凡來此喝酒者無不指點著桿上的丫腰葫蘆。店老闆一打聽，原來這個葫蘆是八仙之中的張果老所遺。這下店老闆可樂壞了，乾脆摘下酒幌，只掛葫蘆，生意越做越好，遠近聞名。

起初，人們打聽這個酒店時都互相轉告說是門外高桿套著葫蘆的地方。後來有一日葫蘆不見了，光剩下個套兒掛在桿上，人們就戲稱這家酒店為「葫蘆套」酒店。儘管店老闆又找了個普通葫蘆套上，仍然有人那樣叫，而買賣依然很興隆。再後來，人們乾脆就把這個村子也順理成章地叫作「葫蘆套」了。此後，凡是賣酒的店鋪也都效仿掛起了丫腰葫蘆做酒幌兒，一直延續了好多年。

　　這個「葫蘆套」就是現在臨江市大湖街道所轄的葫蘆套村。

大栗子望江樓的故事

　　唐朝時期，臨江是渤海國西京鴨綠府所在地，同時也是鴨綠江流域的一個主要的水路碼頭。那時鴨綠江水運是這一帶的主要貨運、客運路線。

　　臨江至安東沿江設有很多船營、排臥子、貨物中轉站和指示塔。當時在臨江城西近十里的江沿處就設有一個指示塔，服務於上下航行之船舶，起名望江

▲ 望江樓

樓。這就引出了一段動人的傳說。

臨江作為一個大碼頭，船舶往來，客商不斷，很是繁華熱鬧。這其中也就自然形成了一支船伕、縴夫、排夫的水上「大軍」。他們也有組織（即幫會），其總部就設在望江樓處，因而多數使船的、放排的就住在這裡，這裡便成了水上大軍的「巢穴」。

話說這年渤海國向朝廷進貢，有些貢品要從鴨綠府裝船運往安東，貢品在鴨綠府分裝了20隻船體，每隻船體配有10人，共有200名船伕組成了這支運輸隊伍，他們選好日子，舉行了慶典，20隻船便依次下行，一路順風，3天後便到達安東。然而安東海運船伕也不夠用，於是，鴨綠府的200名船伕，除留下20名看船外，其餘全被抓去。從鴨綠府到安東，按常規7天就回，10天不歸則有事，可這次7天已過來未見一人回，他們的家人可就有些著急了，等10天還無一人還，就都沉不住氣了，紛紛到望江樓眺望親人。望啊，望啊，日復一日，直到30多天後，留下看船的20人才好不容易把20隻船弄回來（因為人少，一路上只好10隻船10隻船地倒運，因此，多費了時間），這才把消息帶回來，他們的家人也才放下心來。然而一個月又一個月過去了，被抓去的那些船伕仍無一人回，他們的家人望眼欲穿，其中有的到望江樓上哭喊親人的名字，尤其是夜間，悽慘的聲音在山谷中迴蕩，經久不息，讓人心酸。

再說被抓去的這些人，雖然是船伕，在江中行船可以大顯身手，但到海上使船可就笨手笨腳了，瘸腿偏遇路難行，船在大海中又遇上風浪，數隻大船全部葬入海底，倖存者無幾。生還者把消息告知諸家後，各家哭得山崩地裂。從此以後這些人家陸續搬走，決心不讓自己的親人再使船，其他各戶也都金盆洗手，不再當船伕，此處也就漸漸蕭條了。然而就在眾人紛紛搬走時，有一新婚的年輕女子說啥也不走，年復一年，日復一日，頭髮等白了，仍不見夫回，後來就坐化於望江樓上。又不知又過了多少年，這樓和人均化作巨石，成為鴨綠江一景觀。現在的望江樓村便由此得名。再後來到了偽滿時期因修鐵路將此石砬炸去一半，破壞了原形，不過雖原形已失，但望江樓的故事卻流傳下來。

洗袍河與大栗子的傳說

鴨綠江在唐朝時叫洗袍河，此名係唐王李世民所賜，說起來這裡面還有一段小小的故事。

話說唐太宗御駕東征，得勝後，兵紮鴨綠江邊，一是犒勞三軍，二是休整休整，準備班師還朝。眾將士歡欣跳躍，相互祝賀，共慶勝利，也更盼歸家。可是天不作美，雨下起來沒完沒了，一連數日不晴，唐王和眾將士心急如焚。一日，突然天晴，眾將士們心情立時如天一樣好，成群結伴奔向江邊，準備洗洗涮涮。可到江邊一看水混得像黃泥湯子，頓時感到掃興。唐王見狀對江水嘆說：「河神，河神，自東征以來天地助我，可為何在這凱旋之際你卻為難於我，你若討封，我封你並親自賜名於你。」說也奇了，唐王話音剛落，江水逐漸清了，不過兩個時辰，水清如鏡。此時早有探子報於唐王，唐王不信，到江邊一看果然如此，十分高興，便立即吩咐侍從將他的戰袍取來，不顧侍從阻攔，到江邊一塊露出水面的石頭上洗戰袍，其實不等他動手，侍從們早搶過戰袍洗涮起來，說來奇怪，只搓洗幾下，就乾淨如初，眾將士見唐王洗完戰袍，也都依次到江邊洗戰袍，這時唐王洗戰袍用過的石頭也高貴起來，紛紛搶用，就連離此不遠的一塊小一點的石頭，他們也都搶著用，就這樣一批一批，一夥一夥，一直洗了七天七夜，兩塊石頭洗成了栗子形，同時被戰袍洗下來的血所染紅。這兩塊石頭現仍存鴨綠江中，從色澤形狀均像栗子，現在的大栗子和小栗子便以此兩塊石頭而得名。

話再說回來，卻說當時唐軍將士們洗完了戰袍，均晾於岸邊，各色戰袍布滿江邊。洗完戰袍者又紛紛下水洗澡，戲水江中，兩岸綠樹倒映，江水在陽光照耀下，波光激灩，構成一幅美麗的圖畫。唐王看罷大喜，當即賜名此江為「洗袍河」，封此河神為上仙，命地方逢年過節要到江邊燒紙錢，拜河神。此風俗延續幾百年，直到清朝建立，視這裡為發祥地而封禁才停止，但現在逢年過節仍有到江邊燒紙的，以祭遠處死去的親人。

四道溝長川荷花塘的故事

早些年，在四道溝長川村西頭住著一戶姓王的人家。兄弟倆，父母早亡，哥哥在江中打魚，弟弟叫王小，給有錢人家看瓜園，小日子還過得去。在王小十歲那年，哥哥娶了一房媳婦，開始還相處得可

▲ 荷花塘的荷花

以，可等王小的嫂子生了小孩以後，就處處覺得王小礙眼。於是她經常在王小的哥哥面前下舌兒，不是能吃飯了，就是幹活少了，整天鼓動王小的哥哥分家。

起初王小的哥哥說弟弟年歲小不能自立就推脫過去，後來讓媳婦給嘮叨得煩了，只好同意分家。分家時王小的嫂子占了家裡的三間房，讓王小到父親活著時蓋的瓜窩棚去住，給了王小幾隻黑碗一口舊鍋一床破被就算了事。

王小搬到瓜窩棚一看，這不過是個看瓜蓋的小馬架子房，低矮狹窄又潮又暗，稍稍收拾了一下，王小就住了進去。

瓜窩棚後邊有個大水泡子，王小白天看瓜，晚上就坐在水泡子邊看水面上浮游的小蟲，直到很晚了才去歇息。就這樣過了幾年，王小已長成一個身強力壯的大小夥子了。

王小生性憨厚，誠實勤勞，常常幫助村裡人家幹這幹那，誰家有個大事小情他總是跑前跑後，因此，深得村民們的喜愛。

這一日，王小正在瓜田裡給瓜秧打尖，忽然聽到不遠處有呻吟之聲，忙趕過去，見一白髮蒼蒼的老婆婆臥在那裡。王小扶起老婆婆，發現她雙目失明，骨瘦如柴，已是風燭殘年之人了。於是就把老婆婆背到瓜棚，餵了她幾口玉米粥。老婆婆有些清醒，伸出雙手向前摸著問：「我這是在哪裡呀？你又是誰呀？」王小托住老婆婆的雙手說：「老婆婆，我叫王小，這裡是我的家。」接著王小又問老婆婆家住哪裡，怎麼走到這裡來了。老婆婆告訴王小，她住在很

▲ 荷花塘

遠的長白山下，無兒無女，以討飯為生。今年家鄉鬧瘟疫，已經死了好多人，她是一路漂泊走到了這裡，看來已是生命的盡頭了。

王小對老婆婆說：「老婆婆，我現在已沒有父母，一個人生活，您老如不嫌棄，就住在這裡，當我是您兒子吧！」老婆婆低著頭尋思一會兒，對著王小點點頭，就住在了王小的家裡。

王小的瓜窩棚本來就不大，老婆婆住進來就更覺得狹窄了。他怕老婆婆涼著，就讓老婆婆睡在裡邊，他在門口處搭了一個地鋪。每天早上起來侍候老婆婆梳洗完後，又把熱飯端到鋪前，孝敬得如親娘般無微不至。

一晃過了半年，忽然有一天，老婆婆對王小說：「小夥子，我已經打擾你這麼多日子，現在是該走的時候了。」說著周身一抖，立刻變作一位容光煥發、神采奕奕的婦人，她笑著對王小說：「你心地善良，應該得到好報。我這裡有粒種子送給你，三天之後正是月圓之日，在夜半子時，你將這粒種子

▲ 荷花塘的荷花

撒入屋後的水泡之中，不久自有善果。我本是山神夫人，現在就要回家了。」
說完一轉身就不見了。

過了三天後的夜半時分，一輪明月高掛空中，大地一片銀輝。王小手捧這
粒金燦燦的種子站在水泡前，子時一到，立即張開雙手將種子撒向水泡中。待
了一會兒也不見動靜。王小就回屋睡下了。

▲ 荷花塘的荷花

次日清晨，王小從瓜棚中走出，立即被眼前的景象驚呆了。只見昨夜還波
平如鏡的水泡中，已盛開了滿塘的荷花。荷葉上滾動著晶瑩的露珠，荷蕾上落
著美麗的蜻蜓，荷叢間歡舞著各式彩蝶。王小面對這一切瞪大了眼睛說不出話
來，唯有跪在地上向遠
遠的大山無聲叩拜。

有了這片荷塘，王
小可樂壞了。每天除了
看瓜之外，他又多了一
個巡視荷塘的活計：把
被風吹倒了的荷莖扶
直，把被塵土和樹葉覆
蓋的荷葉洗淨，又從江

▲ 荷花塘的荷花

中捕些魚兒放入荷塘。到了夜晚，他坐在荷塘邊上，望著婀娜多姿的荷花出神，久久地不願離去。

一天夜裡，他做了一個夢，夢見從荷花叢中走出一位俊秀的姑娘，來到他的身邊，輕聲地告訴他說：「我叫荷花，山神夫人看著你從小到大，是個靠得住的人，又一個人生活，她讓我到這裡來陪伴你，你願意嗎？」王小高興萬分，連說：「願意，願意！」醒來一看，這姑娘真的坐在自己身邊。荷花姑娘折了幾根樹枝，架在荷塘不遠處，用手一揮，立刻化作一棟結實的三間草房，屋內一應器物俱全。王小高興地和荷花住了進去，過著幸福美滿的生活。從此，四道溝的長川就有了這方美麗的荷花塘。

鴨綠江中的鰲花魚

相傳在很久以前，海龍王要召集各條江河的水族開一個大會，給每條江的水族選一個頭兒，以統領各自的江河。

生活在鴨綠江中的水族們都積極地做著準備工作。鯉魚鯽魚忙著洗鱗；重唇魚急著擦嘴；鯰魚抓緊理鬚；鰲魚則鑽入沙中磨甲；其他各類水族也都在各自緊張有序地忙碌著。此時，有一魚正惶惶不安，沒有名字不能參加大會，更何況它長得很不出奇，別的水族都不願意接近它。這該如何是好？它苦思冥想，終於想出一個投機取巧的辦法。

▲ 鴨綠江鰲花魚

這一日，它來到鰲魚身邊，獻媚地說「鰲魚大哥，你這身衣服真漂亮，光這樣在沙中磨不行，我聽說長白山天池中有一種水上漂的白浮石，用它來磨不但不傷衣物，而且還能放射出閃亮的光呢！」

鰲魚一算時間，說：「我游得慢，去一趟長白山天池，就趕不上參加大會了。」

這條魚眨眨眼睛說：「要不這樣吧，我游得快，你把衣服交給我，我快去快回，磨好了交給你，你穿上參加大會，一定會被龍王爺任命為鴨綠江的首領，到時我們在這等候你回來再開慶祝大會。」

憨厚的鰲魚哪知是計，趕忙脫下衣服交給這條小魚。這條魚飛快地遊走了。

轉眼要到了開會的啟程之日，鰲魚還沒見到這條小魚的蹤影。眼看來不及了，鰲魚只好胡亂穿上一件黑灰色的衣服上路了，它尋思到了開會之日，這條小魚就會把磨好的衣服送來。

到了開會那天，龍王高坐在上，對各條江河的水族逐一檢閱，分別任命了首領。點到鴨綠江水族時，鴨綠江中的水族逐個兒從龍王面前游過，龍王忽然看見一條身帶花紋、亮光閃閃的小魚來到眼前，立即叫住它問道：「你叫什麼名字？為何身上如此鮮豔？」這條小魚俯首答道：「我叫鰲花，從鴨綠江上游的長白山天池中來。長白山天池中有一種白色浮石，用它打磨鱗甲，就會放射出耀眼的光芒。大王想去，小魚兒願意帶路。」

龍王大喜，立即封鰲花魚為鴨綠江首領，統率鴨綠江所有水族。

鰲魚眼看著自己的衣服被別人騙去獲得了封號，而自己卻灰禿禿地沒人搭理，又無法去龍王面前爭執，只好忍氣吞聲地離開大海，也沒回鴨綠江，找了一處池塘住了下來。由於鰲魚沒有了綵衣，身上光禿禿的，所以人們就稱它作甲魚。

鰲花有了名字，又被封為鴨綠江的首領，它洋洋得意地回到鴨綠江，想召開一個水族大會，宣布幾條紀律。可鴨綠江中的水族們都知道它獲取封號的來由，所以誰也不聽它的號令，都對鰲花敬而遠之。

從此，鰲花魚在鴨綠江中成了孤立的一族。但由於受到龍王之封，它的個頭也比原來大多了，更以其肉質味道鮮美，極具豐富營養價值而稱雄於鴨綠江

水族。用鰲花魚做出來的湯，完全可以與甲魚湯媲美。凡是來臨江的人，無不以食鰲花魚為榮。

還陽參酒的故事

臨江出產一種酒，把出土多日之人參浸泡其中，竟能使其發芽、復活，因此，取名還陽參酒。目前此酒走俏於國內外，頗受消費者青睞，殊不知其中還有一段美麗的傳說，動人的故事。

故事得從造還陽酒所用水之源頭——三合城山說起。三合城是林灌叢生的一塊林地，在這裡生長著一棵茁壯的人參，伴著這棵人參的卻是一條大蟒蛇，它保護著人參，誰也不敢越過雷池一步，就這樣年復一年，日復一日，靠著這方水土的供養，靠著這方天地的靈氣，他們經過了千年之磨煉，終於修練成人形，人參變成了一位美麗的姑娘，蟒蛇則變成漂亮的小夥。雖然他們修成人形，但要修練成正果至少還得再修練八百年，但他們耐不住寂寞，時常以兄妹相稱到附近人間遊玩，可又怕違犯天規，每次都是速去速回。然而他們每次來到人間，都對人間留下了思戀之情，他們多想永留人間啊！

正在此時，他們結交了一位好朋友——生活在他們東北面不遠的一個大湖中的甲魚精。這個甲魚精有兩千年道行，但終因是水中之物，雖修練了兩千年也上不了天，只能在龍王那裡掛個號。由於他在龍王那裡立過多次戰功，又救過龍太子的命，因此，他不怕什麼天規戒律，常常到人間周遊，一去數日不歸，尤其到人間行善為樂，從不做壞事，所以龍王拿它也沒辦法。他對修成正果早已心灰意冷，於是他就在蟒蛇和人參姑娘面前大肆渲染人間生活的樂趣，引得蟒蛇和人參姑娘蠢蠢欲動。但蟒蛇和人參姑娘卻始終不敢越過雷池，怕弄不好天庭處罰他們，重則殺頭，輕則摘去道號，千年修練毀於一旦。

就在他們矛盾之際，甲魚精提出一個折中的辦法——游長白山。這個意見得到一致通過，於是他們仨便周遊長白山。

話說這一天他們來到天池，甲魚精多日不見水，這次看到這兒美麗的池水，便不顧一切地跳下去上下翻滾，遊玩起來。蟒蛇見他游得興致勃勃，也不

顧一切地下了水，蟒蛇下水更是翻江倒海，一會兒工夫把水攪混了。人參姑娘不便在此，就到下面小天池邊洗洗手腳，不知過了多長時間，待甲魚精興致一過，便與蟒蛇出了天池，他們仨便找個地方休息起來。正在此時，就見天上飄來九朵彩雲，不久便有九位美麗的女子飄然落在天池邊，原來這是九天仙女結伴來此洗澡，她們不知還有人，便脫衣下水，可剛到水邊就覺得不對，水又渾又腥，便知有人，於是九仙女急忙穿衣查看，便發現了甲魚精等三人。立即飛回天宮哭訴於王母娘娘。王母娘娘一聽大怒道：「這還了得，誰這麼大膽，竟敢在天池玩水，偷看仙女洗澡。」忙命托塔李天王緝拿。李天王來到長白山天池處急喚土地，知道是這三個「妖孽」，便用法術把他們捉來，扣在塔中，請示王母娘娘如何發落，王母娘娘狠狠地說：「偷看我姑娘們的玉體，豈能留在世上。」李天王得旨，既然不能留在世上，那就埋於地下。於是便將他們帶回原籍，把他們仨聚在一起，用石頭和土壓住，他們仨不服，奮力抗爭，甲魚精向西北方伸出一個頭，蟒蛇把尾巴甩到外邊，人參向東北拱出兩個蘆頭，但因有符鎮住，所以都未能成功，就這樣日久天長這裡形成了一座山，因為是人參、蟒蛇、甲魚精所組成，故稱此山為三合城山。而伸出的甲魚頭就是現在的甲魚頭山包，甩出的蟒蛇尾就是現在的長尾巴崗，人參拱出的雙蘆頭就是現在的雙頂山。

隨著時間的推移，天長日久，日久天長，反正他們仨的一切有機成分均滲入了地下水中，因此這股地下水也就含有別處地下水所沒有的人參、蟒蛇、甲魚這三種大補品的藥物成分。因此用這股地下水造的酒，才能使人參發芽復活，人喝了用這股水造的酒，就能補陰壯陽，延年益壽。

康龍參的傳說

歷史上臨江一直是長白山地區的人參產地之一。但是自清朝順治年間以來，臨江被視為清朝發祥地之一，從而被封禁起來，不許百姓在此謀生，雖然當時荒廢了這片大好河川，但也變相的成為自然保護區，野生動植物在這裡得到很好的保護，尤其是山參。

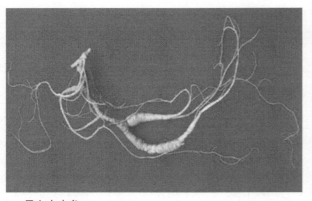

▲ 長白山人參

話說康熙年間，有那麼幾位大膽的人，冒死潛入禁區臨江地面偷偷「放山」（挖參），想發大財，天遂人願，他們竟在頭道溝臥虎山西坡的一個山溝裡挖到了八棵大山參。其參身長、體大、鬚長，有的疙瘩連疙瘩，被稱為疙瘩參，他們喜出望外，急忙稱一稱，均在八兩以上。俗話說七兩為參，八兩為寶，這八棵參當然就是八棵寶了。故而此山溝被稱為八寶溝，至今仍沿用此名。

再說這幾個放山人，見挖到大山貨再也無心逗留，急忙偷偷溜出禁區，到奉天一大山貨莊出售，不料此山貨莊屬官辦，兼有收購人參進貢朝廷的任務。由於這8棵大參出奇，驚動了大掌櫃，此大掌櫃拿俸祿，官至四品。大掌櫃一看此參甚好，確實難得，知道必有來路，便假惺惺請賣參人進內堂，以高價和請吃喝等手段哄騙這幾個人道出了實情，當聽說是在貓耳山（臨江原名）挖的，頓時反目相待，要抓他們進官府（在當時進入禁區踐踏了清王朝的發祥地是要判刑或殺頭的），結果這幾個人跪地求饒，雖未送官府，可人參被敲詐去了，掌櫃還算高抬貴手，給了幾個路費錢，這幾個放山人反倒千恩萬謝。而大掌櫃得了便宜，將人參進貢皇上，既得到獎賞又得寵於皇上，一舉多得，這可謂無商不奸吧。

康熙皇帝得了這八棵大山參，即命御醫配方泡製，康熙一一受用。因此康熙身體強壯，精力充沛，陽氣上升，日理萬機身不累，做了六十一年皇帝，生有二十四個兒子，二十個女兒。據說康熙吃參之事載入宮廷秘籍中，不知真假。

待康熙的孫子乾隆皇帝時，乾隆心細，善於分析問題，又很講究養生之道，在他研究其爺爺當了六十一年皇帝史時，卻發現了這一秘訣。於是，如法炮製，責成奉天府尹，挑選放山能手，到貓耳山挖參。奉天府尹不敢怠慢，挑選了五人來到貓耳山一帶挖參。這五個人也算走運，在二道溝一山坡上竟挖到好多參，光七八兩的就有十棵，這五個人當然交了差，得了重賞，發了財。這幾個挖參人並沒忘記這個挖到參的地方，便請了石匠，建了一座石頭小廟，從此這裡得名石廟子，至今還這麼叫。

乾隆按康熙的方子泡製了這十棵大參，吃了後，身強不衰，精力不減，功力增強。因此，乾隆經常私訪安然無恙，就是因為他吃了臨江參的緣故，故而身強力壯，功夫過人，三五人近他不得。

由於康熙和乾隆均用過臨江之地生長的人參，一個能當六十一年皇帝，一個能當六十年皇帝，因此臨江參頗有名氣，被稱之為康龍參。

貓耳山人參姑娘傳說

貓耳山位於臨江西端，雙峰並峙，形如貓耳，其山雄偉壯觀，是臨江人民的象徵。因此，臨江之地在一九○二年建縣前一直叫貓耳山。

貓耳山坐北朝南，陽光充沛，土地肥沃，雨露充足，林灌叢生，適宜人參生長，因此，人參較多。傳說很早很早以前，貓耳山有棵人參修練成精，變成一位漂亮的姑娘，經常下山到城裡遊玩、看戲。由於長得漂亮，十分引人注目，被欺男霸女的惡少盯上了，想納為妾，但苦於不知姑娘底細無法提親，故而偷偷多次跟蹤，可是每次到貓耳山前，不知怎的就不見

▲ 長白山人參

了姑娘的蹤影。他查遍周圍人家，均無這位姑娘，於是心裡生疑，認為可能是妖精。起初有些害怕，但後來又想逞能當英雄，這樣，原想成好事的美夢一下子變成了抓妖驅邪的想法。

一天晚上，這位惡少又到戲院子裡尋找，果然又見到這位姑娘，便有意坐在其身後，待戲散後，跟出戲院，在眾目睽睽之下，從背後一把抱住姑娘，姑娘一愣，立時明白過來，急喊：「你這個壞蛋，你要幹什麼？你快撒手！」眾人對惡少本沒有好印象，紛紛指責惡少，惡少一時說不明白，便撒手去抓頭髮，可剛抓到頭髮姑娘就不見了蹤影，惡少嘴裡喊著「妖精」「妖精」愣在了那裡，眾人紛紛圍過來一看，只見惡少手中抓了一把人參鬚子，眾人頓時恍然大悟，這位姑娘原來是人參精，於是，人參姑娘的故事便傳開了。可從此人們再也沒見到這位人參姑娘。

又過了一段時間，街面上經常出現一位年輕的尼姑，常常為人看病。尼姑醫術高明，手到病除，卻分文不取，受到人們的尊重。事有湊巧，這位家大業大的惡少的母親被不孝兒子氣的得了重病，請了好多大夫為其看病，不但不見好，反而越治越重。後來聽說有個尼姑醫術高明，管家便千方百計地找到，並請到家中為老夫人看病，不料一向不孝的惡少這次偏假惺惺地要看看母親的病，於是便看到了為母親看病的尼姑。這個好色鬼，雖然家有三妻四妾，但還是不斷尋花問柳。他一見尼姑臉蛋長得十分好看，便產生歹意，就假裝彬彬有禮地問尼姑在何庵修行，以便到門表示感謝，被尼姑好言謝絕了。但他還是不死心，便心生一計，買通了老夫人的丫鬟，讓其在尼姑再來看病時用針串一長長的紅線，偷偷別在尼姑道袍上。第三天尼姑準時來給老夫人看病，丫鬟便依計而行，尼姑見夫人病已好轉，又開了藥方，囑咐了幾句，便告辭了。然而，姑娘卻不知身後長長的紅線留下了線索，於是這個不懷好意的惡少便順藤摸瓜找到了貓耳山上，見針和紅線串在一棵八品葉人參的葉子上，惡少當時驚喜若狂，便把紅線繫在了人參枝上生怕它跑了。他急忙趕回家找了僕人，拿了工具，去挖這棵人參。待回來時人參已經枯萎，結果挖出來一看，人參已成空

囊，惡少十分懊惱，回家後又被母親狠狠地罵了一頓，說他沒良心，加害救命的恩人。原來尼姑在這惡少趕去挖參時，又專程來到他家向老夫人揭穿了他兒子的行為，同時向老夫人告別，從此尼姑再未出現，而這惡少卻一病不起，不久便離開了人世，三妻四妾各奔東西，家境敗落。

大湖傳說

大湖在臨江的郊區，是一個美麗的地方，人們遊玩休閒的好去處。這裡山奇水秀，還流傳著一個動人的傳說。

相傳在很久以前，大湖有一個寬闊的湖泊，水清如鏡。湖中住著一位老龍王，它和這裡的百姓一直處得很好。誰家裡無論有什麼難事，老龍王都會想辦法幫助。

湖邊有一座山，山上住著一隻怪鷹。這只怪鷹每隔一段時間就會出來叼小孩，用以修練道行，老百姓很是懼怕。本來老龍王與怪鷹井水不犯河水，可老龍王又看不慣怪鷹的胡作非為，便規勸怪鷹不要再生惡端，而怪鷹根本不予理會，反說老龍王是狗拿耗子多管閒事，自己不想修練也就罷了，不要阻攔別人的好事。老龍王見狀說：「我並非阻攔你修練道行，但禍害百姓，是萬萬不行的。如果你不答應，再捉孩童，我便非管不可。」怪鷹冷笑道：「好啊，那咱們就走著瞧！」

怪鷹當然不會安分守己，不幾日，便又出來捉孩童，正巧碰見老龍王，老龍王豈能讓怪鷹為非作歹，便動手打了起來。打著打著，怪鷹就抓掉了龍王身上許多的鱗片，掉到水裡便紛紛變成了石塊。龍王因年事已高，時間一長，便有些招架不住了。就在這時，百姓們敲著鑼，打著鼓為老龍王助威來了。老龍王精神一振，勇氣大增，拼盡所有力氣死命一擊，打掉了怪鷹的尖嘴，怪鷹逃走了，再也沒回來。鷹嘴落在了湖邊的山峰上，變成了鷹嘴石，而老龍王也終因筋疲力盡落入湖中死去了，漸漸的，圓圓的湖泊裡的水逐年減少，最後變成了一條長長的小河，緩緩地向鴨綠江流去。河邊的岩石大大小小，那就是龍王身上的鱗片所變。每到晴天，麗日當空，那些石塊便閃爍著炫人的光澤。伴著

這動人的故事，再觀賞這裡的景色，令每一個遊人都流連忘返。

六道溝棒槌峰的故事

　　乘車沿著沿江公路往鴨綠江上遊走，在臨近六道溝的地方，遠遠就會望見一座高高的山峰，如碩大的一棵人參直擎雲漢，這就是當地人稱的「棒槌峰」。說起棒槌峰，還流傳著這樣一個故事。

　　說是很早以前，六道溝這地方還是一片原始森林。鴨綠江自東流來，在這裡轉彎南下。放排的到這裡就要打尖歇息，放山的也在這裡落腳整裝，備足乾糧進山。漸漸地這裡人家就多起來。

　　這一日，來了放山的兄弟倆，分別叫劉二和劉三，住在村頭的悅來客棧。休息了一日，兄弟倆備足了乾糧和進山的器具就上路了。這兩人順著六道溝河往上走，鑽進了深山老林。以前他們在家鄉聽說進山能挖到大人參，沒曾想來到這兒對老林子裡的營生一竅不通，走了兩天就迷失了方向，在密林裡轉來轉去。眼看乾糧快吃完了，沒見著人參的影子，也沒找到回去的路。這下子他倆可慌了神，就像只沒頭的蒼蠅一樣在林子裡鑽來鑽去。

　　不巧的是劉三在下山時滾了坡，把腿摔壞了，不能走路，劉二隻好背著劉三找了一個背風的山窩停了下來。夜半時分，兄弟倆緊緊地偎在一起，聽著林中風吹樹梢的嘯聲和遠處野獸的吼叫，更是毛骨悚然。想到此次進山的遭遇，不禁失聲痛哭。

　　天漸漸地放亮了，他倆忽然看見身邊站了一位眉清目秀的小夥子。小夥子笑著對兄弟倆說：「放山迷路了吧？不要緊，我領你們走出密林。」這時他發現劉三的腿不能行走，就從口袋掏出一把種子，一半送入劉三口中，另一半用嘴嚼爛糊在劉三的傷腿上，說聲好啦，劉三就真得站了起來，試著走了幾步，就像沒受過傷一樣。兄弟倆十分感激，連忙道謝。

　　小夥子帶著兄弟倆轉了幾個山包，在一條小河前停住，對兄弟倆說：「你們大老遠進一趟山也不容易，現在你們順著這條小河往上去，走到一棵大雙丫紅松樹前停下，那旁邊有幾苗山參，除了中間那苗大的別動外，其餘的挖個十

苗八苗就夠你們用的了，然後順著小河下山吧。」說完就不見了。

　　劉二劉三按照小夥子的指點來到了大雙丫松樹前，果然看見松樹的背陰處有一片人參，中間那棵最大，頭頂著鮮紅的參籽，張開的枝葉迎風搖動像是在招手。哥倆猛醒悟過來：這是人參精看他倆可憐，恩賜給他們的，連忙跪下拜了又拜，這才取出家什在旁邊挖了起來。哥倆挖了十餘棵，看著也不少了，就收拾停當下山，待回到悅來客棧，已是掌燈時分。

　　哥倆匆忙吃了點飯就要歇息，沒想到被鄰桌的一個賊眉鼠眼的半大老頭子瞄上了。他尾隨兄弟倆來到客房，低聲問道：「抬到貨了？」兄弟倆點點頭。這老頭問了兄弟倆姓氏之後，笑著說：「我也姓劉，叫劉根，難得在這裡遇上一家子，你們得寶了，我該給兄弟慶賀一下。」忙回身又要來酒菜，招呼兄弟倆痛飲。這哥倆不知江湖風險，跟著老頭就喝，喝著喝著話也多了，就把這幾天的遭遇對這老頭說了。老頭又問了幾個細節，哥倆也沒保留全都說了出來。

　　第二天，哥倆高高興興地上路回家了。這劉根卻望著哥倆遠去的身影暗暗地打著主意。他在這一帶專門幹些招搖撞騙的生計，整天算計別人，四十歲不到，頭髮也弄得半灰半黑像個老頭子。

　　卻說劉根聽了劉二兄弟倆的講述，打定主意要進老林子把參王騙下山。他找了件破舊衣衫披在身上，又把臉抹得黑乎乎的，身上藏著紅繩進山了。他來到大雙丫松樹不遠處，裝著跌倒，大叫一聲就趴在那裡。這時那個小夥子就出現了，來到他身邊。劉根告訴小夥子：「你前兩天幫助的那兄弟倆是我兒子，不幸昨夜得了急病，現在快要死了，他們哥倆的心願就是要在臨死前再見恩人一面，所以我大早就趕來請你過去。」小夥子想了想，就跟劉根下山了。

　　到了悅來客棧，老頭沒停下，告訴小夥子說如今這哥倆就在轉過山頭的一個農戶家中，於是他們繼續往前走。待走到天快擦黑時，劉根說實在走累了，咱們喝口水，前邊不遠就到了。他們坐在江邊的石頭上，劉根從腰上取出一個水葫蘆，對小夥子說：「真難為您了，跟我跑這麼遠的路，喝口水吧。」小夥子接過葫蘆，一揚脖喝了一大口。沒想到這劉根在水葫蘆中下了迷藥，小夥子

一時昏了過去。劉根一看時機已到，趕忙從腰中取出紅繩，三下五除二就把小夥子捆上了。

小夥子清醒過來，一看大事不好，就急忙使勁兒掙，儘管有些道行，但人參終究害怕紅繩，怎麼也掙不脫。只好拚命往上長身體，滿以為能把紅繩掙斷，卻也無濟於事。劉根一看，忙緊緊抱住小夥子雙腿，隨著小夥子往上升，時間長了支持不住，一個跟頭跌入山崖下的鴨綠江中。小夥子長到最高限度，也終於沒勁了，只好停下，化作一座山峰。

劉根跌入江中變成了一條小魚，賊性不改，每天仍然在山峰下的江邊來回流竄，還想上岸拿寶。

以後人們就稱這突起的山峰為「棒槌峰」，管江邊這種小魚叫「溜根子魚」。

文成街大榆樹的傳說

文成街大榆樹位於臨江市區文成街的中部路南，建國小學教學樓東側，原土產公司圍牆的西北角處。現樹約七層樓房高，幹粗兩抱有餘，相傳於明朝末年所種。現今仍枝葉茂盛，充滿活力，可謂參天古樹，是臨江一大奇觀。

據考證，此樹確係十六世紀末，明萬曆年間所栽種。當時這裡為女真（滿族）長白山三部之一的鴨綠江部所轄。明萬曆十九年（1591年）努爾哈赤興兵大敗鴨綠江部，人、畜、物被洗劫一空，首城（臨江）焚於一旦。萬曆二十一年（1593年），長白山三部的其餘二部朱舍全部、訥殷部也相繼被努爾哈赤所滅。首領被殺，首城被焚。自此，長白山三部歸順於努爾哈赤的建州部，統稱建州女真。努爾哈赤統一長白山三部後，為安撫民心，建立鞏固的後方，又令其重建家園。鴨綠江部在臨江之地重建家園時，便在城周圍栽種樹木，以示城界，此樹便是那時所栽種的，至今已四一〇年左右。

說起此樹也是棵有福之樹，在它生長了五十年時，時逢清朝建立（1644年），順治登基後，不久便發詔書，把鴨綠江中上游至長白山東一帶封為發祥地，設為禁區，清除當地居民，派兵把守，不準有人在此謀生，直到咸豐年間

（19世紀50年代）才開禁，允許人們在此生存，這期間恰恰是二百餘年，無形之中這裡成為自然保護區，也給這棵樹創造了一個良好的生長環境。

此樹歷經數劫，卻大難不死。一是清咸豐年間開禁後，首先是朝廷來此採伐「皇木」。現臨江之地是一個重要的採伐工區，也是一個木材集運地，又是人員集中的指揮管理中心，所以此地中心部位樹木全部伐掉，此樹卻因不在主要地段而未被砍伐；二是臨江建縣後兩度修建土圍牆，周邊許多樹都伐掉，而它卻不在圍牆地基之範圍，圈在了城牆外而有幸活下來；三是土圍牆倒塌後，此樹之地因當時地勢較高，又朝陽，居民紛紛到此建房。該樹前後左右樹木都因建房而被砍掉，而它卻留在民房的空當之中。因此不僅保留下來，而且還受到周圍群眾的保護；四是一九二三年臨江遭受一次嚴重火災，西自西市場（商貿小區），東至七道街（現在東市場），除縣衙門，一校（現財政局）和交通局東側五間瓦房外，全部燒掉，幾乎是全城覆沒，二萬餘眾無家可歸，但此樹卻未被燒著，倖存下來。諸如上述種種原因，周圍百姓認為此樹為吉祥物，逢年過節，辦喜事，過生日等喜慶之時，都到此樹前，掛紅布，貼喜字，燒香，甚至擺供，以求喜慶祥和，深受百姓的喜愛。

此樹現已列為臨江之古蹟而受到保護，但願其萬古長青。

大松樹的傳說

相傳乾隆皇帝到長白山朝聖，順鴨綠江乘船上行。過了集安，改走陸路。進入臨江縣境後，遇上下雨，只好到一棵樹下躲避。這棵樹長得枝葉茂密，不透陽光和雨滴，是一棵赤柏松。

四周雨柱嘩嘩，樹下充滿清香，乾隆皇帝看身上一點沒濕著，心中十分高興，隨口說道：「松針避雨好護駕，朕封子為樹中王。」雨停後，乾隆也不再想往前走了，遂又乘船起駕還朝。

回朝後，頒下金牌一面，金花二朵，派一個小太監去授勳。這小太監太懶了，乘船過了集安，沒走旱路，而是又走了一段水路之後，在一個水勢較緩的不知名的地方停下，上岸走了一會就不想再往前走了。他也沒管什麼赤柏松不

赤柏松，隨便給一棵紅松樹掛上了金牌，戴上了金花就打道回頭了。

紅松受封之後，長得又高又大，遠遠看去，很是威武壯觀。後來有人在這裡居住，漸漸地人多起來，這個地方就被人叫作「大松樹」。即現在葦沙河鎮大松樹村。

至於那棵赤柏松，本來是護駕有功，應當受到封賞，現在卻使紅松獲得了殊榮，心裡十分生氣，至今它們都是空心，外邊長一圈兒，裡邊空一圈兒，長到碗口粗就裂開了，那是氣的。

樺樹晚李的故事

早些年，很多山東人聽說關東的長白山盛產各種珍貴的藥材，特別是人參，得到之後能賣很大的價錢。於是就有很多人來到東北深山老林碰運氣。

李大個子就是其中的一個。他翻山越嶺來到西大川，連放了兩年山也沒挖到大山貨，其他藥材倒是採了不少，僅能維持生計。

這一年，李大個子又隨其他放山人一道進山，在一個叫楊木頂子的地方搭了一個馬架子房，鑽了幾天林子一無所獲。這時他看見放山的人很多，需要大量的乾糧供應，於是他專門經營起了為放山人提供飲食住宿的行業。放山人遊動性很大，常常十幾天不回來，閒著沒事，李大個子就在房前屋後種起了果樹。當時的長白山老林子裡有很多結果子的樹，有山丁子、山裡紅、野杏、山梨、軟棗子、山葡萄等，李大個子覺得那些都沒什麼意思，就專門栽植了一些山李子樹。有了這些，李大個子就乾脆在這裡定居下來，開荒種地，栽培些貝母細辛，日子也過得去。

李子樹春季開花，給李大個子的房前屋後增添了不少色彩，但就是秋天結的李子又苦又澀，很難吃，李大個子是又鬆土又施肥，效果也不明顯。

一年秋天，來了放山的父子倆，住在李大個子的家裡。進山十幾天後，見兒子背著父親回來了。聽兒子說，他父子倆挖到了一苗大六品葉，不料在抬參之時，不知從哪裡竄來一條大蛇，把他父親咬傷了，中毒之後他父親的腿腫得老粗，只得背回這裡救治。李大個子一看傷口已經發黑，急忙找了一些醫治蛇

傷的草藥給他敷上，又熬了些湯藥給他服下。治了幾日，傷情得以控制，但也沒太明顯好轉的徵象，人已經是有氣無力了。一日，李大個子聽說熬參湯可以滋補體力，就與老者的兒子商量，他兒子一聽說趕忙從口袋裡拿出那苗大參，在院中支起鍋就把人參放了進去，不一會，香味傳到了屋內，老者連說好香並問煮的是什麼，李大個子把老者扶到院中坐下，告訴他是他兒子熬的參湯。老者說：「可惜了，我一風燭殘年之人死了也就算了，這苗參是準備出山換點錢給兒子成家立業用的。」老者的兒子趕忙接過話頭說：「您老就不要為我操心了，我還年輕，晚幾年成家也行，可老爸只有一個，只要你好了，怎麼地我也願意。」正當爺倆說話之際，那熬人參的鍋不知怎麼的卻忽隆一下倒了，連人參帶湯灑了一地。參湯很快就滲入土中，只剩下那苗人參了。那兒子只好把人參拾起，擦擦泥送給父親，他父親眼含熱淚在兒子的催促下把人參吃了。

不知是人參的作用還是精神的作用，這老者竟然慢慢地能拄著棍兒走路了，傷口也由黑轉紅，眼見得有起色了。但老者的腿卻癢得難忍，他就到李子樹下抓把土往腿上摩擦。說來也怪，擦完之後就不癢了，而且也覺得涼絲絲的十分舒服，於是這老者就天天抓李子樹下的土來擦腿。

半個月之後，老者的腿傷就全好了。看著天氣漸涼，老者父子倆告別了李大個子就下山回家去了。

轉過年的春天，李大個子就看到今年李子樹的花開得又多又大，到了秋季，這些李子又大又紅，摘一個掰開，皮薄肉厚，咬一口又甜又香。而道下的李子樹上結的果卻仍如往年一樣又苦又澀。李大個子不明白這是怎麼一回事。

許多放山人來到這裡品嚐李大個子栽的李子也弄不清這裡面的原因。其中一個年紀稍大的放山人問李大個子這一兩年有沒有什麼特別的事發生。李大個子就講了那父子倆放山受傷醫療的過程。這老放山人說，這一定是那六品葉參湯的作用。人參有地靈之氣，你這片灑了參湯的地面上的李子得了地靈之氣，就變得味道鮮美了。

從此，西大川楊木頂子的李子名聲響了，別人慕名到這裡討得種子栽子，

只要換了地方栽植，就是不如原地的果好。

現在楊木頂子與西大川是同屬樺樹鎮所轄的村，一到秋季，許多來旅遊的人無不以食楊木頂子乾碗李子為快。

後經吉林農業大學教授前來考證，正式命名楊木頂子李子為「樺樹晚李」。其實際價值正進一步研究。

三棚湖的故事

說是很早以前，在臨江縣城東面的深山老林裡住著十幾戶人家。起初時有幾戶姓賈的人家為避戰亂來到這裡，幾家合夥圍了個大院兒，全用清一色黃花松木桿夾成杖子。因此，外來的人都稱這裡為「賈家營」。

漸漸地有外地來投親靠友的，放山的看這塊地方不錯，都搬遷到此居住，就形成了一個幾十戶人家的大村落。

這一年，又從外地遷來一戶姓譚的人家，男人叫譚丁旺，讀了幾年私塾，家裡遭了火災，窮困潦倒。他是這個村裡唯一的文化人，村裡人看他也幹不了什麼重活，就請他當了個教書先生，也好讓山裡的孩子識些字。

譚丁旺教學生十分上心，每天起早帶晚不辭辛勞。與村裡人處得很好，誰家有個什麼疑難事兒都願意找他幫著出個主意，他也是熱心傾力相助。村裡大人小孩都尊稱他譚先生。

這譚先生什麼都好，就是有些重男輕女。一年，他媳婦懷了孕，這可把譚丁旺樂壞了，天天細心地侍候媳婦，盼著早生兒子，誰知待他媳婦臨盆之時，卻一連給他生了三個女兒。這下譚丁旺大失所望，不禁放聲大哭。村裡來看歡喜的人勸他，他一把鼻涕一把眼淚地說：「我祖上八輩單傳，到我這不斷了煙火了嗎？家裡沒有帶把兒的，陰間祖宗要罵的，這可怎麼是好。」鄉親們又勸道：「你可別嫌棄女孩，說不定將來你還真得了女兒的濟呢！」

哭歸哭，這譚丁旺還是挺起精神侍候媳婦月子，到了滿月之時，擺了幾桌招待了村裡的老親故鄰，人散了以後，這譚丁旺就坐在燈下苦苦地為三個女兒取名。誰知怎麼琢磨也沒想出個合適的。他媳婦在炕上說：「虧你還識文斷

字，連個名字想不出，書不是白念了嗎？」譚丁旺回道：「你說得輕巧，這起名可是個大事，談何容易啊！」忽然靈機一動，有啦，這談何容易不就可以作為姊妹仨的名字嗎？乾脆，老大叫譚荷，老二叫譚蓉，老三叫譚儀。

自從譚丁旺得了三個閨女之後，媳婦就再也沒生養，兩口子就精心呵護著這三個女兒一直長到十八歲。個個出落得亭亭玉立，光彩照人。

偏偏這事被縣城裡的縣官知道了，就差人來到賈家營提親，要娶這姊妹仨給自己的三個兒子當媳婦。譚丁旺兩口子不願意，就是這姊妹仨也是一百個不答應。但縣官逼得緊，於是他們在鄉親們的幫助下，舉家遷進了深山密林。

住下之後，偏偏這老兩口又中了風，臥床不起，就由這姐妹三人輪流侍候，開荒種地、採山菜野果維持生計。

一天夜裡，姊妹仨同時作了一個夢：一白髮老人告訴她們，要姐仨按星宿方位以三足鼎立之勢搭三個草棚，每到夜深人靜之時，盤坐其中同時祈禱，七七四十九天之後，父母的病就會好。但由此你們的精力要耗盡，你們想好了再決定做不做。

這姊妹三個一齊醒來，互相看了看，又訴說了各自的夢，決定按照白髮老人所說的實施，就是死了也要報父母的養育之恩。

到了第五十天，譚丁旺兩口子醒來，不見三個女兒，連喊了幾聲也沒有回音。一著急，老兩口就站了起來，互相看著對方，知道病好了。就一齊走出屋外去尋找女兒們。一直找了許久，才發現林中有三個草棚，近前一看，三個女兒已坐化在那裡。老兩口抱著女兒放聲大哭，死去活來。哭泣聲驚動了山神土地，來到他們身邊說：「難得你們有三個孝順的閨女，她們的孝心我們已上報天庭，不久就會讓她們成仙。你也別再悲痛，上天決定再賜給你們一個兒子。」說完就不見了。

老兩口強忍悲痛安葬了三個女兒，回到家裡一看，炕上坐著一個半大小子，一見老兩口就喊爹娘。倒把譚丁旺兩口子叫糊塗了。小孩告訴她倆，他本是此山中地靈之氣，苦於未成人形，是一白髮老人取三姐妹之人氣注入他體

內，使他成人，並帶他來到這裡給老兩口做兒子。譚丁旺給他取名譚三星。

從此，譚三星就孝順地伺候父母，直到終年。

此後，三姐妹打坐的地方，由於二老哭女兒，眼淚形成了一個小水潭，人們就叫這裡為「三棚湖」。

煙筒溝的故事

過去，長白山下是一片深山老林。許多木材老客都到這裡僱人伐木，然後運到鴨綠江邊串成排，再僱人從江中把排放到丹東一帶出售。於是這一帶的溝溝岔岔就有三三兩兩幾戶人家，有小客棧、小飯店，每到伐木季節，買賣倒也興隆。

說是有一個姓李的鐵匠爺倆，從山東逃荒輾轉來到這裡，開始跟著別人伐樹，後來看到運木材的牲口很多，人們有時要牽著牛到很遠的地方掛掌，一來一回很不方便。爺倆決定就地就近支起一盤爐，專為運材的牲口掛掌。鐵匠爐一開張，生意很好，來打斧子打刀的也多起來。由於李鐵匠爺倆要價合理，待人和氣，又時常熱心幫助窮苦的山裡人，很快就遠近聞名。

眼看著李鐵匠的生意越做越火，在他家旁邊住著的一個經營山貨藥材的老客看著眼紅。就隔三岔五地來借這借那，可從來都是有借無還。李鐵匠是個厚道人，覺得鄰里鄰居的抬頭不見低頭見，每次總是有借必應，從不和他計較什麼。誰知這老客得寸進尺，有時乾脆用什麼就直接到鐵匠家裡去拿。鐵匠的兒子看著有些生氣，但在他父親的勸導下，也就不再說什麼，任老客所為。

這一日，李鐵匠進山送貨，剩下他兒子一人在家，這老客又來借東西，碰巧家裡沒有，老客認為鐵匠的兒子不借，從此懷恨在心，總想找機會報復一下。

有一天，一個伐木的把頭來到李鐵匠的家，要定做一批鐵器，並留下一筆可觀的定金。李鐵匠一看這批器具很多，原材料不夠用，就與兒子下山去購買。家裡沒人，這老客就到鐵匠家裡，翻箱倒櫃，把鐵匠家裡的銀兩偷盜一空。待鐵匠爺倆回來一看，家裡被盜了，以為是哪個窮得走投無路的山裡夥計

拿去了，也沒聲張，生上火，爺倆就叮噹叮噹地打起家什來。

再說這老客，到了晚上，想把從李鐵匠家裡偷來的銀錢清點一下，誰知打開包袱一看，裡邊全是磚頭瓦片。這下可把他氣壞了，於是就趁夜深人靜之時來到鐵匠家，把這些磚頭瓦片一股腦兒都從煙囪裡倒進去，然後回家睡覺去了。

第二天，爺倆又到爐前生火，一看昨天家裡失盜的銀錢都堆在爐膛中，說不清是怎麼回事，就又拿到屋裡去了，老客遠遠看見，雖然感到奇怪，也無可奈何，又增加了幾分恨意。

一天，李鐵匠的爐前來了一老者，牽了一頭瘦牛，對他說：「這牛也幹不動活了，請你把牛掌給退掉，我要把它趕到山外去賣，就不掛新掌了。」李鐵匠說：「老人家，這山路很難走，牛沒掌不行，我還是給您的牛掛一副普通掌吧，這錢就不收了。」老者說：「也好，但我確實沒錢啊。」李鐵匠說：「都是在山裡討生活的，什麼錢不錢的。」說著很快就退掉了舊牛掌，又掛上了一副新的，老者點點頭牽著牛走了。

李鐵匠收拾工具時，一看剛才給老者的牛退掉的舊掌，立時瞪大了眼睛，馬上把兒子叫來。爺倆一看，這哪是什麼舊牛掌，分明是四塊牛掌金。立刻想到這老者一定不是凡人，肯定是神仙變化前來贈金的。於是爺倆商量著要用這筆錢接濟那些來往的貧困之人。

這事又被老客得知，於是跑到縣城去告狀，說是李鐵匠爺倆偷了他的牛掌金。縣官派差人來搜查，還真的搜到了。無論鐵匠爺倆怎樣解釋，縣官也不相信。於是就把牛掌金判給了老客。

老客歡天喜地拿著牛掌金回到家裡，打開一看，又變成了普通的鐵掌。這下更把他氣壞了。半夜時分，又把這四塊鐵掌從鐵匠家的煙筒裡倒進去了，同時又倒進去一些蛇蟲和石頭塊。

李鐵匠爺倆官司輸了，沒精打采地走回家，爺倆商量這地方不能再待下去了，第二天準備收拾一下換個地方住。來到爐前，一看那四塊牛掌金堆在爐

前，還有些金條銀元寶也堆在那裡。鐵匠的兒子想要收拾，李鐵匠攔住了兒子說：「是咱的錢財就會跟咱走，這些咱還是別動吧。」說著爺倆打起包袱上路了。

再說這老客站在遠處看著一情景，認為李鐵匠的煙筒一定是寶，能把石頭變成銀子。就到河邊拾了一大堆石頭，夜晚從煙筒中倒進去，還沒等到天亮，就到爐膛前去摸，沒想到一下子摸到了一條蛇，讓蛇給咬死了。

從此，李鐵匠的房子就空著無人去住，時間久了，房子塌了，只剩下根煙筒高高地豎在那裡。人們都叫那條溝為「煙筒溝」（現在隸屬於四道溝鎮）。

人們說李鐵匠到山外又開了一個鐵匠爐，生意依然很紅火。

似乎所有美妙的事物都有著自己美麗而又神奇的傳說，長白山同樣如此，無論是其本身的由來，還是山上的風景名蹟、豐富物產，無不擁有著一段美麗的傳說。

吉林文庫 A0703A13

文化吉林：臨江卷

主　　編	莊　嚴	
版權策畫	李　鋒	
責任編輯	林以邠	

發 行 人	陳滿銘
總 經 理	梁錦興
總 編 輯	陳滿銘
副總編輯	張晏瑞
編 輯 所	萬卷樓圖書股份有限公司
排　　版	菩薩蠻數位文化有限公司
印　　刷	維中科技有限公司
封面設計	菩薩蠻數位文化有限公司

出　　版　昌明文化有限公司

桃園市龜山區中原街 32 號

電話 (02)23216565

發　　行　萬卷樓圖書股份有限公司

臺北市羅斯福路二段 41 號 6 樓之 3

電話 (02)23216565

傳真 (02)23218698

電郵 SERVICE@WANJUAN.COM.TW

大陸經銷　廈門外圖臺灣書店有限公司

　　電郵 JKB188@188.COM

ISBN 978-986-496-261-7

2018 年 1 月初版

定價：新臺幣 480 元

如何購買本書：

1. 轉帳購書，請透過以下帳戶

　　合作金庫銀行　古亭分行

　　戶名：萬卷樓圖書股份有限公司

　　帳號：0877717092596

2. 網路購書，請透過萬卷樓網站

　　網址 WWW.WANJUAN.COM.TW

大量購書，請直接聯繫我們，將有專人為您

服務。客服：(02)23216565　分機 610

如有缺頁、破損或裝訂錯誤，請寄回更換

版權所有·翻印必究

Copyright©2016 by WanJuanLou Books CO., Ltd.

All Right Reserved　　　　　Printed in Taiwan

國家圖書館出版品預行編目資料

文化吉林. 臨江卷 / 莊嚴主編.-- 初版.-- 桃
園市：昌明文化出版；臺北市：萬卷樓發
行, 2018.01

　　冊；　　公分

ISBN 978-986-496-261-7(平裝). --

1.文化史 2.人文地理 3.吉林省

674.2408　　　　　　　　　　107002122